Arye Sharuz Shalicar

»Ein nasser Hund ist besser als ein trockener Jude«

Arye Sharuz Shalicar erzählt von seinem Leben im Berliner Wedding in den 1990er Jahren. Obwohl er keinerlei Bezug zu seiner Religion hatte, war er als Heranwachsender aufgrund seiner iranisch-jüdischen Wurzeln ständig antisemitischen Angriffen ausgesetzt – bis er sich einer muslimischen Jugendbandenszene anschloss und eine Graffitigang gründete. Wirklich zugehörig fühlte er sich dennoch nirgendwo: »Für die Deutschen war ich ein Kanake, für die Moslems ein Jude, für die Juden ein krimineller Jugendlicher aus dem Wedding.« Ein solches Leben zwischen allen Stühlen wollte er nicht auf Dauer führen. Er lernte Hebräisch, befasste sich mit seinem Glauben und wanderte 2001 nach Israel aus.

> »Diese Geschichte eines Bewusstsein- und Erwachsenwerdens hat etwas von einem Entwicklungsroman, nur dass dies keine Fiktion ist, sondern beängstigende Realität.«
> *Cornelia Fiedler, Süddeutsche Zeitung*
>
> »Es ist, während wieder einmal viel über Ein- und Auswanderung gesprochen wird, auch die Geschichte eines Deutschen, der dieses Land freiwillig verlassen hat.«
> *Moritz Schuller, Der Tagesspiegel*

Arye Sharuz Shalicar, geboren 1977 in Göttingen, ist ein deutsch-persisch-israelischer Politologe und Schriftsteller. Als Jugendlicher gründete er im Berliner Wedding Deutschlands berüchtigtste Graffitti-Gang Berlin Crime. Nach dem Abitur machte er seine Grundausbildung bei der Bundeswehr, 2001 wanderte er nach Israel aus. 2002 nahm er an der Hebräischen Universität Jerusalem das Studium für Internationale Beziehungen, Nahostgeschichte und Politik auf, das er 2006 (BA) und 2009 (MA) mit Auszeichnung abschloss. Danach diente er als offizieller Sprecher der israelischen Verteidigungsstreitkräfte und bekleidete zuletzt den Rang eines Majors. Seit Anfang 2017 ist er in leitender Funktion in der israelischen Regierung tätig und schreibt Kolumnen für mehrere Zeitungen. 2018 veröffentlichte Shalicar ›Der neudeutsche Antisemit – Gehören Juden heute zu Deutschland?‹ Im Mai 2021 ist sein neues Buch ›100 Weisheiten, um das Leben zu meistern, selbst wenn man aus dem Ghetto stammt‹ erschienen.

Arye Sharuz Shalicar

»Ein nasser Hund ist besser als ein trockener Jude«

Die Geschichte eines Deutsch-Iraners,
der Israeli wurde

Autobiografie

Mit s/w-Bildteil

dtv

MIX
Papier | Fördert gute Waldnutzung
FSC® C083411

4. Auflage 2023
Ungekürzte Taschenbuchausgabe 2020
dtv Verlagsgesellschaft mbH & Co. KG, München

Dieses Werk wurde vermittelt durch die Verlagsagentur
Lianne Kolf, München

Umschlaggestaltung: dtv
Umschlagmotiv: © Warner Bros. Ent., 2020
Satz: Fotosatz Amann, Memmingen
Druck und Bindung: CPI books GmbH, Leck
Printed in Germany • ISBN 978-3-423-34980-2

Dieses Buch widme ich meinen Eltern, Shlomo und Rose, und meiner langjährigen Freundin Janica, die ich nochmals um Verzeihung bitte, dass ich von ihnen gehen musste.

In Liebe zu meiner Frau Liel Lena

Ich möchte meiner Schwester Leital Shabnam danken, dass sie sich Zeit genommen hat, das von mir handgeschriebene und nicht immer gut leserliche Manuskript abzutippen.

Wann erscheint mir als gelungen,
Mein Bemühen auf dieser Erde?
Wenn aus armen Judenjungen,
Stolze junge Juden werden.

Theodor Herzl

Inhalt

Vorwort von Richard C. Schneider

Es ist der letzte Satz dieses Berichts, der den Weg weist: »Doch das erlösende Licht wird sich ausbreiten, früher oder später!« – Ein Satz voller Hoffnung, ein Satz voller Illusionen? So mag man denken, wenn man den Tatsachenbericht, die Autobiografie des jungen Shalicar liest. Wäre dies ein Roman, so müsste man ihn unwillkürlich in das Genre des »Bildungsromans« einordnen. Doch dieser Bericht ist kein Roman, sondern der Versuch ein Stück deutsche Realität abzubilden, das, was in einem Teil Deutschlands vor sich geht, den man heute neudeutsch als »Parallelgesellschaft« bezeichnet und ihn damit auf Distanz hält, als nicht wirklich zu Deutschland zugehörig. Doch Wedding, Kreuzberg oder all die anderen »Ausländerghettos« in der Bundesrepublik sind ein Teil Deutschlands. Und was sich dort abspielt, hat uns zu interessieren, denn die Jugendlichen, die dort aufwachsen, werden in irgendeiner Form Deutschland mitprägen.

Also ist das Buch ein Bericht über deutsche Gewalt? Über deutschen Rassismus? Doch eher ein Bericht über Gewalt in Deutschland, über Rassismus und – ja, natürlich – Antisemitismus in Deutschland. Nicht von »ethnischen Deutschen«, sondern von »Ausländern«, egal nun, ob sie einen deutschen Pass haben oder nicht. Diese jungen Türken, Palästinenser, Inder, Araber, Kurden, Bosnier – sie werden als Ausländer gesehen. Und ihr Hass auf den Juden Shalicar ist nicht der Hass des europäischen Antisemiten, es ist der Hass, der aus dem Nahen Osten kommt, sozusagen die Fortsetzung des Nahostkonflikts in Europa. Was das bedeutet, wissen wir längst: Attentate auf Juden, Synagogen, die brennen – in Frankreich, in England ist dies längst soweit, in Deutschland zum Glück nur ab und zu.

Und inmitten dieses Irrsinns der kleine Judenjunge, der keine Ahnung hat, dass er ein Jude ist, der später zwar weiß, dass er einer ist, aber nicht weiß, was das ist – »ein Jude«. Und der natürlich das alte jüdische Spiel der Diaspora spielt: Ich mache mit bei der Mehrheitsgesellschaft, ich mache irgendwie mit, um akzeptiert zu werden. Verständlich und traurigerweise: sinnlos. Denn es ist zugleich immer auch ein Absturz, diese Verleugnung der eigenen Identität, es ist dieses doppelte Spiel, das ein Jude in der Diaspora wohl seit Anbeginn der Zeiten spielte wie uns die Thora bereits erzählt: Als Abraham mit seiner Frau nach Ägypten geht, da muss er lügen – und gibt sie als seine Schwester aus. Um sich und sie zu schützen. Shalicar will sich schützen und zugleich ist dies der Weg zu seiner wahren Identität. Seiner wahren Identität?

Das, was am meisten in ihm, an ihm gehasst wird, wird seine Hauptidentität: Das Jude-Sein. Wer kann ihm das verdenken? Es ist die Reaktion auf das, was nicht sein darf. Es ist die Emanzipation aus dem Mahle, aus dem Ghetto. Und so ist sein Weg vorbestimmt, so hat er nur einen Aus-Weg: Israel. Dort beginnt die Freiheit. Beginnt sie dort wirklich? Für den Deutschen, der er auch ist, für den Perser, der er auch ist ...

Shalicar deutet es in seinem Bericht an: Auch dort ist die Engstirnigkeit, das Vorurteil, der Rassimus präsent: Ashkenasim gegen Sefardim, Orthodoxe gegen Säkulare, Juden gegen Araber. Es ist das Antlitz des Menschen, das sich auch in der israelischen Gesellschaft widerspiegelt: Vorurteil und

Angst, Mehrheit gegen Minderheit, Starke gegen Schwache. Der ewige Kreislauf menschlicher Geschichte. Ohne Ausweg?

Doch Shalicars Bericht gibt Hoffnung: Es gibt einen Weg aus der Hölle, die wir Menschen uns selbst bereiten – es gibt das erlösende Licht, daran glaubt der Autor ganz fest. Und es gibt in diesem eindrucksvollen Text, der den deutschen Leser an die Hand nimmt und ihm eine ganz andere Seite seines eigenen Landes zeigt – und auch eine ganz andere Seite des Antisemitismus – es gibt in diesem eindrucksvollen Text eine Lichtgestalt: Janica. Die junge Frau, die Jugendliebe des kleinen persischen Juden, verkörpert das wahrhaft Menschliche, das, wofür es sich zu leben lohnt, wie Behnaz, seine persisch-jüdische Verwandte ihm in Los Angeles erklärt. Janica liebt Arye. Für das, was er *ist*. Und sie ist bereit, Grenzen zu überschreiten – für die Liebe. Sie ist bereit, Jüdin zu werden, um diese Liebe leben zu können. Shalicar selbst schreibt, dass er sich gegen sie entscheidet. Mit seinem Verstand, nicht seinem Herzen. Vielleicht hat er in dieser Welt recht, sich so zu entscheiden? Vielleicht ist es vernünftig? Man ist versucht an Hermann Hesses ›Siddhartha‹ zu denken, an die vielen Häutungen, die der junge Gautama in seinem Leben durchleben musste, um bei sich anzukommen.

Shalicar hat eine erste wichtige Häutung hinter sich. Es ist ein Bekenntnis zu einem sehr alten Teil in ihm. Und konsequent führt ihn sein Weg nach Israel. Doch er selbst deutet zum Schluss an, dass dies nur ein erster Schritt ist. Er will vielleicht in die Politik, schreibt er.

Wer weiß? Er hat so viel, was man im heutigen Israel braucht, um Frieden schließen zu können mit seinem Feind, mit sich selbst: Er weiß, was es heißt, unterdrückt, verfolgt, verachtet zu werden. Er weiß um die Mentalität der Menschen aus dem Nahen Osten. Er weiß, was es heißt, Jude in der Diaspora zu sein, und was es nun heißt, Jude im jüdischen Staat zu sein. Er weiß, was Gewalt ist und was Rassismus, was Engstirnigkeit und was Hass. Und er weiß, was Liebe ist. Wer weiß – vielleicht ist Arye Sharuz Shalicar der Hoffnungsträger für einen friedvollen Nahen Osten? Wer meint, ich übertreibe, der sei daran erinnert, dass vor 49 Jahren sich auch kein Mensch vorstellen konnte, dass ein kleiner Junge aus Hawaii eines Tages als Präsident der Vereinigten Staaten versucht, die Welt ein wenig friedlicher zu machen.

Wäre das so schlecht für Deutschland? Wenn ein Junge aus Wedding eines Tages dasselbe im Nahen Osten versuchen würde? Ich glaube an Märchen? Mag sein. Zumindest in diesem Punkt halte ich mich gerne an Theodor Herzl: »Wenn ihr wollt, ist es kein Märchen!«.

Der junge Arye Sharuz ist erst am Anfang. In Wedding waren seine Lehrjahre. In Israel haben seine Wanderjahre begonnen. Man darf gespannt sein auf Shalicars Meisterjahre.

Richard C. Schneider — Tel Aviv, Juli 2010

Einleitung

לכול זמן ועת לכול חפץ תחת השמים

Alles hat seine Stunde und seine Zeit für jedes Vorhaben unter dem Himmel

Buch Prediger (Kohelet), Kapitel III

Im jüdischen Morgengebet heißt es: »Gesegnet seiest Du, Herr, unser Gott, König der Welt, dass Du mich nicht als Heiden erschaffen hast.« Täglich danken mehrere Millionen gläubige Juden in der Welt G'tt dafür, dass sie nicht als Heiden, als Menschen ohne Religion, das Licht der Welt erblickt haben. Ich hätte bis vor einigen Jahren noch denjenigen gehasst, dem ich es zu verdanken hatte, nicht als Heide zur Welt gekommen zu sein. Man kann es als Heide ziemlich leicht haben. Abgesehen von einigen Extremfällen, auf die man vorbereitet sein sollte. Wenn man Heide ist, gibt es keine Essensvorschriften zu beachten, noch muss man seine Zeit in Gotteshäusern »verschwenden«, nur weil die Eltern es für richtig halten. Vor allem braucht man sich als Heide normalerweise nicht vor Beleidigungen, Schlägen, Tritten und Vertreibungen fürchten, denen man, wie die Geschichte lehrt, als Gläubiger ausgesetzt ist. Und zwar in erster Linie von Andersgläubigen.

Wenn ich zurückdenke an meine Kindheit, und das tue ich häufig, erinnere ich mich an Zeiten, in denen ich alles aß, was mir in die Hände geriet. Ich war mit Freunden oft am Imbiss Currywurst essen. Brot, das ich heute wie Gold behandle, warf ich weg, wenn es nicht mehr ganz so weich war wie beim Einkauf. Und Weihnachten war für mich wie für alle meine Freunde die schönste Zeit im Jahr. Nicht aus religiösen Gründen, sondern wegen der Weihnachtsbäume, der Lichter und Geschenke.

Bis zu meinem dreizehnten Lebensjahr war ich ein kleiner Junge ohne jegliches Gefühl für Religion. Ich fühlte mich vollkommen frei von jeglicher Verpflichtung und empfand keine Andersartigkeit. Sehr langsam, Schritt für Schritt, von einem Erlebnis zum nächsten, musste ich begreifen, dass ich doch »anders« bin. Dass ich etwas verkörpere, dass ich Mitglied einer Religionsgemeinschaft bin, ob ich will oder nicht. Einer Religionsgemeinschaft, die für viele Menschen abstoßend ist und sie dazu veranlasst, einen anders anzusehen, nicht mehr zu akzeptieren. Die Freunde plötzlich zu Feinden macht, von einem Tag auf den anderen.

Es geht hier nicht um die traurige Geschichte der Juden Spaniens während der Reconquista gegen Ende des 15. Jahrhunderts. Noch handelt es sich um die Chmielnitzki-Massaker des 17. Jahrhunderts. Es geht auch nicht um einen der vielen Pogrome, denen Juden, mal hier, mal da, ausgesetzt waren während der letzten Jahrhunderte, ja, man kann ruhig Jahrtausende sagen. Ausnahmsweise geht es auch nicht um die geplante Ausrottung des Weltjudentums in den Jahren des Dritten Reiches. Obwohl meine Geschichte im Herzen der Hauptstadt des ehemaligen Nazireiches spielt.

Meine eigene wahre Geschichte spielt in der heutigen Zeit, gegen Ende des 20. Jahrhunderts, in der Hauptstadt Deutschlands. In Berlin, wo ich mein Kindheit verbracht habe, wo ich zur Schule ging. Dieser Stadt habe ich heute den Rücken gekehrt. Mein Berlin war nämlich nicht das Berlin der Nachrichten, der Touristen oder der Künstler. Ich habe ein Berlin des Hasses und der Vorurteile erlebt, und das über Jahre. Ich fühlte mich bedrückt und gequält. Ich fühlte mich nicht mehr frei. Ich fühlte mich nie mehr so frei, wie ich mich gefühlt hatte, bis ich dreizehn wurde. Dann zogen wir in den Wedding.

Wie oft wurde ich gefragt: »Was bist du? Türke? Araber? Muslim?«

Wie oft haben sich meine Antworten geändert. Von »Perser« bis »halb Deutscher, halb Perser«, von »halb Israeli, halb Perser« bis »Jude«. Irgendwann zwischendurch antwortete ich auf diese Frage, und ich fand es nicht einmal lächerlich, mit Prozentangaben: »30 Prozent Deutscher, weil ich hier geboren bin und den deutschen Pass besitze, 30 Prozent Perser, da meine Eltern aus dem Iran stammen und wir zu Hause persisch sprechen und essen, und 40 Prozent Jude.« Zu diesem Zeitpunkt hatte ich schon das Gefühl, dass meine »jüdische Identität« das Ausschlaggebende war. Ursprung, Kultur, Volk!

Die Entwicklung zog sich über mehrere Jahre hin. In dieser Zeit wuchs mein Stolz darauf, jüdisch zu sein. Nun werden Sie sich vielleicht fragen: Wie kann man in der heutigen Welt darauf stolz sein, Mitglied gerade dieses Volkes, gerade dieser Religion zu sein? Und ich möchte Sie fragen: Sind die Juden nicht schon immer bekannt dafür gewesen, dass sie sehr stolze Menschen sind? Dass ihnen das »Jüdisch-Sein« als das Allerwichtigste galt und gilt? Dass sie lieber in den Tod gingen, bevor sie sich zum Konvertieren zwingen ließen? Das kam oft genug vor. Beim Bar-Kochba-Aufstand im 2. Jahrhundert, in Spanien und Portugal gegen Ende des 15. Jahrhunderts oder in der iranischen Stadt Maschhad Mitte des 18. Jahrhunderts.

Warum waren bzw. sind all diese Menschen so stolz auf das G'tt gegebene Juden-Dasein? Die Motive unterscheiden sich nicht so sehr von meinen Motiven. Sie haben um ihr Leben fürchten müssen wegen der Gewalt von Menschenhorden, die von einer unglaublichen Dummheit gelenkt wurden. Sie mussten aufpassen, wann sie auf welcher Seite der Straße liefen, um eventuellen Konflikten aus dem Weg zu gehen. Sie wurden angespuckt und getreten, verflucht und öffentlich gedemütigt. Täglich. Wieder und wieder. Nicht weil sie Mörder waren, nicht weil sie Kinder misshandelten. Sicher nicht, weil sie dreckig und verlaust waren. Sondern nur aus einem simplen Grund: dem G'tt gegebenen Juden-Dasein.

All diese Demütigungen haben sie stolz gemacht. Sie haben sie stark gemacht, stark genug, um alles zu überstehen. Genauso erging es mir. Genau das hat auch mich stolz gemacht. So stolz, dass ich mich heute als Gewinner betrachte. Denn heute weiß ich, wo ich wirklich hingehöre. Vorbei sind die Jahre des Zweifels über mein »wahres Ich«. Vorbei die vielen langen Momente, in denen ich das Jude-Sein gehasst habe.

Ich habe lange gebraucht, bis ich so weit war. Ich musste viel lesen. Ich musste viele Kurse an der Universität besuchen. Ich musste den klugen Ratschlägen meiner Mutter folgen und lange, sehr lange Diskussionsabende mit meinem Vater überstehen. Um all das zu verstehen, was ich anfangs überhaupt nicht verstand. Aussagen wie »Ihr Juden seid alle nur geldgeil« oder »Juden sind alle intelligent«. Im Laufe der Jahre wurde mir klar, dass die Menschen ihre Vorurteile in der Regel von ihren Eltern und ihrem Umfeld beigebracht bekommen. Vorurteile werden von Generation zu Generation weitergegeben. Deshalb wollte ich weg aus dem Wedding, weg aus Berlin. Ich wollte nicht, dass meinen Kindern womöglich eines Tages dasselbe passiert. Dass sie in einem Umfeld leben müssen, in dem mindestens jeder

Zweite einen sekundenlang mustert, wenn er hört, dass man Jude ist. Und man dann genau weiß, was in seinem Kopf vorgeht. In einem Umfeld, in dem ein Mädchen wie meine Freundin Janica sich auf der Straße fragen lassen muss, warum sie denn mit »diesem dreckigen Juden« zusammen sei. Wirklich frei konnte ich mich nur noch im Urlaub fühlen. Manchmal trug ich dort sogar wieder den Davidstern an einer Kette um den Hals. Nur um zu erfahren, wie ich deswegen angesehen würde. Und ich wurde nicht mit hasserfüllten Blicken durchbohrt, egal, wo ich war, in den USA oder in Kroatien, Italien oder Belgien.

Eine Frage wurde mir allerdings auch außerhalb Deutschlands öfter gestellt: Ob ich als Jude denn keine Probleme mit den Deutschen hätte, die vor einigen wenigen Jahrzehnten alle Juden ausrotten wollten? Es gibt auch in Deutschland noch Orte, in denen Deutsche gerne mal »den Juden über den Marktplatz jagen würden«. Ich hatte jedoch, G'tt sei dank, nie die Gelegenheit, »diese Deutschen« kennenzulernen. Stattdessen wurde ich von jungen Muslimen durch die Straßen gejagt. Diesen neuen muslimischen Antisemitismus in den Straßen Deutschlands habe ich jahrelang am eigenen Leibe zu spüren bekommen. Als Jude im Wedding.

Deshalb habe ich mich mit 23 Jahren dazu entschlossen, das Land, in dem ich geboren wurde und aufwuchs, zu verlassen und aus Deutschland wegzuziehen. In ein anderes Land, weit weg von meiner Jugendzeit. In ein Land, wo ich als Mitbürger vollständig akzeptiert würde. In ein jüdisches Land, in dem ich frei bin als das, was ich bin und bis zu meinem letzten Tag sein werde: ein Jude.

Ein ganz normaler Berliner Junge

Keine noch so brutale Unterdrückung und keine noch so raffinierte Verleumdung wird die Sehenden darüber täuschen, was für geistige und moralische Werte in dem Volk der Juden stecken.

Albert Einstein

Spandau ist der westlichste Bezirk Berlins. Dort habe ich meine Kindheit verbracht. Es ist eine Stadt für sich. Mit verschiedenen Siedlungsgebieten, riesigen Parkanlagen, langen Wasserstraßen, einem großen Fußballstadion, in dem auch internationale Spiele ausgetragen werden, vielen Schulen und Freizeitheimen und einer netten Mischung von Menschen, die von überall her nach Spandau gezogen sind, um in diesem Bezirk glücklich zu werden.

Während der sechs Jahre meiner Grundschulzeit war ich am engsten befreundet mit Erdal, einem Türken, wie ich in Deutschland geboren. Und mit Tim, einem Jungen, dessen Mutter es irgendwie geschafft hatte aus Jena nach Westberlin zu ziehen. Bis heute ist mir nicht wirklich klar, wie ihr das Anfang der 80er-Jahre gelungen war. Tim wohnte nur einige Häuser weiter. In der Grundschule waren wir in derselben Klasse und dort noch mit einigen anderen Jungs, einem Kurden namens Asif, einem Tschechen namens Janos und einem Kroaten, der Mirko hieß, befreundet.

Manchmal rief man sich statt mit dem Namen mit dem Land, aus dem die Eltern oder man selbst gekommen waren. Dann hieß Tim Ossi, Mirko wurde Jugo genannt und mich nannten alle gerne Perser, weil meine Eltern aus dem Iran stammen. Unser gemeinsames Hauptanliegen während der ganzen Grundschuljahre waren weder die Mathestunden noch die Englischstunden oder sonst irgendwelche Stunden, sondern die Pausen. Wir alle gingen in den Unterricht nur mit dem einen Gedanken »Wann ist endlich Pause?«. Dann rannten wir alle so schnell wie möglich hinaus, um, wenn auch nur für wenige Minuten, Fußball zu spielen. Nach der Schule ging es weiter mit dem Fußballspielen bis spät in den Abend hinein.

In der Grundschule war ich ein durchschnittlicher Schüler. Einer von der Sorte, die sich über jede Freistunde freuen. Am besten fand ich deshalb an meinem Wochenstundenplan, dass ich wöchentlich zwei Freistunden mehr hatte als fast alle Anderen aus meiner Klasse. Alle hatten zwei Mal wöchentlich Religionsunterricht. Alle außer Erdal, Asif, drei türkischen Mädchen und mir. Ich habe das mit Freude so hingenommen. Ich habe nie nachgefragt, wieso ich der kleinen Gruppe von glücklichen Schülern angehörte, die mehr Freizeit hatten als der Großteil der Klasse. Ich vermutete, dass man mich für einen Türken hielt, und aus welchen Gründen auch immer mussten eben Türken diesen Unterricht nicht besuchen. Irgendwann fragte mich meine Klassenlehrerin, wo ich denn eigentlich ursprünglich her sei. Ich war etwas irritiert, doch ich merkte, dass sie wissen wollte, aus welchem Land meine Eltern stammten, und sagte es ihr. Das änderte nichts an meinem Status. Vom Religionsunterricht blieb ich weiterhin ausgeschlossen. Wegen der dunklen Haut, den dunklen Haaren und den dunklen Augen wurde ich anscheinend mit Erdal und Co. in einen Topf geworfen. Dass dieser Unterricht ein christlicher Religionsunterricht war und ich als Nichtchrist davon ausgeschlossen war, wusste ich nicht. Ich hatte nicht die leiseste Ahnung, was das Wort Christ bedeutete oder das Wort Religion. Diese beiden Wörter tauchten weder bei mir zu Hause noch auf dem Fußballplatz auf.

Vor den Sommerferien war ich immer in Hochstimmung. Mein Ferienprogramm, wenn wir nicht verreisten, bestand darin, jeden einzelnen Tag, egal bei welchem Wetter, den Supersommerferienpass einzustecken und diesen Tag im Gatower Schwimmbad zu verbringen. Dort kannte mich fast jeder. An Weihnachten gab es zu Hause Jahr für Jahr dieselbe merkwürdige Diskussion, aus der ich nie so richtig schlau wurde. Jedes Jahr vor Weihnachten erzählte ich meinen Eltern, dass alle meine Freunde bei sich einen Weihnachtsbaum hatten und Geschenke in Massen bekamen. Das war zumindest der Fall bei Tim, der immer eine lange Liste mit all seinen Wünschen zusammenstellte. Er steckte die Liste in einen Schuh und wartete darauf, vom Weihnachtsmann beschenkt zu werden. Offensichtlich war Tim ein guter Junge, denn er bekam alle Wünsche erfüllt. Das posaunte er jedenfalls herum. Ich war neidisch und ich wollte und konnte nicht verstehen, wieso meine Eltern sich weigerten, auch bei uns zu Hause einen Weihnachtsbaum aufzustellen. Was war schlimm an einem Tannenbaum mit vielen Lichtern dran?

Zu Ostern suchten meine Freunde Eier, was ich sehr lustig fand und auch machen wollte. Also wollte ich, dass meine Eltern ebenfalls bunte Eier versteckten, die wir drei Kinder dann suchen konnten. Es gab jedes Mal ein Riesentheater, weil meine Eltern der Meinung waren, dass das Osterfest, wie auch Weihnachten, nicht unsere Feste seien. Unsere Feste? Ihre Feste? Wenn Weihnachten nicht auch mein Fest ist, fragte ich daraufhin immer, was ist dann unser Fest und was bedeutet das überhaupt, »unser Fest«? Waren wir denn anders als die Anderen? Wenn ja, wie anders? Niemand war bereit, mir meine Fragen richtig zu beantworten.

»Gefällt dir dieser Quatsch mit Lichteranzünden und Geschenkekriegen zu Weihnachten wirklich so sehr? Du kriegst auch so genug Geschenke zwischendurch, wieso muss es denn unbedingt zu Weihnachten sein?«, fragte mein Vater. »Weil alle meine Freunde Geschenke zu Weihnachten bekommen und ich nicht einsehe, wieso ich keine bekommen sollte«, antwortete ich. Ganze drei Jahre diskutierte ich mit meinen Eltern – Geschenke zu Weihnachten hin, Geschenke zu Weihnachten her, Weihnachtsbaum hin, Weihnachtsbaum her. Ein schön geschmückter Weihnachtsbaum wie bei allen andern stand nie bei uns zu Hause, doch Geschenke gab es von da ab jedes Jahr und zwar zu Chanukka. Das war anscheinend unser Fest und es fiel auf die Weihnachtszeit. Was genau Chanukka war, wollten sie mir nicht erklären. Tim und Erdal hatten auch keine Ahnung, als ich sie fragte, ob sie wüssten, was Chanukka ist. War mir auch vollkommen egal. Es ging mir eigentlich nur um die Geschenke, die ich von da ab immer bekam. Das reichte mir für die nächsten Jahre. Jetzt konnte auch ich damit angeben, dass ich alle Wünsche erfüllt bekommen hatte. Ich war eben ein kleiner Junge.

Kurz vor Abschluss der Grundschule machten wir einen Klassenausflug zur Carlo-Schmid-Oberschule. Alle sechsten Klassen Spandaus waren zu einer Anne-Frank-Ausstellung, die in dieser Schule stattfand, eingeladen. Unsere Klassenlehrerin bereitete uns am Tag vorher auf die Ausstellung vor. Sie erzählte uns, dass die Ausstellung von einem jüdischen Mädchen handelte, das mit seiner Familie zur Zeit des Holocaust Zuflucht im Hinterhaus der Firma ihres Vaters Otto Frank gefunden hatte, und dass Anne Frank ein Tagebuch geschrieben hatte, in dem sie ihr Leben im Versteck beschrieb. Kurz vor Ende der Naziherrschaft wurde sie dann von den Nazis entdeckt und ermordet. Ich war zwölf Jahre alt und ein fanatischer Fußballspieler, der absolut keine Lust hatte, auf irgendwelchen Ausstellungen abzuhängen. Ganz bestimmt war ich nicht begeistert vom Besuch in geschlossenen Räumen an einem netten Sommertag, an dem man ein noch viel netteres Fußballspiel hätte haben können. Auf der Ausstellung lungerte ich mit Tim und Erdal in einer Ecke herum. Es wurde ein Diafilm abgespielt und überall in der Schule waren Bilder und Gegenstände aus der Zeit des Holocaust ausgestellt, die in Verbindung zu Anne Frank standen. Den Film sah ich mir erst gar nicht an und die Bilder nur ganz flüchtig. Betroffen oder angesprochen vom Schicksal der Anne Frank fühlte ich mich nicht. Warum sollte ich als Deutsch-Perser mich dafür interessieren, was in irgendeinem schlimmen Krieg einem Volk widerfahren war, das sich Juden nannte.

Das Programm ging bis in den Nachmittag hinein. Das haben Tim, Erdal und ich allerdings erst am nächsten Tag von unserer Lehrerin erfahren. Wir hatten uns nämlich schon gegen Mittag aus dem Staub gemacht, um das Wetter zum Fußballspielen zu nutzen. Unsere Lehrerin war sehr verärgert, dass wir früher als alle anderen die Ausstellung verlassen hatten und so wenig Interesse zeigten. Dass uns ein ganz normales Fußballspiel am Nachmittag wichtiger war als das Schicksal einer Person, die weltweit bekannt wurde mit ihrem Tagebuch. Nach der Standpauke verließen wir ihr Büro und lachten darüber. Was will die Alte überhaupt von uns? Meint die etwa, wir hängen da den ganzen Tag rum und langweilen uns. »Was interessieren uns irgendwelche Juden?«

Nach der Grundschule wechselte ich auf das Carl-Friedrich-von-Siemens-Gymnasium in Siemensstadt, das zwischen Spandau und Charlottenburg liegt. Morgens setzte ich mich in die U-Bahn und fuhr die sieben U-Bahn-Stationen zur Schule und am Nachmittag fuhr ich dieselben sieben Stationen wieder zurück, ohne irgendetwas Interessantes gelernt zu haben. Danach ging ich Fußball spielen und am Abend guckte ich Fernsehen. Das ging eine Weile gut, bis dann etwa eine Woche vor Abschluss der 7. Klasse ein blauer Brief bei mir zu Hause auf dem Tisch lag. Darin wurde mit mehr oder weniger netten Worten erklärt, dass mein Notendurchschnitt nicht ausreichte und ich deshalb das Jahr zu wiederholen hätte.

Das zweite Mal in der 7. Klasse fühlte ich mich zwar älter und cooler als die »Oberschul-Neulinge«, doch die Noten sahen immer noch schlecht aus. Außerdem stand ich mit meinem frechen Benehmen bei einigen Lehrern auf der Abschussliste. Eine Lehrerin hatte es besonders auf mich abgesehen. Wie schon in der ersten 7. Klasse hatte ich auch in der zweiten die Fächer Erdkunde und Geschichte bei ihr. Und wie schon ein Jahr zuvor wollte sie mir im Wiederholungsjahr wieder Fünfen geben. In beiden Fächern. Gegen Ende des Jahres riss ich mich jedoch zusammen, schrieb einige gute Tests und dachte, ich sei meine Sorgen los. Doch kurz vor Zeugnisausgabe las sie im Unterricht Tendenzen vor und da hieß es bei mir »zwischen Vier und Fünf, gefährdet in beiden Fächern«. Noch am selben Abend riefen mein Vater und ich bei ihr an und schafften es während eines sehr langen Telefongespräches, in dem es an Beleidigungen und Schreiereien nicht fehlte, sie davon zu überzeugen, dass sie sich für die Note Vier entschied. Zumindest in einem Fach. Bis zum heutigen Tag liegt mir im Magen, was ich ihr damals am Telefon zuschrie: »Geschichte ist das Letzte auf Erden, wofür ich mich interessiere. Ich weiß jetzt schon, dass ich nie, bis ans Ende meines Lebens, wirklich nie eine Sekunde damit verlieren werde, über die Geschichte eines

Volkes nachzudenken.« Ich schaffte das Jahr dann doch, mit Ach und Krach.

Danach flogen wir alle nach Israel in den Urlaub. Und zwar zu meiner Familie, meinen zwei Großmüttern, meinem Großvater, mehreren Onkeln, Tanten, Cousinen und Cousins. Es war das vierte oder fünfte Mal, dass ich mit im Flugzeug saß und zu meinen Großmüttern in ein Land weit weg von meiner Heimat flog. Es war eben meine engste Verwandtschaft. Wen interessierte schon, warum sie in welchem Land lebten. Eigentlich freute ich mich immer sehr auf Israel. Ich liebte das Meer, die Sonne und den Strand. Das hatte ich in Berlin nicht. Ich genoss es sehr, mit meinen Cousins ans Meer zu gehen.

Dieses Mal jedoch stellte ich mir die Frage, wieso meine Familienmitglieder eigentlich fast alle statt in deren Heimat Iran in Israel lebten. Und wieso ich selber nie die Heimat meiner Eltern besuchte und stattdessen regelmäßig ein Land, das mir per se gar nichts bedeutete. Ich sprach meine Eltern darauf an. Sie erzählten mir von einem schlimmen Regime im Iran, das von vermummten ultrareligiösen Figuren, den Ayatollahs, geleitet werde und den Iran wieder ins Mittelalter zurückwerfe. Frauen seien vieler Freiheiten beraubt worden und müssten wieder den Tschador oder das Kopftuch tragen. Alles, was mit der modernen westlichen Welt zu tun habe, sei verboten. »Man lebt dort in einer rückständigen Welt und man hat keine Meinungsfreiheit«, erklärten sie. In Israel hingegen hatte man seine Freiheit, zumindest sah ich keine Frauen mit Kopftuch. Und so dachte ich mir, dass der Großteil meiner Verwandten einfach eine neue Heimat gefunden hatte, die eben Israel hieß, genauso wie meine Eltern eine neue Heimat namens Deutschland für sich entdeckt hatten.

Während unserer Aufenthalte in Israel war immer wieder

mal die Rede davon, ob dieses Sommerland auch irgendwann meine Heimat sein würde. Natürlich konnte ich mir vorstellen, eines Tages in diesem schönen Palmenland zu leben und jeden Tag mit meinen Cousins ans Meer zu gehen. Diese Idee fand ich sehr reizvoll. Vielleicht konnte ich Erdal und Tim auch überreden, mit nach Israel zu ziehen. Dann könnten wir im Meer schwimmen statt in Gatow rumzuhängen. Außerdem war ich gerade dabei herauszufinden, dass ich jedes einzelne israelische Mädchen gutaussehend fand. In Israel zu leben, mit seiner ewigen Sonne, seinem wunderschönen Meer, dem endlosen Strand, den Tausenden Palmen, meiner Familie und den wunderschönen Mädchen, was gab es Besseres auf Erden?

Meine Großeltern und einige Onkel und Tanten versuchten, meine Eltern zu überzeugen, nach Israel einzuwandern. Doch meine Eltern meinten immer, dass es ihnen in Deutschland ziemlich gut gehe und dass man sehen werde, was die Zukunft so bringt.

Ich genoss die Zeit und war schon Tage vor unserer Rückkehr ziemlich bedrückt, weil ich alle und alles verlassen musste, woran ich mich in meinen Sommerferien gewöhnt hatte. Als der Abschied kam, war ich blind vor Tränen. Alle Familienmitglieder waren noch einmal zusammengekommen, alle weinten und umarmten sich. Wir wurden mit Geschenken verwöhnt: Hummus, Bananenlikör, israelische Würste, Kekse. Doch ich bekam etwas ganz Besonderes, und zwar jeweils eine Goldkette von jeder Großmutter. An einer Kette hing ein Goldanhänger, ein viereckiges Stück Gold, in das zwei »S« eingraviert waren, die Anfangsbuchstaben meines Namens. Der zweite Anhänger war jedoch weitaus interessanter. Es waren zwei Dreiecke, ein smaragdgrünes und ein bordeauxfarbenes, wie verkehrt herum miteinander verbunden, ein Stern, eine schöne Figur. Natürlich wollte ich wissen, warum meine Großmütter mir so teuren Schmuck schenkten. Ich fragte meine Großmutter väterlicherseits und sie erklärte mir, dass ich diese Goldketten zu meinem 13. Geburtstag nachträglich bekommen hätte. Der 13. Geburtstag, so sagte sie, sei etwas ganz Besonderes bei uns. Ich sei jetzt ein erwachsener Mann und es solle ein Andenken sein an meine Bar-Mitzwa. Eine Bar-Mitzwa, die nie stattfand.

Ein Umzug

Ich bin ein Deutscher und ich bin Jude, das eine so sehr und so völlig wie das andere, keines ist vom anderen zu lösen.

Jakob Wassermann, Juden in Deutschland (1921)

Kurze Zeit nach unserer Rückkehr beschlossen meine Eltern, ein Geschäft zu übernehmen, eine Boutique mit Änderungsschneiderei. Das hatte positive und negative Aspekte. Positiv war vor allem, dass meine Mutter mehr zu tun hatte als einzukaufen, zu kochen und zu Hause auf ihre Kinder und ihren Ehemann zu warten. Jetzt war sie eine selbstständige Unternehmerin, die die alleinige Verantwortung für das Geschäft trug. Mein Vater arbeitete weiterhin bei Karstadt, wo ihm seine Position sehr gefiel. Positiv war auch das größere Einkommen. Ich sah meine ersten Nike-Schuhe endlich in Reichweite. Negativ war jedoch, dass meine Eltern das Geschäft ziemlich weit entfernt gekauft hatten, in einer ganz anderen, uns allen nicht bekannten Ecke Berlins. Es dauerte ungefähr eine Stunde, um mit den öffentlichen Verkehrsmitteln von Spandau dorthin zu kommen. Man musste mehrere Bus- und Bahnlinien benutzen.

Nun waren nicht nur meine Eltern den ganzen Tag getrennt, sondern auch meine Mutter und zumindest wir älteren Kinder. Mein Vater arbeitete im Bezirk Neukölln bis um 19 Uhr und meine Mutter bis 18 Uhr im Bezirk Wedding. Sie fuhr mit meinem kleinen Bruder Richard täglich dorthin. Richard schickten sie auf eine Grundschule, die um die Ecke vom Geschäft meiner Mutter lag. Er war deshalb nach der Schule bis zum Abend mit ihr zusammen. Meine Schwester besuchte dieselbe Grundschule, auf der auch ich vorher gewesen war, in unmittelbarer Umgebung unserer Wohnung in Spandau. Ich selbst ging nach der Schule oftmals trainieren. Dann war auch ich erst am Abend zu Hause.

Einige Monate vergingen. Meine Mutter begann täglich davon zu schwärmen, wie schön es doch wäre, wenn wir alle mehr in ihrer Nähe wären. Sie vermisse ihre Kinder. Meine jüngere Schwester Shabnam Leital und ich waren von der Idee umzuziehen nicht sehr begeistert. Wir hatten alle unsere Freunde in Spandau. Das interessierte meine Eltern jedoch wenig. Freunde kann man immer wieder neu finden und die alten Freunde kann man jederzeit besuchen. Bald waren wir auch schon mitten im Umzug. Es waren wieder Sommerferien und wir zogen von Spandau nach Wedding.

Unsere neue Wohnung gefiel mir sehr. Sie hatte zwei Etagen, eine eigene Terrasse und einen eigenen Hauseingang und war schon fast wie ein Häuschen für sich. Ich meldete mich auf dem Diesterweg-Gymnasium in der Pankstraße an. Meine neue Schule war drei Straßen von unserem Zuhause entfernt. Im Bezirk Wedding fühlte ich mich anfangs sehr fremd. Überall sah ich Jugendliche miteinander reden und Jungs und Mädchen miteinander spielen. Doch ich war ganz allein. Ich kannte niemanden. Sogar mein kleiner Bruder kannte mehr Leute als ich. Er ging ja seit einem halben Jahr auf die dortige Rudolph-Wissel-Grundschule. Verreisen wollten wir dieses Jahr wegen des Umzugs nicht. Die Schulen waren noch für über einen Monat geschlossen. Deshalb konnte ich nicht einmal Freundschaften in meiner neuen Klasse schließen. Wo hatte ein Neuankömmling wie ich die Gelegenheit Gleichaltrige kennenzulernen? Natürlich auf dem Fußballplatz.

Aber irgendwie war alles anders als in Spandau. Mir fiel auf, dass es kaum richtige Deutsche gab in meiner Nachbarschaft. Die meisten Menschen, die ich auf der Straße herumlaufen sah, ähnelten eher mir als Tim. Damit meine ich, dass fast alle meine Nachbarn schwarze Haare und dunkle Haut hatten. Das Bild war keineswegs anders auf dem Fußballplatz zwei Straßen weiter. Nicht nur, dass es dort kaum Deutsche gab, es wurde nicht einmal deutsch gesprochen. Das war für mich überhaupt kein Grund, vom Fußballfeld Abstand zu halten. Ganz im Gegenteil. Ich war sehr interessiert daran herauszufinden, ob mein Spandauer Fußball besser war als deren Weddinger Fußball. Die ersten Jugendlichen, die ich auf dem Fußballfeld kennenlernte, waren fast alle entweder türkischer oder kurdischer Abstammung. Einige waren jugoslawisch, polnisch oder arabisch. Sehr außergewöhnlich war, wenn jemand »nur« deutsch sprechen konnte bzw. nicht in der Lage war, eine andere Sprache zu sprechen, weil er nun mal »nur« deutsch war.

Der Fußball auf dem Feld in der Eulerstraße war so ziemlich derselbe wie am Burggraben in Spandau. Der einzige Unterschied bestand darin, dass entweder auf Türkisch oder auf Arabisch geschimpft wurde, und das pausenlos. Das Temperament der Jungs war ziemlich aggressiv und aufbrausend. Das störte mich nicht besonders, denn ich konnte auch sehr aufbrausend sein, wenn mir jemand nicht gefiel oder beim Spiel zu viele Alleingänge machte. Zum Glück war ich ein ziemlich guter Fußballspieler. Eigentlich konnte und kannte ich nichts, außer den Ball kicken. Es war deshalb kein Wunder, dass Gleichaltrige sich mir sehr schnell näherten. Schon nach wenigen Malen, die ich mitgespielt hatte auf dem mir neuen Feld in dem mir neuen Bezirk, wurde ich zum täglichen Fußballspielen eingeladen.

Ganz merkwürdig kam mir eine Sache vor. Ich stellte fest,

dass man im Wedding nicht wie in Spandau zuerst nach dem Namen gefragt wurde, wenn man Bekanntschaften schloss. Man wurde gefragt, ob man denn auch Muslim sei. Wie oft ich allein die ersten Tage, an denen ich mich auf dem Fußballfeld blicken ließ, gefragt wurde, ob ich Muslim sei, war unfassbar. Jede einzelne neue Bekanntschaft, die ich machte, kam mir mit demselben Spruch: »Bist du auch Muslim?« Jedes einzelne Mal dachte ich mir, wie kann es sein, dass das jedem Einzelnen auf diesem Fußballplatz so wichtig ist. Meine Antwort hatte ich nach einigen Tagen parat: »Ich bin nicht religiös. Mich interessiert Religion nicht im Geringsten.« Ab und zu wurde ich auch gefragt, ob ich denn zur Moschee gehe oder faste zu Ramadan. Das verneinte ich natürlich. Das war für viele Jugendliche ungewöhnlich. Man wunderte sich sehr über mich, hakte aber nicht besonders nach. Hauptsache, ich wusste, wie man Fußball spielt.

Ich weiß heute, dass meine neuen Freunde damals vom Weddinger Fußballplatz in der Eulerstraße einfach davon ausgegangen sind, dass ich auf jeden Fall Muslim bin, wenn auch kein aktiver. Man dachte vermutlich, ich sei noch nicht ganz so weit, dass ich Gott und meine Religion zu schätzen wusste. Vielleicht aufgrund meines Alters oder einer Bildungslücke. Ich war ja erst vierzehn.

Der erste Schultag in der 9. Klasse stand bevor. Schon zwei Wochen vor Schulanfang machte ich mir Sorgen. Wie würde mich die neue Klasse wohl aufnehmen? Würde ich schnell Freundschaften schließen können? Einige Tage vor Schulbeginn ging ich sogar Klamotten kaufen, um neu eingekleidet in der Schule aufzutauchen. So stand ich dann am ersten Schultag vor dem Schulgebäude und sah Hunderte von Schülern an mir vorbeilaufen. Nicht ein einziges Gesicht kam mir bekannt vor. Niemand vom Euler-Platz ging auf meine Schule. Das hatte ich nicht erwartet. Wie gerne wäre ich zurück auf meiner alten Schule gewesen. In Siemensstadt, wo ich jeden begrüßen konnte, wo die Leute einen kannten und man gefragt wurde, wie der Sommer war. Es blieb mir nichts anderes übrig, als mich ganz langsam zum Sekretariat zu bewegen, von wo aus ich zu meiner neuen Klasse geführt wurde.

Mehrere neue Mitschüler kamen sofort auf mich zu und machten sich bekannt. Meine Befürchtungen waren vollkommen umsonst gewesen, alle waren nett zu mir. Auf dem Weg nach Hause war ich dann sehr erleichtert und freute mich schon auf den zweiten Schultag. Im Laufe der ersten Wochen schloss ich einige Freundschaften. Unter anderem mit einem Inder namens Mahavir, einem Türken namens Mehmet und einem süßen kroatischen Mädchen namens Janica. Über meine neuen Bekanntschaften und Freundschaften war ich sehr glücklich und ich war mir sicher, dass sie ein ganzes Leben halten würden.

Mir fiel auf, dass alle Gleichaltrigen im Wedding irgendetwas um den Hals trugen, am besten eine Gold- oder Silberkette. Ich musste unbedingt mitziehen. Da ich ja zwei Goldketten zu Hause in der Schublade hatte, sah ich kein Problem darin. So fing ich an, mir die Goldkette umzuhängen, die ich von meiner Großmutter in Israel geschenkt bekommen hatte. Die Goldkette mit dem Davidstern-Anhänger, die mir sehr gefiel und mit der ich mich um einiges cooler fühlte.

Das bemerkten meine Eltern selbstverständlich. Mein Vater zog mich zur Seite und bat mich, den Anhänger unter dem T-Shirt zu lassen. Ich sollte ihn nicht offen tragen. Gleichzeitig jedoch sagte er, dieser Anhänger sei von sehr großer Bedeutung und ich solle stolz sein, ihn tragen zu dürfen. Was für ein Quatsch, dachte ich mir. Jeder zeigte seinen Schmuck offen, warum sollte ich was verbergen? Was für eine Funktion genau hätte der schöne Anhänger unter meinem Oberteil gehabt? Hatten meine Eltern etwa Angst, dass er mir weggenommen werden würde? »Dein Anhänger ist etwas Besonderes. Du musst stolz sein auf deinen Anhänger und wir wollen, dass du ihn so nahe wie möglich am Herzen trägst!« Natürlich hörte ich nicht auf meine Eltern und ließ ihn frei hängen.

Kurz darauf wurde ich auch schon zum ersten Mal auf meinen Stern angesprochen. Und zwar, als ich bei meinem Freund Sigmund in Siemensstadt war. Sigmund war einer meiner besten Freunde vom Siemens-Gymnasium und er hatte mich eingeladen, bei ihm zu übernachten. Ich lernte auch seinen Vater kennen und er begrüßte den Freund seines Sohnes recht herzlich. Dann fragte er mich gleich, ob ich denn nie Probleme hätte aufgrund meines Anhängers bzw. ob ich nicht angesprochen würde deswegen? Ich sagte, nein, und dass ich ihn auch nicht so oft getragen hätte. Warum fragte er mich das überhaupt? Warum sollten mich Leute wegen meines Anhängers ansprechen? Weil er so glänzte? Weil niemand außer mir diesen besonderen Stern an seiner Kette hängen hatte?

Kurze Zeit später war ich zu Besuch bei meinen alten Freunden in Spandau. Mit Erdal, Mirko, Manu und einigen anderen aus meiner Grundschule ging ich Tischtennis spielen auf unserem ehemaligen Schulgelände. Es waren mehr als drei Jahre vergangen, seit wir die Grundschule verlassen hatten, und wir alle hatten uns sehr verändert, stellte ich fest. Manu war plötzlich zwei Köpfe größer als ich. Mirko alberte überhaupt nicht mehr herum, wie man es früher von ihm gewohnt war, und Erdal hatte sich zu einem kräftigen Mann entwickelt, der schon sehr viel erwachsener wirkte als wir anderen.

Erdal hatte auch eine dicke Goldkette mit einem Anhänger um. Ein riesiger, goldener Säbel hing an seiner Kette. Denselben Säbel hatte ich bei Weddinger Türken schon gesehen. Ich hatte mich aber nicht getraut, irgendjemanden nach der Bedeutung des Säbels zu fragen. Oder ob er überhaupt etwas zu bedeuten hatte. Erdal war sehr stolz auf seinen Anhänger. Ich fragte ihn. Er erklärte mir, der Säbel sei das Symbol der alevitischen Türken, die auch Muslime sind. »Alle Türken mit solch einem Säbelanhänger sind Aleviten.« Plötzlich fiel sein Blick auf meinen Anhänger.

»Was soll denn dein Anhänger, du bist doch kein Jude, oder?«

»Ich bin nicht religiös, ich glaube nicht an irgendeinen Gott und was spielt das überhaupt für eine Rolle, ob ich Jude, Muslim oder sonst etwas bin. Wieso fragt mich in letzter Zeit jeder danach? Sogar du.«

»Ich wundere mich nur, schließlich dachte ich die ganzen Jahre über, dass du auch ein Muslim bist. Du hast nie ein Wort darüber verloren, dass du Jude bist! Woher ist die Kette überhaupt? Hattest du die früher auch schon um?«

»Die Kette bekam ich von einer meiner Großmütter letztes Jahr im Sommer geschenkt und ich bin sehr stolz auf diesen Stern, was auch immer hinter ihm steckt. Schon deshalb, weil er von meiner Großmutter ist.«

Erdal war sichtlich konsterniert. Nach all den Jahren der Freundschaft hatte er rein zufällig festgestellt, dass ich nicht der bin, für den er mich all die Jahre gehalten hatte. All die Jahre über war er sich absolut sicher gewesen, dass ich auch ein Muslim bin. All die Jahre über haben wir nicht ein einziges Wort darüber verloren, welcher Religionsgemeinschaft wir angehörten oder ob wir an Gott glaubten. Welche Rolle spielt das auch schon unter Freunden? Ein Freund ist ein Freund und wird ein Freund bleiben, auch wenn man nicht derselben Religion angehört. So schien es mir und dessen war ich mir sicher.

Das entsprach nicht der Wirklichkeit, sollte ich schon bald feststellen.

Was, du bist Jude?

Der Mensch setzte sich zu seinem Lebenszwecke das, was ihm, sofern er Mensch ist, Ziel seines Strebens sein muss, nämlich die Erforschung der Wahrheit.

Moses ben Maimon (Rambam), 12.Jahrhundert

An einem dieser Tage änderte sich mein Leben grundsätzlich. Nichts sollte mehr so sein, wie es einmal war. Ich wurde dazu gezwungen, meine Ignoranz im Hinblick auf Religion aufzugeben. Ich stieg an der Station Osloer Straße in die U-Bahn Linie 8 Richtung Zoo, um mich mit Freunden auf dem Ku-Damm zu treffen. Die U-Bahn war wie immer voll. Ich ergatterte noch einen Sitzplatz. Eine Sitzbank weiter saßen zwei erwachsene arabische Männer. Ein weiterer stand daneben.

Schon nach wenigen Sekunden bemerkte ich, dass sie über mich sprachen und mich anstarrten. Später zeigte einer mit dem Finger auf mich und wurde immer lauter. Er redete arabisch, ich verstand ihn nicht und ich wusste nicht, was sie von mir wollten. Zuerst bildete ich mir ein, dass ich mich offenbar nicht richtig rasiert hatte oder dass ich etwas im Gesicht hatte, das für Unterhaltung sorgte. Doch keiner lachte. Plötzlich merkte ich, dass der eine nicht auf mein Gesicht, sondern auf meine Kette gezeigt hatte. Ich fasste meinen Anhänger an, der schön zu sehen war, und sah die drei fragend an. Sie redeten, aber ich verstand ja nichts. Es hörte sich nach einer Meinungsverschiedenheit an, denn sie schrien sich fast schon an. Da wendete sich einer von ihnen mir zu und schrie: »Scheißjude.« Auf einmal war kein Wort mehr zu hören. Die drei arabischen Männer verstummten und sahen mich an. Einer grinste dumm. Die anderen Leute um uns herum waren auch still geworden. Ich hatte das Gefühl, dass plötzlich das ganze Abteil seine Augen auf mich gerichtet hielt. Sechzig Augen auf mich. Wie ein Tier im Zoo kam ich mir vor.

Einer der Araber fragte mich dann in einem strengen, sehr unfreundlichen und lauten Ton, ob ich Jude sei. Ich antwortete wie üblich, dass ich nicht religiös sei. Das klang für meine neuen Freunde wenig überzeugend. Sie fingen wieder an zu diskutieren. Laut und auf Arabisch. Was hatten sie zu diskutieren? Ob sie mich aus der U-Bahn werfen sollten während der Fahrt oder ob sie mir die Kette abreißen sollten? Die Fahrt über die acht Stationen zum Zoologischen Garten kam mir endlos vor und ich war auf alles gefasst. Zum Glück hatten die drei Männer außer lauten Worten und aggressiven Blicken nichts weiter auf dem Kasten. Ich war angekommen, wo ich ankommen wollte, stand auf und kämpfte mich durch bis zur Tür. Begleitet von sehr vielen kalten Blicken. Beim Aussteigen schrien sie mir nochmals »Scheißjude« und »Drecksjude« hinterher. Einer von ihnen machte sogar eine Spuckgeste auf meinen Stern.

Als ich endlich draußen war und keiner von den drei Männern mehr in Sicht, setzte ich mich auf eine Bank, um das mir Widerfahrene zu verarbeiten. Ich hatte ein ganz mulmiges Gefühl. Ich fühlte mich zutiefst beleidigt und kochte vor Wut. Wären die drei Männer in meinem Alter gewesen, ich hätte mich auf sie geworfen und sie verdroschen. Das bildete ich mir ein. Dabei wusste ich nicht einmal, was der eigentliche Grund für ihre Aggression war. Die drei Männer hatten mich nie zuvor gesehen, soweit ich wusste. Ging es wirklich nur um den Stern, den ich so stolz am Hals trug? Den Stern, den ich von meiner Großmutter zur Bar-Mitzwa geschenkt bekommen hatte? Es war klar, dass sehr, sehr viel mehr hinter diesem Stern stecken musste. Auch Erdal hatte ihn angestarrt wie die Männer in der U-Bahn. Vielleicht hätte er mich auch »Scheißjude« genannt, wenn wir uns zufällig über den Weg gelaufen wären. Anscheinend brachte mir der Stern nur Probleme. Und dabei wusste ich nicht einmal, was genau er symbolisierte. Was hatten alle gegen meinen schönen Stern?

Ich hatte Hass in den Augen der drei arabischen Männer gesehen. Sie kannten mich nicht. Doch offensichtlich hat mein Anhänger, das kleine Symbol an meinem Hals, gereicht, dass sie sich das Recht herausnahmen, mich öffentlich zu beleidigen und mich andeutungsweise anzuspucken. Wer weiß, was sie mit mir angestellt hätten, wenn ich ihnen nachts in irgendeiner dunklen Ecke begegnet wäre? Ich blieb nur kurz mit meinen Freunden zusammen. Ich fühlte mich schlecht und wollte so schnell wie möglich nach Hause und meine Eltern nach der Wahrheit fragen. Und zwar nach der vollen Wahrheit. Meine Freunde fragten mich, wieso ich so ernst sei. Wieso ich so bedrückt wirke. Ich konnte nichts antworten.

Meine Mutter bemerkte sofort, dass etwas nicht in Ordnung war, doch ich wollte erst darüber sprechen, wenn mein Vater auch da war. Am Abend endlich saßen wir zusammen. Nach dem Abendessen setzten wir uns ins Wohnzimmer. Der Fernseher war ausgeschaltet. Meine Geschwister schliefen schon. Für mehrere Sekunden bekam ich meinen Mund nicht auf. Es war so still um mich herum. Wie in der U-Bahn. Vier Augen guckten mich neugierig an. Wie sollte ich bloß anfangen? Was wollte ich eigentlich wissen, fragte ich mich? Alles? Alles! So schwer der Anfang mir fiel, so heftig presste ich kurze Zeit später alles aus mir heraus.

»Wer oder was bin ich? Wer oder was sind wir? Was ist unser Ursprung? Was ist die Bedeutung dieses Sternes an meinem Hals? Welcher Religionsgemeinschaft gehöre ich an? Wieso fühle ich mich, seit ich im Wedding wohne, anders als alle anderen? Wieso werde ich andauernd gefragt, ob ich auch Muslim bin? Ich muss es endlich wissen!«

Es sprudelte nur so aus mir heraus. Ich wartete auf die Reaktion meiner Eltern. Sie sahen sich an und für einen Moment hatte ich das Gefühl, dass sie sich anlächelten, bis sich mein Vater mir zuwendete, mich ernst anblickte und sagte: »Ich war mir sicher, dass wir dieses Gespräch schon viel früher führen würden!« Ich solle erzählen, was denn vorgefallen sei und wieso ich plötzlich auf diese Fragen käme. Also fing ich an, meinen Eltern ausführlich zu berichten. Ich begann mit den ewigen Nachfragen meiner gleichaltrigen Kumpel im Wedding, ob ich Muslim sei, fuhr fort mit der Reaktion Erdals auf meinen Davidstern-Anhänger und schloss ab mit dem Ereignis in der U-Bahn Richtung Ku-Damm.

Mein Vater sagte: »So ungefähr hatte ich mir das schon vorgestellt. Ich hatte schon geahnt, dass das kommen wird, wenn du erst einmal aus dem Kindesalter heraus bist. Bevor ich anfange, dir Geschichten zu erzählen, um dir verständlicher zu machen, wer oder was du bist, wer wir sind, musst du eins im Voraus wissen und es dein ganzes Leben zumindest im Hinterkopf behalten: Du bist ein Jude und die ganze Welt hasst dich!«

Es kam für mich nicht ganz überraschend zu erfahren, dass ich Jude bin. Irgendwie war es mir wohl im Unterbewusstsein schon länger klar gewesen, auch wenn ich mich nicht wirklich um den Grund dafür gekümmert hatte, dass wir nach Israel zur Verwandtschaft flogen. Dass sie überhaupt alle in Israel lebten und nicht in Italien oder Griechenland. Dass meine Großmütter immer darauf achteten, dass ich keine Butter aufs Brot strich, wenn ich Wurst essen wollte. Ich hatte zwei Anhänger und ich hatte doch immer dieses sechszackige Symbol getragen und war stolz darauf. Anne Frank hatte es auf ihrer Jacke aufgenäht gehabt. Das war das Einzige, was ich mir von der Ausstellung gemerkt hatte. Diesen riesigen gelben Stern auf der Jacke. Doch immer noch verstand ich den Zusammenhang nicht zwischen Anne Frank und mir, meinen Eltern und meinen Verwandten in Israel.

Jetzt war es Zeit, die Augen aufzumachen und zu akzeptieren, dass ich auch eine Religion hatte. Eine Religion, die die Deutschen vor etwas mehr als einem halben Jahrhundert versucht hatten aus der Welt zu schaffen. Zu beseitigen. Auszuradieren! Zu einem Teil der Vergangenheit zu machen. Warum hatten meine Eltern bisher nie darüber gesprochen? Warum schwiegen sie all die Jahre? Dachten sie etwa, ich hätte es in meiner Kindheit schwerer gehabt, wenn ich als Jude identifiziert worden wäre?

»Hättet ihr mir eines Tages auch von allein zugeflüstert, dass ich Jude bin, oder wie habt ihr euch das vorgestellt?«

»Wir hatten uns das gut überlegt, als du gerade anfingst laufen zu lernen, ob wir dir eine jüdische Erziehung geben sollten oder lieber eine modern-unreligiöse Erziehung. Wir entschlossen uns fürs Letztere, weil wir selber auch kein starkes Religionsbewusstsein haben. Wir sind sehr stolz darauf, Juden zu sein. Versteh uns bitte nicht falsch. Doch wir glauben nicht an Gott, gehen nicht in die Synagoge und halten auch die Kaschrutvorschriften nicht ein. Wir feiern nicht einmal unsere eigenen jüdischen Feste. Außerdem wollten wir es dir ein wenig einfacher machen. Denn als Jude, als bekennender Jude in Deutschland aufzuwachsen, so nahmen wir zumindest an, könnte ziemlich schwer sein. Wir wollten, dass du selbst darauf kommst, dass du Jude bist. Lieber später als früher. Wir waren uns sicher, dass du, wenn du so weit bist, von alleine das Gespräch suchst. Genau solch ein Gespräch, wie wir es gerade führen«, erklärte mein Vater.

»Wie kommt es, dass diese Araber, die ich nie zuvor gesehen habe, mich in der Öffentlichkeit demütigen, aufgrund des Davidstern-Anhängers?«

»Ich hatte dich gebeten, den Stern lieber unter dem T-Shirt zu tragen. Es gibt leider viel zu viele Verrückte auf dieser Erde, die allergisch reagieren auf diesen Stern. Du wirst eines Tages verstehen müssen, dass unser Volk Jahrtausende lang unterdrückt, verhöhnt und gefoltert wurde, dass mehrere mächtige Regierungen in den letzten drei Jahrtausenden versuchten, es zu vernichten. Egal, wo du auf der Erde bist: Wenn du dich als Jude vorstellst, wirst du anders angeguckt, oftmals mit einem ablehnenden Blick. Das klingt alles vielleicht übertrieben, aber ich weiß, dass du eines Tages, spätestens wenn du studierst, viel über die Geschichte unseres Volkes, des Volkes der Juden, lesen und dich sehr gründlich damit befassen wirst.«

»Ich glaube, ihr versteht nicht. Ich will unbedingt wissen, wieso ich andauernd gefragt werde, besonders von muslimischen Jugendlichen, ob ich auch Muslim bin? Was für eine Rolle spielt das für die? Zudem hast du mir noch nicht gesagt, wieso fremde Menschen mich hassen, nur weil sie einen ›Judenstern‹ bei mir an der Halskette sehen?«

»Du musst das so sehen, mein Sohn. Religion spielt für sehr viele Menschen eine sehr wichtige Rolle in ihrem Leben. Sie bauen ihr gesamtes Leben auf ihrer Religion auf. Alles, wirklich alles dreht sich in ihrem Leben um die Religion. Das geht vom morgendlichen Gebet über die Besuche im Gebetshaus, über das, was man essen darf und was von der Religion her verboten ist, bis hin zum Abendgebet. Natürlich reden solche Menschen auch im Alltag gerne über ihre Religion und bevorzugt dann selbstverständlich mit Gleichgesinnten. Da wir in einer Gegend wohnen, wo viele muslimischen Glaubens sind, wird man natürlich gefragt, ob man auch Muslim ist. Angenommen, du würdest in einer Gegend aufwachsen, die größtenteils von Juden bewohnt ist, dann würdest du auch jeden Neuankömmling fragen, ob er Jude ist, oder etwa nicht?«

»Hmm, kann sein.«

»Siehst du! Der Unterschied liegt darin, dass es nicht wenige Muslime gibt, die ihre Religion sehr fanatisch ausüben. Das heißt, sie sind so verrückt, dass sie andere Religionen nicht wirklich respektieren, sondern sogar hassen. Das hat in der Vergangenheit oft zu Konflikten geführt. Und auch heutzutage und in der Zukunft wird es noch oft dazu kommen. Vollkommen egal, wo man sich auf der Erdkugel befindet. Im Wedding wird das, denke ich, nicht anders sein. Die Männer, die dich heute in der U-Bahn so zornig gemacht haben, die gehören wohl zu den eher extremeren Glaubensbrüdern. Zum Glück kam es zu keinen Handgreiflichkeiten. Denn es gibt Verrückte, die sich vor ihren Freunden aufspielen wollen. Da kann es auch mal zu Gewalt kommen. Nimm das, was heute passiert ist, als Warnung und trage deinen Stern von nun an lieber unter deinem T-Shirt.«

Dass mein Vater es gut mit mir meinte und nicht wollte, dass mir aufgrund des Sterns etwas zustieß, verstand ich natürlich. Trotzdem wollte ich nicht einsehen, wieso ich, als jemand, der in einem freien Land geboren und aufgewachsen war, nicht so herumlaufen konnte, wie ich wollte. Wenn ich den Stern gerne zeigen möchte, dann zeige ich ihn auch, dachte ich mir, und werde ihn ganz bestimmt nicht verstecken wie ein Feigling. Nein, ganz bestimmt nicht. Ich fühlte mich nun richtig herausgefordert.

Das Gespräch war mit den Worten meines Vaters beendet. Ich stieg die Treppe hinauf in mein Zimmer, um mich schlafen zu legen. Eigentlich war ich erschöpft nach diesem anstrengenden Tag. Doch statt einzuschlafen, wälzte ich mich stundenlang hin und her. Es gelang mir nicht, mich von meinen quälenden Gedanken zu befreien. Ich war in Schweiß gebadet. Ich war sicher, dass sich durch das heutige Ereignis und das Gespräch mit meinen Eltern viel geändert hatte, ganz plötzlich, von einem auf den anderen Tag. Bis dahin hatte ich nie das Gefühl gehabt, dass ich anders bin als die anderen. Jetzt wusste ich plötzlich, dass es so ist. Dass ich Jude bin. Dass ich einer Religion angehöre, ob ich will oder nicht. Ich hatte keine Ahnung, was es bedeutet, Jude zu sein, und warum ich anders bin. Ich wollte das ja eigentlich auch gar nicht. Ich war gegen Religiosität und glaubte nicht an Gott. Ich wusste, dass in nächster Zeit viel auf mich zukommen würde, dass ich noch viel zu lernen hatte, um das alles zu verstehen. Irgendwann schlief ich doch ein.

Die Kindheit meines Vaters in Babol im Iran

Ein Jude, der kein Jiddisch spricht, ist kein wahrer Jude!

Golda Meir (israelische Ministerpräsidentin)

Die sephardischen Juden sind vom Verstand noch zurückgebliebener als die Palästinenser.

David Ben Gurion (erster israelischer Ministerpräsident)

Mein Vater Dawud Shlomo Shalicar erblickte das Licht der Welt wenige Monate, bevor David Ben Gurion am 14. Mai 1948 vor dem Bild Theodor Herzls die Unabhängigkeit Israels proklamierte. Er war der Erstgeborene. Nach ihm kamen noch vier Brüder und zwei Schwestern zur Welt. Die Familie lebte in einer kleinen Stadt namens Babol, am Ufer des Kaspischen Meeres im Norden Irans. Von dessen Wasser, das wie Milch schmecke, und dem Duft der Frühlingsblüten an seinem Ufer schwärmte mir meine Mutter gerne vor. Auch meine Mutter ist in Babol geboren. Ungefähr fünf Prozent der Gesamtfläche Babols waren von einer Mauer umgeben. Innerhalb dieser Mauern wuchsen meine Eltern auf, im jüdischen Ghetto, dem »Mahle« von Babol.

Zuerst dachte ich, die Mauer Babols, von der mir mein Vater erzählte, sei aus demselben Grund gebaut worden wie die Berliner Mauer, die mir so bekannt war. Doch als ich ihn fragte, ob man die Berliner Mauer mit der Baboler Mauer vergleichen könne, die auch das Ziel hatte, Menschen von Menschen zu trennen, sagte er: »Keinesfalls.« Er hatte einen sehr ernsten Blick, als er mir den Unterschied zwischen der einen und der anderen Mauer erklärte. Die Berliner Mauer sei aus politischen und vor allem ideologischen Gründen gebaut worden. Die Mächtigen der Welt wollten den Menschen, die in ihrer Einflusssphäre lebten, ihre Überzeugung, ihren »way of life« aufzwingen. Ein Teil Berlins wurde nach dem Zweiten Weltkrieg zum Teil des westlichen und kapitalistischen Lagers und sollte somit unter westlicher Kontrolle stehen, während der andere Teil Berlins unter kommunistischer Oberhoheit stand. Da beide Seiten einander nicht ausstehen konnten, wurde von den Kommunisten eine Grenze quer durch Deutschland gezogen und eine Mauer errichtet, um Berlin in zwei Teile zu teilen. Auf diese Weise wurde den Menschen im Osten die Möglichkeit genommen, ihre Lebensweise zu ändern. Obwohl der Mauerbau ausführlich im Unterricht behandelt worden war, hatte ich nie richtig verstanden, was damals eigentlich passiert war. Das war für meinen Vater auch eher nebensächlich. Ihm ging es vor allem um die Mauer von Babol, seiner Geburtsstadt.

Im Gegensatz zur Berliner Mauer wurde die Mauer Babols nicht von irgendwelchen Machthabern gebaut, aus politisch-ideologischen Gründen, sondern vom Volk selbst. Offensichtlich wollten sich 95 Prozent der Bewohner Babols von fünf Prozent der Stadt abgrenzen. Sie wollten so wenig wie möglich mit diesen »Ghettobewohnern« zu tun haben. Das lag daran, dass diese fünf Prozent nicht an den Propheten glaubten und nicht den Koran als ihr Heiliges Buch ansahen, sondern das Alte Testament, die Thora. Sie hatten andere Sitten und Bräuche und feierten nicht dieselben Feste. Zudem sollten diese fünf Prozent Wucherer, Gauner und egoistische Menschen sein, so hatte die Mehrheit es gelernt.

Sei es zu Hause bei den Großeltern und Eltern, in der Schule oder in der Moschee.

Mein Vater sah mich an. Ich wusste nicht, was ich sagen sollte. Dann fuhr er fort. Er sagte, dass diese 95 Prozent, die sich für eine Mauer aussprachen, islamischen Glaubens, also Muslime waren, und die restlichen fünf Prozent, um deren Häuser die Mauer gebaut wurde, jüdischen Glaubens, so wie meine Eltern. »Du gehörst den fünf Prozent an, mein Sohn. Du bist Jude! Sei froh, dass du wegen deines Glaubens nicht mehr in einem ›Käfig‹ leben musst, jedenfalls nicht heutzutage in Berlin. Ich habe mich auch außerhalb des Mahle nie wirklich frei fühlen können, doch du bist frei. Das solltest du zu schätzen wissen!«

Das hat mich natürlich sehr nachdenklich gemacht. Ich wollte verstehen, warum Menschen sich von anderen Menschen trennen wollten, und das nur, weil man nicht ins selbe Gebetshaus geht oder dieselben Feste feiert. Das war für mich unglaublich. Damals wusste ich noch nichts von Ghettos und darüber, dass das Mahle Babols nichts Einmaliges war auf Erden, sondern dass es jüdische Ghettos in fast allen größeren Städten Europas, Nordafrikas und Vorderasiens gab, eigentlich überall dort, wo sich Juden angesiedelt hatten, vor, während und sogar nach dem Mittelalter.

Ich wollte von meinem Vater wissen, wie denn der Umgang zwischen den muslimischen und jüdischen Bürgern seiner Stadt gewesen sei. Und ob es Streitigkeiten und Auseinandersetzungen gab zwischen den zwei Volksgruppen. Mein Vater antwortete, es sei fast täglich zu Zusammenstößen gekommen. Manchmal waren es nur böse Blicke oder dumme Beschimpfungen, die man sich anhören musste bzw. die die Juden sich anhören mussten. Beleidigungen wie »Du dreckiger Jude« oder »Jude! Du stinkst« waren fast schon an der Tagesordnung. Manchmal kam es aber auch zu Schlägereien. Da mein Vater der Älteste unter seinen Geschwistern ist, hatte er keine Wahl und musste seine jüngeren Geschwister vor deren Mitschülern und deren älteren Brüdern verteidigen. Allgemein jedoch vermieden viele Muslime jeglichen Kontakt zu den Juden ihrer Stadt. Die Juden fühlten sich ausgegrenzt und blieben unter sich. Viele Juden trauten ihren muslimischen Mitbürgern nicht über den Weg und zogen sich freiwillig aus der Öffentlichkeit zurück. Kein Vertrauen, kein Kontakt! Kein Kontakt, keine Beziehungen! Keine Beziehungen, kein Verständnis. Kein Vertrauen!

»Oftmals versammelten sich muslimische Jugendliche am Nachmittag. Doch anstatt zum Fußballspielen zu gehen oder ans Meer zu fahren, stellten sie sich in Reihe vor der Mahle-Mauer auf und warfen Steine auf unser Ghetto. Die Juden Babols lebten in ständiger Angst vor Gewaltausbrüchen seitens der Muslime. Wann und in welchem Ausmaß es dazu kam, war oft abhängig vom Befinden der Menschen, von der momentanen wirtschaftlichen Situation. Wenn zum Beispiel die Arbeitslosenzahl zunahm oder die Ernte nicht abgab, was man sich erhofft hatte, suchte man Schuldige. Die fand man dann in den Juden und bestrafte sie dafür, indem man sie öffentlich anspuckte oder ihnen Schimpfwörter zurief«, erzählte mein Vater.

Ich sagte: »Das habt ihr euch doch sicher nicht gefallen lassen. Wie habt ihr es ihnen heimgezahlt?« »Natürlich hätten wir es ihnen gerne heimgezahlt. Aber wir taten es nicht, wir waren ihnen zahlenmäßig weit unterlegen. Außerdem befürchteten viele von uns, dass eine Gegenreaktion von uns den Hass schüren könnte und es zu schwerwiegenderen Gewaltakten käme. «

Als ich fragte, warum man ausgerechnet die Juden mit Steinen bewarf und für so ziemlich alles Schlechte verantwortlich machte, grinste mein Vater mich an und sagte, dass viele Muslime wohl selber nicht wussten, warum. Doch da es alle anderen genauso machten, war es anscheinend das Richtige. Besonders die Jugendlichen sahen es eher als einen lustigen Zeitvertreib an, Steine auf Menschen zu werfen oder sie öffentlich zu beschimpfen, ohne dafür bestraft zu werden. Einmal, erinnerte sich mein Vater, als er Schüler der vierten Klasse war, wollte ein muslimischer Freund ihn besuchen kommen. Als er nicht auftauchte, fragte mein Vater ihn am nächsten Tag in der Schule, wieso er nicht gekommen sei. Er antwortete: »Ich habe meinen Eltern erzählt, dass ich dich besuchen will. Doch sie haben mir verboten, jemals auch nur einen Fuß ins Mahle zu setzen. Ihrer Meinung nach werden dort Menschen getötet und anschließend aufgegessen.«

Anfang der 50er Jahre entschlossen sich die Eltern meines Vaters dem Iran den Rücken zu kehren, um ins Gelobte Land zu ziehen. Damals hatten sie erst zwei Kinder. Großvater und Großmutter nahmen meinen Vater und seinen jüngeren Bruder Jacob an die Hand, packten die wichtigsten Dinge, alte Fotos und Erbstücke, in zwei Taschen und wanderten ins Gelobte Land ein. Sie entschlossen sich nicht aus zionistischen Gründen, den Iran zu verlassen. Auch nicht aus wirtschaftlichen Gründen, denn das kleine Likörgeschäft meines Großvaters lief relativ gut. Meine Großeltern wünschten sich, wie mein Vater es von ihnen später erzählt bekommen hatte und mir weitergab, ihre Kinder in Frieden und nicht in einem Umfeld des Hasses aufwachsen zu sehen. Ohne dass sie ständig mit Vorurteilen und Beschimpfungen konfrontiert wurden, so wie sie selbst es ihr ganzes Leben erfahren hatten. Das Gefühl, einer Minderheit anzugehören und von der Mehrheit wie Dreck behandelt zu werden, sollten die Kinder nie kennenlernen. Israel befand sich wieder auf der Landkarte, die jüdische Heimat. Sie bot den Eltern meines Vaters die Chance für ein neues Leben.

In Israel mussten meine Großeltern jedoch sehr bald feststellen, dass auch dort ein gewisses Minderheiten-Problem existierte. Damals waren die aschkenasischen Juden noch in der Mehrheit. Es gab genügend Anlässe, bei denen sie die Minderheit der sephardischen Juden zu erniedrigen wussten. Der Unabhängigkeitskrieg war gerade erst vorbei. Die nächste Bedrohung stand am Horizont. Sie realisierte sich in der Suezkrise 1956, als die Ägypter die Kontrolle über den Suezkanal wiedergewinnen wollten. Man sah in den sephardischen Juden wohl eher den Arabern ähnliche Gestalten als jüdische Brüder. Allein wegen des Aussehens und der Sprache. Die Einwanderung der sephardischen Juden, sei es aus Marokko, Tunesien, Algerien, Irak, aber auch aus dem Iran, war in vollem Gange. Die schon im Lande ansässigen, zumeist aschkenasischen Juden, die Jahre vorher aus allen Teilen Europas und des russischsprachigen Raumes ins Land gekommen waren, hatten einen eher westlichen Lebensstil, im Gegensatz zu der orientalischen Lebensweise der Neueinwanderer aus Nordafrika und dem Nahen bzw. Mittleren Osten. Kulturen stießen aufeinander. Diese zumeist arabisch sprechenden jüdischen Neueinwanderer, denen meine Großeltern, mein Vater und mein Onkel Jacob zugerechnet wurden, obwohl sie kein Wort Arabisch sprachen, hatten normalerweise weder Heine noch Kafka studiert, noch sprachen sie Jiddisch. Stattdessen hörte man gerne laute arabische Musik und ging mit seiner Großfamilie im Park picknicken. Die Situation Israels war zu jenem Zeitpunkt sehr instabil. Man musste das Land weiter aufbauen und die vielen Neueinwanderer mussten so schnell wie möglich integriert werden.

Mein Großvater bekam eine sehr harte Arbeit, die schlecht bezahlt wurde und bei der er täglich viele Stunden der unerträglichen Hitze im Süden Israels ausgesetzt war. Einige Jahre vergingen, bevor der Traum zerplatzte. Die Sehnsucht nach einem angenehmeren Klima, normaler gut bezahlter Arbeit und einer Sprache, die sie ohne jegliche Probleme sprechen konnten, holte meine Großeltern ein. Sie beschlossen, zurück in den Iran zu gehen. Wieder packten sie ihre zwei Koffer mit den wichtigsten Dingen, Fotos und Erbstücken, und zogen zurück nach Babol. Alles war wieder so wie zuvor. Mit einem feinen Unterschied. Statt sich Beleidigungen vonseiten jüdischer Brüder gefallen lassen zu müssen, ließ man sich jetzt wieder von seinen persischen Brüdern beleidigen.

Nichtsdestotrotz lebte mein Vater bis zu seinem Schulabschluss im jüdischen Ghetto von Babol. Er ging täglich zur Schule, in der er einer der wenigen Juden war, und arbeitete nachmittags bei seinem Vater im Geschäft, das dieser nach seiner Rückkehr wieder eröffnet hatte. Nach dem Abitur leistete mein Vater seinen zweijährigen Armeedienst ab, was er sehr gerne tat, vielleicht, wie er meinte, um endlich als richtiger Perser akzeptiert zu werden. Um endlich als vollwertiger Mensch anerkannt zu werden. Die Gelegenheit der Assimilation in seinem Geburtsland wurde ihm endgültig genommen, als man ihn in eine jüdische Einheit verlegte. Dies hatte weitere Erniedrigungen zur Folge. Denn egal, wo mein Vater nach seinem Armeedienst vorsprach, um sich für eine Stelle zu bewerben, man warf ihn aus dem Büro, nachdem man erfahren hatte, in welcher Einheit er gedient hatte. Die »Jüdische Einheit« verhinderte jede attraktive Anstellung.

Es sah nicht sehr rosig aus für meinen Vater. Jegliche Möglichkeiten waren ihm als jüdischem Bürger verwehrt und so fing er an sich über die westliche Welt zu informieren und fand zunehmend Interesse an den Freiheiten Amerikas. Es fehlten aber die Verbindungen dorthin und mein Vater hätte sich mit seinem Ersparten nicht einmal einen einzigen Monat in den USA oder in Kanada leisten können. Doch kurz nach seinem 24. Geburtstag veränderte sich sein Leben für immer. Er bekam eine Adresse in West-Deutschland zugesteckt. Einer seiner besten Freunde aus der Jüdischen Einheit hatte angefangen in Deutschland zu studieren und lud meinen Vater ein, auch dorthin zu kommen.

Über Deutschland wusste mein Vater sehr gut Bescheid, besonders über die Jahre von 1933 bis 1945. Das Kriegsende lag nicht lange zurück. Nichtsdestotrotz hatte der Freund das Interesse bei meinem Vater geweckt, das »neue Deutschland« kennen zu lernen. Die Idee gefiel ihm sehr gut, vor allem, weil es wesentlich leichter war aus Deutschland nach Kanada zu ziehen. Kurz entschlossen setzte er sich in Teheran in den Reisebus. Alles, was er bei sich hatte, waren eine kleine Reisetasche und ein kleiner roter Perserteppich, den ihm sein Vater mitgegeben hatte. Drei Tage und Nächte fuhr der Bus, bis mein Vater dann schließlich in München ankam. Von dort fuhr er weiter nach Göttingen, in seine neue Heimat.

Es war eine kalte und völlig fremde Welt. Er musste Fuß fassen. Er hatte kein Rückfahrtticket. Kurze Zeit später war er eingeschriebener Student an der Georg-August-Universität in Göttingen und lernte die deutsche Sprache. Zwei Jahre später flog er in den Iran, um meine Mutter zu heiraten, und nahm sie mit in die »neue Welt«, in der man als persischer Jude keine Probleme hatte, zu studieren oder seine Meinung frei zu äußern. 1977 bin ich in Göttingen zur Welt gekommen. Meine Eltern zogen – statt wie geplant nach Toronto oder New York – nach Berlin. Mein Vater fühlte sich relativ wohl in Deutschland, er wurde weder in Göttingen noch in Berlin von irgendjemandem beschimpft oder in eine »Schublade« gesteckt. Diese neue Freiheit, die mein Vater bisher nur aus Büchern oder Filmen kannte, ließ ihn seine einstigen Pläne, Deutschland nur als »Übergangsland« zu sehen, vergessen.

So bin ich in einem freien westlichen Land aufgewachsen und nicht wie meine Eltern in einem jüdischen Ghetto, dessen Bewohner außerhalb seiner Mauern auf nichts als Hass und Verachtung stießen. Dafür kann ich ihnen nur dankbar sein.

SCHÄME DICH, JUDE ZU SEIN

Das jüdische Gebilde ist Sinnbild des Terrorismus. Es ist ein durch und durch terroristischer Staat. Es wird keinen Frieden geben mit einem Gebilde, das Juden aus aller Welt nach Palästina holt und die Palästinenser ihres Bodens und ihrer Heimat beraubt.

Scheich Husseyn Nasrallah, Generalsekretär der Hisbollah
(Der Spiegel, 1997)

Es gibt keinen auch noch so kleinen Hinweis auf die Existenz eines jüdischen Tempels in Jerusalem in der Vergangenheit. Nicht ein einzelner Stein in der ganzen Stadt weist auf jüdische Geschichte hin. Wir können es deshalb nicht akzeptieren, dass Israel hier irgendwelche Rechte für sich beansprucht ... Es ist die Art der Juden, die Welt zu betrügen. Aber mit uns können sie das nicht tun. Nicht ein Stein in der Klagemauer ist auf jüdische Geschichte bezogen.

Von der PLO ernannter Mufti Jerusalems
(Die Welt, 17. Januar 2001)

Die Juden sind zu bekämpfen und von unserem Land zu entfernen. Es besteht keine andere Alternative, als Israel zu zerstören.

Schulbuch der Palästinenser
(Palästina, Unser Land, 6. Klasse)

Meine neue Klasse gefiel mir ganz gut. Wie schon auf der Straße gab es auch hier mehr Schwarzköpfe als Deutsche, nicht nur in der Klasse, sondern überhaupt in der Schule. Mahavir wurde in den ersten Wochen mein neuer bester

Freund. Wir saßen im Unterricht nebeneinander. Auch auf dem Siemens-Gymnasium war ich gut befreundet gewesen mit einem Inder, Kaushik. Wir hatten ebenfalls nebeneinander gesessen. Sollte meine »bessere Hälfte« für die nächsten Jahre auch wieder ein Inder sein?

Außerdem freundete ich mich schnell mit einigen anderen, zumeist türkischen Jugendlichen an. Da waren Can, ein etwas dicklicher Türke, der eine Klasse unter mir war und auf dem Pausenhof Fußball mit mir spielte. Außerdem Berkan und Sahin, aus der Parallelklasse, beide Türken, mit denen ich im Sportunterricht Basketball spielte. Und Mehmet, der im Unterricht eine Reihe hinter mir saß. Wir hatten einen gemeinsamen Schulweg und nach der Schule begleitete er mich bis zu meiner Haustür. Da waren auch noch andere befreundete türkische Mitschüler.

Von nun an hörte ich fast mehr Türkisch als Deutsch. Die meisten türkischen Jugendlichen sprachen es von Haus aus perfekt und unterhielten sich auch untereinander vor allem auf Türkisch. So kam es oftmals vor, dass ich im Kreise von mehreren Freunden der einzige Nicht-Türke war und der Unterhaltung nicht so richtig folgen konnte. Ich eignete mir rasch bestimmte Ausdrücke und Redewendungen an, wie z. B. git! (geh!); gel! (komm!); naselsin (wie geht es dir); eshek (Esel); saßul (danke). Meine neuen Freunde freuten sich immer sehr, wenn etwas Türkisches aus meinem Mund kam. Selbst Nicht-Türken wie Mahavir oder Janica, die kroatische Klassenkameradin, konnten sich relativ gut auf Türkisch verständigen. Eines Tages fragte ich sie, wie es denn käme, dass sie beide so gut Türkisch verstanden. Da lachten sie und meinten, sie seien im Wedding geboren und hätten schon im Sandkasten mehr mit kleinen türkischen Jungs und Mädchen gespielt als mit Deutschen. In Spandau war das nie passiert, dass ich mehr Türken als Deutsche um mich herum hatte.

Durch Can machte ich auch die Bekanntschaft mit Oktay, Timur und Soner, die mit Can im selben Fußballverein spielten. Der Verein hieß »Minerva 1860 SV«. Der Fußballplatz und das Clubhaus lagen im Bezirk Moabit, der an den Wedding angrenzt. Wir sahen uns fast jeden Tag und spielten. Nach kurzer Zeit fragte mich Oktay, ob ich nicht auch Mitglied werden wolle bei dem Verein. Dann wäre ich nicht mehr der Einzige von unserer Clique, der am Wochenende kein Spiel hatte und in der Woche kein Training. Ich ging einmal zum Training mit und spielte so auf, dass der Trainer von sich aus auf mich zukam und mich im Club haben wollte. Mir ging es sehr gut damals. Immer mehr Jugendliche in den Straßen und auf den Fußballfeldern im Wedding grüßten mich. Ich begann mich in meinem neuen Umfeld richtig wohl zu fühlen. Ich hätte gar nicht mehr nach Spandau zurückziehen wollen.

Die Leute in Spandau waren eher zurückhaltend und kühl gewesen. Das hitzige Temperament und das Benehmen der Menschen im Wedding gefielen mir. Sie hatten auch viel Sinn für Humor. Als schwarzhaariger, dunkeläugiger, dunkelhäutiger Junge orientalischen Ursprungs war ich akzeptiert. Fast alle um mich herum sahen genauso aus. Ich fing schon an mich unwohl zu fühlen, wenn nur Deutsche um mich herum waren, wie manchmal, wenn ich die Grenzen Weddings überschreiten musste, um in einem anderen Bezirk etwas zu erledigen. Dann stand ich zum Beispiel an einer Bushaltestelle, an der sonst nur Deutsche auf den Bus warteten, und kam mir fremd vor, anders, nicht dazugehörig, irgendwie isoliert, vielleicht verachtet, weil ich doch wie ein »typischer Ausländer« aussah.

Im Deutschunterricht nahmen wir eine Erzählung durch, die im Zweiten Weltkrieg spielte. In jeder Deutschstunde lasen wir mehrere Seiten gemeinsam und interpretierten das Gelesene. Wir waren bei einem Kapitel angelangt, in dem ein jüdischer Jugendlicher die Hauptrolle einnahm. Ich war sehr gespannt darauf, wie es ihm ergehen würde. Da merkte ich, dass Mahavir neben mir etwas Unverständliches vor sich hin murmelte. Ich fragte ihn, was er denn da redete. Er sah mir ins Gesicht und antwortete: »Weißt du, ich hasse alle Juden! Sie sollen alle verrecken! Wir müssen sie alle töten, die Juden! Nicht wahr?«

Die Worte meines Freundes nahmen mir erst einmal den Atem. Ich wusste nicht, wie ich reagieren sollte. Was er gesagt hatte, war nicht nur eine Beleidigung oder ein Angriff. Es war noch viel schlimmer. Alle Juden müsse man töten, hatte er gesagt. Das hieß, er wollte mich auch tot sehen.

Mahavir wartete auf meine Reaktion und sah mich an: »Meinst du nicht auch, dass alle Juden schlecht sind und sterben müssen?«

Ich antwortete: »Aus welchem Grund sollte ich so denken?«

»Weil du auch Muslim bist, genau wie ich, und unser größter Feind die Juden sind mit ihrem Judenstaat Israel, den wir zerstören werden!« Er hielt mich offenbar ganz selbstverständlich für einen Muslim. Er hatte nie nachgefragt.

»Warum glaubst du, dass ich Muslim bin?«, fragte ich und er antwortete mir im Brustton der Überzeugung: »Weil du Iraner bist und alle Iraner Muslime sind!«

Jeder Nicht-Iraner geht davon aus, dass es im Iran nur muslimische Bürger gibt. Ich hatte ja auch keine Ahnung davon gehabt, dass es jüdische Iraner gibt, bevor ich feststellte, dass ich selbst einer bin. Bevor ich Mahavir begegnet war, wusste ich auch nicht, dass es in Indien neben der Hindu-Bevölkerung eine riesige muslimische Bevölkerung gibt. Er hatte mich eines Besseren belehrt und nun sollte auch ich ihn eines Besseren belehren.

»Was würdest du dazu sagen, wenn ich dir jetzt sage, dass ich Jude bin?«

»Das kann nicht sein, du bist Iraner!«

»Was hat das Eine denn mit dem Anderen zu tun? Iran ist ein Land, das Land, in dem meine Eltern geboren wurden. Judentum ist eine Religion und die Juden sind ein Volk. Meinst du wirklich, es kann nicht sein, dass ich Iraner und zugleich Jude bin?«

»Nein, niemals!«

»Dann tut es mir leid, dir mitteilen zu müssen, dass ich Jude bin. Es gefällt mir nicht, dass du solch einen Hass gegen das Judentum hast.«

»Du spinnst, du verarscht mich gerade. Als ob du ein Jude wärst! Ich erkenne einen Juden sofort, im ersten Augenblick. Außerdem gibt es keine guten Juden und du bist mein Freund. Du bist niemals ein Jude!«

Er grinste mich an und erwartete wohl, dass ich im nächsten Augenblick zu lachen begann und dann anfing, genauso wie er über die Juden herzuziehen. Er war fest davon überzeugt, dass es keine iranischen Juden gab und dass sein Freund Sharuz, sein Banknachbar in der Schule, mit dem er so viel Zeit verbracht hatte, kein Jude sein konnte, noch dazu, wo er doch so nett war. Ich sagte zu ihm, er werde es schon merken, und zwar am nächsten Tag, dass ich Jude bin. Damit war das Gespräch zu Ende.

Die Deutschstunde war auch zu Ende. Es war die letzte Unterrichtsstunde des Tages und so konnten wir nach Hause gehen. Zum ersten Mal, seit wir uns kannten, hatte ich mich nicht von Mahavir verabschiedet. Mein Bild von ihm hatte sich völlig verändert, und das neue Bild gefiel mir ganz und gar nicht. Mehmet war an dem Tag nicht in der Schule gewesen. Ich hatte also auch niemanden, der mich auf dem Nachhauseweg begleitete und mit dem ich reden konnte.

Ich hätte gerne gewusst, was seine Meinung zu der ganzen Sache war und ob er auch meinte, dass man alle Juden töten sollte. Der Vorfall beschäftigte mich sehr, aber mit meinen Eltern wollte ich nicht darüber reden. So behielt ich alles für mich und beschloss, am nächsten Tag meinen »Judenstern« zu tragen und ihn Mahavir als Zeichen meines Jüdisch-Seins zu zeigen. Etwas Besseres fiel mir nicht ein.

Am nächsten Tag verbarg ich den Stern erst einmal unter meinem Pullover. Wir saßen vor der ersten Schulstunde auf unseren Plätzen und ich fragte Mahavir, ob er denn immer noch der Meinung sei, dass ich kein Jude sein könne. Er zögerte mit der Antwort. Er hatte offenbar darüber nachgedacht und war sich nun doch nicht mehr so sicher. Er wartete auf den Beweis. Dann würde er wohl seinem ehemaligen guten Freund den Rücken kehren und sich vollkommen von ihm abwenden. Ich zog meinen Davidstern unter dem Pullover hervor. Mahavir sah ihn verdutzt an. Ich sah förmlich die Enttäuschung in seinen Augen. »Du bist also wirklich ein Jude! Ein echter Jude!«

Wie ich es geahnt hatte, wendete er sich tatsächlich von mir ab. Ich tat es ihm nach. Von nun an gab es keinen Kontakt mehr zwischen uns. Keine Begrüßung, keinen Abschied. Wir trafen uns nicht mehr am Nachmittag, man fragte sich nicht einmal mehr nach dem Anspitzer oder einem Taschentuch, sondern wendete sich an andere in der Klasse. Ich setzte mich neben Mehmet, und Mahavir saß allein.

Mehrere Leute kamen in den folgenden Tagen auf mich zu und fragten, ob ich denn wirklich Jude sei. Mahavir laufe herum und verbreite das. Auch Can und Berkan, Sahin und Mehmet fragten mich, ob an den Gerüchten was Wahres dran sei. »Sag mal, bist du wirklich Jude oder ist das nur Dummgequatsche von Mahavir?« Jedem gab ich dieselbe

Antwort: »Ja, ich bin ein Jude und ich bin stolz darauf, doch ich bin ungläubig und bin ein modern erzogener Junge, der andere Prioritäten hat als seine Religion.« Von einem auf den anderen Tag war damit auch mein Verhältnis zu Berkan und Can gestört. Can grüßte mich zwar und versuchte höflich zu »dem Juden« zu sein, doch dann machte er sich schnell wieder davon. Berkan sprach nicht mehr mit mir. Er sah an mir vorbei und beachtete mich nicht.

Mahavir hatte es sich zur Aufgabe gemacht, allen zu erzählen, dass ich jüdisch bin, damit sie sich von mir fernhielten. Das gelang ihm auch. Selbst die Kleinen aus der 7. Klasse kamen auf mich zu und fragten, ob das denn stimme, was man auf dem Pausenhof so zu hören bekam. Immer mehr Leute starrten mich dumm an. Ich hasste Mahavir. Es gab keine Freundschaft mehr mit ihm, Berkan und den anderen, auch nicht mit Can, mit dem ich gemeinsam im Fußballverein spielte. Wir hatten uns nichts mehr zu sagen.

Auch im Verein fragten mich jetzt alle, ob es denn wahr sei, dass ich Jude bin. Von den 22 Kickern in meinem Fußballverein waren nur drei keine Muslime: ein Grieche namens Konstantin, Tomek, ein Pole, und ein Deutscher namens Detlef. Vorher hatte ich zur Mehrheit gehört, jetzt war ich zur Minderheit der »Christen« bzw. Nicht-Muslime verstoßen. Die meisten wurden nicht ausfallend, aber ich spürte, wie sich alles veränderte, Schritt für Schritt. Ich wurde komisch angeguckt. Hin und wieder hatte ich das Gefühl, dass hinter meinem Rücken gelästert wurde. Ich wurde nicht mehr zum gemeinsamen Ausgehen eingeladen. Wahrscheinlich bildete ich mir manches auch ein. Ich hielt mich meinerseits ebenfalls von vielen fern, vor allem von denjenigen, die mich fragten: »Bist du wirklich Jude?« Allein die Art, wie diese Frage gestellt wurde, empfand ich schon als erniedrigend und beleidigend. Sie hätten auch gleich sagen können: »Oh mein Gott, erzähl bloß nicht, dass du diesem dreckigen Volk der Juden angehörst.«

Nach einigen Wochen ging ich nicht mehr zum Training und zu den Spielen. Das Training war ohnehin oft ausgefallen, weil der Trainer krank war oder man einfach keine Lust hatte zu erscheinen. Und die Spiele verloren wir am laufenden Band. Ich ließ meinen Mitgliedsausweis nicht verlängern und spielte nie wieder mit Can, Soner und Timur in einem Team. Kurze Zeit darauf hatten wir Herbstferien. Ich war froh, wenn auch nur für eine Woche, Ruhe zu haben vor dummen Blicken in der Schule und dem Anblick meiner ehemaligen besten Freunde, die nun zu Feinden geworden waren.

In diesen Herbstferien ging ich jeden Tag auf den Basketballplatz, der auf dem Gelände der Gesundbrunnen-Grundschule am U-Bahnhof Pankstraße lag. Jeden Tag spielte ich vom frühen Morgen bis zum späten Abend Basketball mit Leuten aus dem Wedding, die ich bis dahin nicht gekannt hatte. Die Mehrzahl der Spieler waren Araber. Einige Libanesen, die meisten Palästinenser. Ich wurde eigentlich ganz herzlich willkommen geheißen. Das lag an meinem Aussehen. Die erste Frage, die mir gestellt wurde, war, ob ich Araber bzw. Palästinenser sei. Natürlich verneinte ich. Dann wurde ich gefragt, ob ich Türke sei. Nochmals verneinte ich und ließ die Jungs wissen, dass ich Perser bin.

»Also bist du auch Muslim. Willkommen bei uns, Habibi!«

»Um ehrlich zu sein, bin ich kein Muslim. Ich bin eher ungläubig, habe mich noch nie für Religion interessiert und wurde modern erzogen.«

»Hauptsache, du bist kein Jude, der Rest ist uns eigentlich egal«, sagte ein gewisser Khalil.

Ich schwieg.

Was hätte ich auch sagen sollen? Wenn ich jetzt zugegeben hätte, dass ich Jude bin, dann wären zehn Araber, höchstwahrscheinlich allesamt Judenhasser, über mich hergefallen und hätten mir Tritte und Schläge verpasst. Sie waren mir zahlenmäßig weit überlegen und allesamt mehrere Jahre älter als ich. Wahrscheinlich hätte ich es nicht einmal mit einem von ihnen aufnehmen können. So spielte ich mit ihnen einen Tag und es gefiel mir sehr. Ich spielte noch einen Tag und es gefiel mir sogar noch mehr. Und ich vergaß oder vielmehr verdrängte, was Khalil gesagt hatte. Mein Basketballspiel wurde um einiges besser, doch noch viel wichtiger war mir, dass ich neue Freunde gefunden hatte. Einige von ihnen boten mir auch ihre Hilfe an, falls ich in Schwierigkeiten käme. Sie meinten, sie seien im Wedding allgemein bekannt, keiner würde sich trauen, es mit ihnen aufzunehmen.

Aber jeder Urlaub geht irgendwann zu Ende und man ist gezwungen in den Alltag zurückzukehren. Für mich bedeutete es, dass ich wieder zur Schule musste. Mir kam alles hoch, wenn ich mir vorstellte, dass ich Mahavir wiedersehen musste. Glücklicherweise kam er in den ersten Tagen nicht zur Schule. Nach der Schule hing ich am U-Bahnhof Pankstraße rum und quatschte mit meinen neuen Freunden. Täglich sah ich Fadi und Shihab, die statt zur Schule oder zur Arbeit von morgens bis abends »spazieren gingen«. Doch das interessierte mich nicht weiter. Die Hauptsache war, alle sahen, dass ich mit ihnen befreundet war. So fühlte ich mich stark und cool, weil ich Schutz gefunden hatte gegen Leute, die mich hassen, weil ich jüdisch bin, und nur darauf warteten, mir den Schädel einzuschlagen. Schutz allerdings von Leuten, die mich noch mehr gehasst hätten, wenn sie gewusst hätten, wer ich bin. Aber sie wussten es nicht. Es war eine schizophrene Situation. Ich näherte mich der einen Gruppe von Muslimen, um vor der anderen geschützt zu sein. Es war klar, dass das nicht lange gut gehen konnte.

An einem dieser Nachmittage am U-Bahnhof sah ich Fadi in Begleitung von Can und Berkan kommen. Einige Meter vor mir blieben sie stehen und starrten mich an. Dann kamen Fadi und Can zu zweit auf mich zu. »Stimmt es, dass du Jude bist? Hast du mich angelogen? Hast du versucht uns zu verarschen?«, fragte mich Fadi böse. Ich sagte, ich sei zwar jüdischer Abstammung, hätte aber nichts weiter damit zu tun und würde mich keinesfalls jüdisch fühlen. Er wendete sich zu Can und fragte ihn, was er denn dazu meine. Can traute sich kaum mir ins Gesicht zu sehen, doch er genierte sich nicht, mich, seinen ehemaligen Freund, in den Dreck zu ziehen: »Von wegen kein richtiger Jude. Weshalb zeigt er Mahavir dann einen Judenstern-Anhänger und erzählt auch sonst, dass er Jude ist? In meinen Augen ist er ein richtig hinterlistiger Jude, der sich mit seinen Geschichten bei uns einschleimt, sich insgeheim aber über uns kaputtlacht, weil wir so blöd sind und ihm das abnehmen.« »Tatsache! Ein echter Jude! Ein echter Drecksjude!«, sagte Fadi und wartete auf ein Wort von mir, doch ich war so durcheinander, dass ich nichts herausbrachte. Damit bestätigte ich ihre Meinung. Sie ließen mich dann in Ruhe, aber vorher drohte mir Fadi: »Jude, ich will dich hier nie wieder sehen. Wenn ich dich das nächste Mal hier sehe, wird es dir schlecht ergehen!« Damit »verabschiedeten« sie sich. Wie angewurzelt blieb ich stehen. Ich hatte das Gefühl, ich könne mich keinen Schritt bewegen. Ich fühlte mich angeekelt und so fremd in meiner Haut. Ich fühlte mich unerwünscht in der Gegend. Ich fühlte mich anders. Alle waren gegen mich, dabei hatte ich niemandem etwas zuleide getan.

Zufällig traf ich auf dem Heimweg Shihab, den ich wie

Fadi auf dem Basketballplatz kennengelernt hatte. Er begrüßte mich wie auch sonst mit einem breiten Grinsen und den Worten: »Shu, wie geht's, ja habibi?«, was so viel bedeutete wie »Was ist los, wie geht es dir, mein Freund?«. Ich erzählte ihm von dem Vorfall mit Fadi und fragte ihn, wie es sein konnte, dass er mich so ablehnte, nur weil ich jüdische Eltern hatte. Er sah mich sehr verdutzt an, fragte aber merkwürdigerweise nicht nach. »Warte ab, morgen wird er dich wieder nett begrüßen und nichts ist geschehen, alles wird sein, wie es vorher war. Wirst schon sehen«, sagte er. Das tröstete mich. Er sagte, dass Fadi eben seine Phasen hätte, in denen er wegen irgendeinem Blödsinn durchdrehte. Doch das lege sich dann spätestens bis zum nächsten Tag. Dann sei er wieder cool und lässig.

Aber als Fadi mich am nächsten Tag sah, warf er mir nur hasserfüllte Blicke zu und lief an mir vorbei. Shihab hatte also nicht recht gehabt. Jedenfalls hoffte ich, dass wenigstens er mich verstand und sich nicht auf der Stelle von mir abwendete. Das nächste Mal, als ich ihn traf, starb diese Hoffnung. Ich stand mit mehreren aus meiner Klasse, auch mit Mehmet, nach der Schule am U-Bahnhof Pankstraße. Wir standen in einer Reihe, einer neben dem anderen und guckten uns die Mädchen an, die aus dem U-Bahnhof-Ausgang hoch kamen und Richtung 227er Bus an uns vorbeiliefen. Während wir das taten, kamen viele vorbei, die entweder einen oder mehrere von uns kannten, grüßten uns und gesellten sich hier und da auch zu uns in die Reihe.

Einer von ihnen war Shihab, der in der Gegend Pankstraße fast alle zumindest flüchtig kannte. Als Shihab zu uns herantrat, standen wir zu fünft in der Reihe und ich war der Letzte. Den Ersten in der Reihe grüßte er und fing ein Gespräch an. Während er mit dem Ersten redete, lief er die Reihe ab und schüttelte jedem zumindest die Hand zur Begrüßung. Es spielte keine Rolle, ob er die anderen kannte. Denn wenn du im Wedding mit jemandem redest, den du kennst, der aber mit Leuten zusammensteht, die du nicht kennst, grüßt du aus Höflichkeit alle. Dann wissen diejenigen auch, dass sie dich das nächste Mal auf der Straße grüßen können. Somit besteht schon ein gewisser Kontakt. Und falls es irgendwann einmal Probleme geben sollte zwischen den Freunden des einen und des anderen, konnte man sagen, dass man den einen kennt. Auch wenn man ihm nur ein- oder zweimal auf der Straße »Hallo« gesagt hat. Dann konnte man größere Auseinandersetzungen vermeiden, die im Wedding eigentlich an der Tagesordnung waren.

Shihab schüttelte also allen die Hand. Als er zu mir kam, drehte er sich um und ging wieder zum Ersten in der Reihe, mit dem er fröhlich weiterquatschte. Er würdigte mich keines Blickes. Als ob ich gar nicht da wäre. Die ganze Zeit, die er da stand, sah ich ihn an und wartete auf einen Augenkontakt. Vielleicht hatte er mich übersehen? Er schielte nicht einmal in meine Richtung. Nach einigen Minuten verabschiedete er sich, ging wieder unsere Reihe ab und schüttelte jedem die Hand. Plötzlich stand er vor mir, sah mir in die Augen und hielt seine Hand hin. Doch es war kein Blick der Freundschaft, es war ein falscher Blick. Ich versuchte zu verstehen, was das zu bedeuten hatte. Ich zögerte mehrere Sekunden und streckte dann auch meine Hand aus. Was ich befürchtet hatte, trat ein. Kurz bevor unsere Hände sich berührten, zog er seine Hand zurück, grinste mich heimtückisch an, drehte sich um und ging. Ich begriff sofort. Für einen weiteren Freund hatte ich aufgehört zu existieren. Sie hatten sich wohl alle gegen mich zusammengetan, gegen den Juden, der nur Freundschaft wollte, der ihnen entgegenkam und nun zurückgestoßen wird.

In jenen Tagen freundete ich mich enger mit Sahin, dem Jungen aus der Parallelklasse, an. Er war verhältnismäßig klein und sehr dünn. Er lachte viel und hatte immer einen komischen Spruch parat. Obwohl beide Eltern Türken waren und er zu Hause türkisch »sprach und aß«, sah er mehr wie ein Deutscher oder Pole aus. Er hatte hellblaue Augen und eine sehr helle Haut. Er war nicht nur der erste Türke von so »heller Natur«, den ich kennenlernte, er war auch mein erster türkischer Freund, der wirklich gläubiger Muslim war. Er ging jeden Freitagabend in die Moschee und manchmal auch während der Woche. Er betete fünf Mal am Tag, wie es sich für einen gläubigen Muslim gehört, und fastete im Ramadan. Er war so fromm, dass er kein bisschen kriminell war. Das war für einen Weddinger Jugendlichen sehr untypisch. Die meisten waren in kriminelle Machenschaften verwickelt. Sie klauten, sprühten Graffiti, demolierten aus Spaß Fenster von Autos oder Bussen oder waren in Gangs unterwegs, wo es auch nicht friedlich zuging.

Meine Weste war nicht ganz so rein wie die Sahins. Geklaut hatte ich schon mehrmals. Bei Prügeleien zog ich mich nicht zurück, sondern machte mit. Seit mehreren Jahren kritzelte ich hin und wieder in öffentlichen Toiletten meinen Spitznamen an die Wände, der sich von »Weapon« über »Strike« zu »Bomber« änderte und sich schließlich zu »King1« festigte. Aber im Verhältnis zum Standard im Wedding war das Kinderquatsch auf dem Niveau eines Neunjährigen. Die meisten in meinem Alter waren schon geübte Einbrecher und Autodiebe. Sie bedeckten ganze Züge mit bunten Sprühbildern und verkauften Drogen.

Sahin interessierte das überhaupt nicht. Er war ein Bursche mit einem reinen Gewissen, voll und ganz in seiner Religion verankert. Er merkte schnell, dass ich mit Religion nicht viel am Hut hatte. Ich hatte ihm erzählt, dass alle dachten, ich sei ihr Feind, weil ich Jude bin. Er meinte, solches Gerede interessiere ihn nicht. Er sehe den Menschen als Mensch und verurteile ihn nicht wegen seiner Religion oder Herkunft. Er sei ja schließlich kein Faschist oder so was. Er sagte auch, dass er eigentlich Juden bzw. Israelis nicht leiden könne, weil sie den Palästinensern, den muslimischen Glaubensbrüdern, das Land genommen hätten. So hätte er das zumindest gelernt. Aber er habe auch nie einen richtigen Juden oder Israeli kennengelernt, um sich zu vergewissern. »Jetzt kennst du aber doch einen richtigen Juden«, sagte ich. Er antwortete, zu einem richtigen Juden gehöre doch viel mehr als das, was ich darstellte: »Ein richtiger Jude hat einen Gott, besucht die Synagoge, kennt die Thora und den Talmud und isst kein Schweinefleisch.«

Wahrscheinlich hat er Recht, dachte ich. Was für ein Jude war ich schon? Schweinefleisch gehörte fast zum Alltag, auf dem Schulbrot, nach der Schule in der Currywurst oder als Schweinesteak auf Grillpartys. Die Thora oder den Talmud hatte ich nicht eine Sekunde in der Hand gehalten, geschweige denn die heiligen Bücher gelesen, und in die Synagoge ging ich auch nicht. An Gott glaubte ich nicht, auch wenn ich oft darüber nachdachte, wie das alles so entstanden ist auf Erden. Wie diese unglaubliche Entwicklung und Entfaltung auf der Welt möglich war.

Durch Sahin bekam ich meinen ersten intensiveren Kontakt mit Religion als Thema an sich. Ich hört ihm gerne zu, wenn er mir erzählte, wie er betete und was er essen durfte oder auch nicht, wie es in der Moschee ablief und welche Bräuche es gab. Er erklärte mir vieles und ich fing an zu verstehen und zu respektieren. An ein Ereignis erinnere ich mich ganz besonders gut. Es ging um Brot. Mein Vater drehte völlig durch, wenn er eines von uns Kindern beim Brotwegwerfen erwischte. Brot sei das Wertvollste auf Erden, der

Grundstein zum Überleben und das wichtigste Nahrungsmittel, sagte er. Doch ich lachte heimlich über seine Sprüche. Für mich waren eher Schweinekoteletts etwas Heiliges. Die konnte ich verdrücken, bis ich fast platzte. Aber Brot? Ich merkte nun, dass nicht nur mein Vater diesen Brottick hatte, sondern auch andere Menschen, zum Beispiel Sahin.

Eines Tages ging ich mit ihm von der Schule nach Hause. Er wohnte eine Straße weiter, sodass wir teilweise einen gemeinsamen Weg hatten. Manchmal ging auch Mehmet mit. Ab und zu holten wir uns bei einem Imbiss einen Döner und eine Cola. Einmal schaffte ich es nicht, meinen Döner aufzuessen und bot ihn Sahin an. Sahin wollte nicht, weil er meinte, er hätte schon Probleme mit seinem eigenen Döner. Da warf ich den Rest meines Döners an einer Ecke auf die Straße. Ich dachte mir überhaupt nichts dabei. Sahin tobte fast: »Weißt du denn nicht, wie heilig Brot ist und was es für eine Bedeutung hat im täglichen Leben? Hast du keinen Respekt davor, weil du es wie Dreck auf die Straße wirfst? Hast du keinen Respekt vor anderen Menschen, denen Brot als Wertvollstes auf Erden gilt?« Er hob das Brotstück wieder auf, küsste es, wickelte es in ein Taschentuch und legte es auf eine Mülltonne. Er meinte, ich solle mal darüber nachdenken.

Mahavir schickte der Klasse eine Postkarte und ließ uns wissen, dass er sich entschieden hatte, in Indien zu bleiben. Eigentlich war er da nur im Urlaub gewesen. Doch er habe die Gelegenheit bekommen auf eine Eliteschule zu gehen, nach der er direkt eine Pilotenausbildung machen könne, wie er behauptete. Er war also weg aus dem Kiez. Ich weiß nicht, was aus ihm geworden ist. Vermisst habe ich ihn keine Sekunde. Er hatte beschlossen, meine Existenz zu verneinen. Und so verbannte auch ich ihn aus meinem Leben. Was er getan hat, habe ich allerdings nie vergessen.

Ich musste fast jeden Tag an der U-Bahn-Station Pankstraße vorbei, manchmal sogar mehrmals am Tag. Die meisten Araber und Türken, die mit mir gebrochen hatten, wohnten in der Gegend oder hielten sich täglich dort auf. Nach der Schule ging ich mit Sahin oder Mehmet nach Hause, manchmal mit beiden. Auch ihr Heimweg ging über die Pankstraße. Es war für mich ein Marsch durch eine Welt des Hasses. Sollte ich sie fragen, ob sie jeden Tag einen Umweg in Kauf nahmen, nur damit mir das erspart blieb? Sollte ich mich jeden Tag nach der Schule auf der Toilette einschließen und ihnen sagen, sie sollten schon vorausgehen, weil es bei mir länger dauerte? Dann hätte ich durch eine »feindfreie Zone« nach Hause laufen können. Doch das tat ich natürlich nicht. Hin und wieder ließ ich erkennen, dass ich diesen Weg nicht leiden konnte, weil ich schief angeguckt wurde. Sie lachten nur und meinten, ich solle nicht so kindisch sein und mich zusammenreißen.

Einige Wochen, nachdem mein Kontakt zu Fadi und Shihab abgebrochen war, saß ich mit Sahin am Ausgang des U-Bahnhofs Pankstraße. Wir betrachteten die Menschen, die vorbeikamen, insbesondere die vielen türkischen Mädchen. Eines hübscher als das andere. Mein Interesse an Mädchen wuchs stetig. Statt auf dem Fußballplatz dem Ball hinterherzurennen, zog ich es mittlerweile vor, stundenlang auf einer Bank zu sitzen, auf einem belebten Platz, an dem viele knackige Mädchen vorbeikamen. Wir vergaben Punkte für die, die wir am schönsten fanden.

Es gab damals zwei Plätze im Wedding, an denen was zu sehen war, geradezu ein Massenauflauf von gutaussehenden Mädchen. Schon der Anblick machte einen ganz schwach. Das waren der Leopoldplatz und die Pankstraße. Der Leopoldplatz lag in der anderen Hälfte des Wedding.

Die Jugendlichen vom Leopoldplatz und Umgebung waren immer im Streit mit den Jugendlichen meiner Gegend. Deshalb wäre es nicht sehr gesund gewesen, wenn wir uns dort hätten blicken lassen. Aber ich genoss es jeden Tag aufs Neue, nach der Schule mit Sahin, Mehmet und anderen zuerst an der Pankstraße und dann in der Prinzenallee, Ecke Osloer, herumzulungern. Manchmal tat ich das sogar für mehrere Stunden, obwohl ich genau wusste, dass etwas in der Luft lag. Früher oder später, das wusste ich, würde ich Schwierigkeiten bekommen. Bekannte und unbekannte Leute warfen mir verächtliche Blicke zu. Bei einigen vermutete ich, dass sie nur auf eine Gelegenheit warteten, um mir eine reinzuhauen. Besonders die vielen Araber, die da waren. Zunächst passierte nichts. Vielleicht lag es daran, dass Sahin und Mehmet bei mir waren. Oder sie warteten einfach auf eine Gelegenheit, um sich mit einer Horde von anderen »Judenhassern« auf mich zu stürzen.

Eines Tages saßen Sahin und ich zu zweit am U-Bahnhof, als ich aus Richtung Prinzenallee/Osloer eine Gruppe junger Leute näher kommen sah. Unter ihnen waren Shihab, Fadi, die Zwillinge Jim und Sunny, Khalil und Mahmoud, die ich alle vom Basketballplatz kannte. Zwei oder drei andere kannte ich vom Sehen, einige kannte ich gar nicht. Es waren etwa zwölf junge Männer, alle einige Jahre älter als ich, zwischen 18 und 20, und allesamt Palästinenser. Sie bildeten eine Gang und nannten sich die PLO-Boys. Ich sah sie miteinander tuscheln und ich ahnte schon, worüber. Sie starrten in unsere Richtung und kamen auf uns zu, Fadi vorneweg. Ich bekam Angst. Einige von denen, die da so rasch näher kamen, waren in Messerstechereien verwickelt gewesen und hatten Gangkämpfe geführt. Ich sagte zu Sahin: »Scheiße! Die wollen mir ans Leder, was soll ich machen?« Sahin meinte nur: »Ruhe bewahren, bloß keine Angst zeigen. Vielleicht laufen sie ja an uns vorbei zur U-Bahn hinunter.« »Ganz bestimmt!« antwortete ich ironisch.

Es war das erste Mal in meinem Leben, dass ich richtig Angst hatte, verprügelt zu werden. Sie bauten sich vor uns auf und starrten mich stumm an. Fadi stand mir am nächsten. »Da haben wir ihn ja, unseren Juden, sitzt hier frohlockend an unserem U-Bahnhof und schämt sich nicht einmal«, sagte er. Sahin und ich sahen uns an und sagten kein Wort. Während wir uns alle anstarrten, aß Fadi in aller Ruhe Erdbeeren, richtig saftige, große dunkelrote Erdbeeren.

»Gefallen dir meine Erdbeeren, Jude? Mach mal deinen Mund auf!«

Natürlich tat ich das nicht. Mir war klar, was er wollte. Er wollte, dass ich mir hier vor all den Leuten von ihm eine Erdbeere in den Mund stopfen ließ.

»Sieh zu, Jude, dass du deinen Mund aufmachst, sonst machen wir ihn dir auf.«

Ich öffnete meinen Mund ein wenig und er sagte: »Mach ihn ganz auf!« Ich öffnete den Mund noch ein wenig. Die Erdbeere hätte er mir jetzt schon reinschieben können, aber sie weideten sich an dem Anblick, wie ich da saß mit offenem Mund. Statt mir die Erdbeere reinzuschieben, schrie er wieder und wieder: »Weiter! Weiter! Öffne deinen Mund so weit, bis es nicht mehr geht.«

So saß ich da, für mehrere Sekunden, mit weit offenem Mund und sah Fadi in die Augen. Außer seinen Augen sah ich nichts, es war, als ob wir alleine wären. Diese Sekunden waren wie eine Ewigkeit. Er drückte mir eine Erdbeere in den Mund und sagte: »Friss, Jude, friss!«

Es war qualvoll peinlich. Ich sah nicht zur Seite. Ich wollte gar nicht wissen, wie viele Zuschauer es gab. Ich wusste nicht, was tun. Am liebsten hätte ich ihm die Erdbeere ins Gesicht gespuckt. Doch dann hätten sie sich alle auf mich gestürzt und ich hätte mich vor Schlägen nicht mehr retten können. So hatte ich die Erdbeere im Mund und überlegte, was blamabler war: die Erdbeere zu schlucken oder sie auf die Straße zu spucken. Ich kaute drauf herum und spuckte sie dann aus.

»Sag bloß, sie schmeckt dir nicht! Soll ich dir noch eine in deinen dreckigen Mund drücken?«

Einige von den Jungs lachten kurz auf, die meisten gafften mich spöttisch an. Irgendeiner fragte mich, ob ich Israeli sei. Wer das gefragt hatte, konnte ich nicht feststellen. Ich wartete nur noch auf die nächste Erdbeere. Doch die blieb aus. Wahrscheinlich, damit ich die Luft zum Antworten hatte, was sehr entgegenkommend war!

Ich antwortete: »Ich weiß gar nicht, was ihr alle von mir wollt? Was habe ich euch überhaupt getan, dass ihr euch alle gegen mich zusammentut und mich demütigt? Vielleicht habe ich Jüdisches in mir, doch was für eine Rolle spielt das? Ich wohne in Berlin und bin überhaupt nicht religiös und meine besten Freunde sind Muslime. Wollen wir diesen Quatsch nicht einfach sein lassen und in Frieden miteinander leben? Es hat doch auch vorher so gut geklappt, oder hatten wir uns nicht gut verstanden auf dem Basketballplatz?«

Für eine Sekunde dachte ich, ich hätte sie überzeugt. Doch im nächsten Moment drängte sich Jim, einer der Zwillinge, zu mir durch und gab mir eine Ohrfeige, wie ich sie noch nie bekommen hatte. Obwohl mir zum Heulen zumute war, war ich so schockiert, dass keine Tränen kamen. Vermutlich war ich rot angelaufen, jedenfalls glühten mein Gesicht und mein Kopf.

»Erzähl uns keine blöden Geschichten, von wegen nicht religiös, wohne in Berlin. Du bist Jude und gehörst zum stinkendsten Volk, das auf Erden existiert. Ihr habt uns unseres Landes beraubt und eines Tages werden wir euch alle ausrotten, wie es Hitler schon wollte, und wir werden unser Land zurückerobern. Frieden wird es nie geben, nicht, ehe ihr nicht alle im Meer ersauft!«, schrie Jim. »Schäm dich, Jude zu sein!«, hörte ich noch jemanden sagen. Ich hielt den Mund und wartete auf das Ende des Albtraumes. Schließlich meinten einige, sie müssten jetzt los, und liefen lachend in Richtung des U-Bahn-Eingangs. Dann gingen auch andere. Fadi ging als Letzter. Bevor er das tat, drohte er mir, er würde mich aufschlitzen, wenn er mich noch einmal im Umkreis der Pankstraße erwischte. Dann lief er endlich die Treppen zum U-Bahnhof hinunter.

Es war überstanden. Ich wollte Sahin gar nicht in die Augen sehen, so schämte ich mich. Obwohl er neben mir gesessen hatte, hatte ich ihn während der Attacke völlig vergessen. Wahrscheinlich war auch er unter Schock, denn er sagte erst mal gar nichts. Schließlich fragte ich ihn, ob er jetzt verstünde, warum ich ab und zu den Heimweg wechseln wollte. Und warum ich trotz der Mädchen nicht so gern am U-Bahnhof saß. Eines Tages würden sie mich alleine erwischen und fertigmachen. »Ich gehe morgen über die Stettiner Straße und werde mich keinen Moment mehr hier aufhalten«, sagte ich.

Sahin nickte mir zu und sagte: »Ich glaube auch, dass es für die nächsten Wochen besser ist, wenn du diesen Leuten nicht über den Weg läufst, bis sich die Lage beruhigt. Eins musst du verstehen, die Meisten von denen sind dumme Hinterwäldler, die den Koran falsch auslegen, Fanatiker, die alles verachten, was nicht ihrer Sippe angehört. Ich kann Araber nicht leiden, sie können sich nicht benehmen und suchen immer nur Streit.«

»Aber, Sahin, sie waren so nett zu mir, als sie mich kennenlernten. Bis sie mitbekamen, dass ich Jude bin. Plötzlich fingen sie an, mich zu hassen.«

»Sharuz, du brauchst solche Menschen nicht in deinem Freundeskreis. Vergiss sie und halt dich von ihnen fern. Du siehst und spürst doch, was für schlechte Menschen das sind.«

Langsam machten wir uns auf den Weg nach Hause. Viel gab es nicht mehr zu reden. Beide dachten wir über das Geschehene nach. Die nächsten Monate vermied ich die Pankstraße wie auch die Prinzenallee, die Osloer Straße und die Badstraße. Es konnte gut sein, dass ich bei der nächsten Gelegenheit noch ganz andere Dinge als Erdbeeren in den Mund gestopft bekam. Ich wollte mich keiner Demütigung mehr aussetzen. Leider konnte ich mich nicht den ganzen Tag zu Hause einschließen und darauf warten, dass sich meine »neuen Feinde« in Luft auflösten.

Damals freundete ich mich auch enger mit Janica an. Ihr konnte ich immer von allem erzählen, was mir passierte. An Zwischenfällen fehlte es nicht. Ich wurde ständig dumm angeredet. Leute, die ich noch nie gesehen hatte, fragten mich: »Stimmt es, dass du Jude bist?« Regelmäßig hörte ich wüste Beschimpfungen, etwa wenn ich vorbeilief an bestimmten Gruppen von Jugendlichen, die an jeder Ecke im Wedding herumstanden. Ich konnte meine Wut nicht rauslassen. Sie hätten mich verprügelt. Wie oft mir nachgerufen wurde »Jahudi!« und irgendwas auf Türkisch oder Arabisch, das ich nicht verstand, oder einfach nur »Vergasen sollte man euch!«. Besonders humorvolle Weddinger zischten nur, um einströmendes Gas nachzuahmen, wenn ich vorbeilief. Jeden Abend vor dem Einschlafen weinte ich und malte mir aus, von wem, wo und wie ich am nächsten Tag wieder was zu hören bekommen würde.

In der Schule wurde ich immer schlechter. Ich konnte mich im Unterricht nicht mehr konzentrieren. Ich sprach oft mit meinen Eltern über meine Probleme. Sie hatten beide sehr viel Verständnis, gaben mir aber auch sehr unterschiedliche Ratschläge. Nach Ansicht meiner Mutter sollte ich so tun, als ob ich überhaupt nichts mitbekäme von den Demütigungen. Ich sollte bloß nicht auf die Idee kommen, mich zu wehren. Die anderen seien verdammt viele und wir seien verdammt wenige. Wir hätten eine gute Zukunft vor uns, die nicht. Genau wegen der Dummheiten, die in ihrem Kopf herumschwirrten. Denn es seien Verrückte, Hinterwäldler, Fanatiker. Meine liebe Mutter machte sich große Sorgen, dass ihrem Sohn etwas zustoßen könnte auf den Straßen des Wedding.

Mein Vater war ganz anderer Meinung. Er fing an mir von den Schlägereien zu erzählen, die er im Iran als Jugendlicher hatte. Auch er wurde oftmals von Muslimen attackiert, auch in Gruppen, doch er habe es vorgezogen, die Schläge wie ein Mann zu kassieren, anstatt wie ein Feigling mit gesenktem Kopf durch die Straßen zu laufen. »Das sind Kinder, die dir nicht viel antun werden. Eine Beule hier, eine Schramme da, was soll 's! Eines Tages wirst du es ihnen heimzahlen. Wenn du durch all die Schlägereien gestärkt und ein wahrer Mann geworden bist, der es mit fünf gleichzeitig aufnehmen kann. Fang an dich zu verteidigen!« Er war ein Kämpfer und wird es immer sein, doch er wusste nicht bzw. zog nicht in Betracht, dass man sich in seiner Jugend im Iran mit Fäusten geschlagen hatte, dass zu meiner Zeit in Berlin-Wedding jedoch schnell mal ein Messer ausrutschen konnte. Sehr schnell.

Schließlich fasste ich einen Entschluss. Meinen ganzen Mut wollte ich zusammennehmen, mich wie ein Mann dem Kampf stellen und endlich aufhören, ein Feigling zu sein. Mein Davidstern-Anhänger lag von nun an nicht mehr in der Schublade, sondern hing mir am Hals. Damit zog ich die Blicke der Menschen auf mich, auch die Blicke von mehreren »Schwarzköpfen« in den höheren Klassen, Zwölf- und Dreizehnklässler. Schon in meiner eigenen Straße fühlte ich mich von Blicken fast erstochen.

Es kam, wie es kommen musste. Innerhalb einer Woche wurde ich gleich zweimal attackiert. Einmal kamen mir mehrere Türken in der Stettiner Straße entgegen. Sie waren mir vom Sehen her bekannt. Sie liefen auf dem Gehweg in voller Breite. Ich musste in der Mitte durch. Derjenige, der in der Mitte ging, dachte nicht daran, Platz zu machen. So gingen wir aufeinander zu und bevor ich überhaupt wusste, wie mir geschah, schlug er mich frontal ins Gesicht. Auch von der Seite bekam ich sofort einen Hagel von Tritten ab. Ich schlug um mich und versuchte mich zu wehren, doch als ich dann sah, wie einer den Schlagstock aus der Tasche zog, nahm ich meine Beine in die Hand und rannte, was das Zeug hielt. Sie kamen hinterher. Ich sah mich schon halb totgeschlagen im Krankenhaus. Ein einziger Treffer mit solch einem Schlagstock kann einen ins Koma versetzen. Ich war mir sicher, dass sie mich bald erwischen würden, denn ich war auf der Langstrecke ziemlich schlecht. Da lief ich meiner Freundin Janica in die Arme, mit der ich verabredet war. Sie sah mich ganz verwundert an. Wahrscheinlich wollte sie gerade fragen, warum ich so gerannt bin. Ich sei doch gar nicht unpünktlich. Ich umarmte sie ganz fest. Ich dachte, sie würden mich in Ruhe lassen, wenn sie das Mädchen sahen. Dann wäre ich für den Moment gerettet. Und so geschah es dann auch.

Meine Verfolger blieben ein paar Meter von uns entfernt stehen und beobachteten uns. Einer rief mich zu sich. Ich sagte Janica, sie solle mich kurz entschuldigen. Das seien Freunde, die mich begrüßen wollten. Weitere Schläge bekam ich nicht. Aber ich musste mir anhören, dass sie keine

Juden in ihrer Straße haben wollten und dass sie mir das Leben schwer machen würden. Ich solle es ja nicht wagen, den starken Mann zu spielen. Dann würde ich ganz schnell zum Krüppel. In dem Moment schienen mir die Ratschläge meiner Mutter plötzlich viel einleuchtender als die meines Vaters. Ich sagte nichts und ich kam mir vor wie der größte Feigling auf Erden.

Genau wie beim zweiten Vorfall, diesmal in der Schule, wo ich wiederum von mehreren Türken in der Pause in eine Ecke gedrängt wurde. Einer von ihnen war doppelt so breit wie ich und ein anderer war Kickboxer, der mich in Windeseile zu Brei geschlagen hätte. »Jude, du hast mit gesenktem Kopf durch die Schule zu laufen! Wenn wir dich erwischen, wie du durch die Gegend gaffst und uns mit deinen jüdischen Augen anguckst, werden wir dir in deine Augen spucken«, sagte einer zu mir. Der mich das wissen ließ, war ein kleiner Spinner namens Yunus. Ich hätte ihn zermalmt, wenn er Manns genug gewesen wäre, sich mir alleine zu stellen. Doch er kam mit seinen Freunden.

Kann man solch einen Spruch jemals vergessen? Ich kann es nicht und ich werde auch sein hässliches Grinsen nicht vergessen. Hätte mein Vater in solch einer Situation zugeschlagen und gesagt: »Ihr habt mir gar nichts zu befehlen. Ich gucke, wohin ich will, und falls dir das nicht gefallen sollte, kannst du ja mit gesenktem Kopf in der Schule rumlaufen.« Mir fehlte dazu der Mut. Ein kleiner, von allen gehasster, feiger Jude war ich. So fühlte ich mich zumindest.

Wo war ich bloß gelandet? Warum waren meine Eltern bloß in den Wedding gezogen? Weder in meiner eigenen Straße noch in der Schule konnte ich mich sicher fühlen. Von der Pankstraße ganz zu schweigen. Überall hatte ich Feinde, obwohl ich gar nichts getan hatte. Ich wusste nicht mehr aus noch ein. Jeder konnte mich attackieren, wie er wollte. Ob es bei den dummen Sprüchen bleiben würde oder ob man mich bald mit faulen Eiern und Tomaten bewerfen würde, stand in den Sternen. Man wollte mich demütigen und mir jeden Tag zeigen, dass ich ein dreckiger Jude war, der Feind aller Welt. Ich hatte keine Chance zur Verteidigung. Musste ich wirklich jeden Tag mit gesenktem Kopf durch die Gegend laufen? Oder jeden Tag Gefahr laufen, Schläge zu kassieren?

Janica hatte die Szene in der Schule mitverfolgt und wollte bei sich zu Hause mit mir darüber reden. Ich weinte mich aus, wie ich es bisher auch bei Freuden oder der Familie noch nie getan hatte. Ich erzählte ihr noch einmal alles, was in den letzten Monaten geschehen war. Angefangen von den ersten Nachfragen nach meiner Religion bis hin zu den Freunden, die plötzlich zu Feinden wurden und mir verboten, mich an bestimmten Orten aufzuhalten oder meinen Blick vom Boden zu erheben. Sie war fassungslos. Viele der Jungs, um die es ging, kannte sie oder dachte zumindest sie zu kennen. Sie fing an, über sie herzuziehen. Sie tröstete mich liebevoll, was mich sehr glücklich machte.

»Jetzt verstehe ich so einiges«, sagte sie. »In letzter Zeit kursieren ganz schön viele Judenwitze und Geschichten über den Holocaust, besonders in der Oberstufe.« Eine davon erzählte sie mir: Zur Hitlerzeit hatte man bei Sportveranstaltungen eine Hauptattraktion. In einem von Nazis überfülltem Olympiastadion buddelte man einen Juden in die Erde ein, in der Mitte des Platzes, und ließ nur den Kopf aus dem Boden herausragen. Mehrere Nazis stellten sich dann um den Juden herum und traten ihm barfuß ins Gesicht. Bei jedem Tritt jubelt das Publikum. Plötzlich beißt der Jude einen Nazi in den Zeh. Der Nazi schreit laut auf. Das gesamte Publikum springt empört auf und brüllt: »Jude, sei fair! Jude, sei fair! Jude, sei fair!«

Etwas musste sich ändern. Bald würde ich sechzehn Jahre alt sein und hatte von nichts eine Ahnung. Was für ein Problem hatten Araber, Palästinenser, Muslime im Generellen, mit einem kleinen Juden, der in »ihrer« Gegend herumlief? Worum ging es zwischen mir und dem Rest des Wedding? Warum ließen sie ihren Hass an mir aus? Wenn ich ein Jude war, was bedeutete das überhaupt? Ich hatte keine Religion. Ich fühlte mich ja gar nicht jüdisch, ich wusste nicht, was das war. Was stellte ich überhaupt dar? Was hatte ich in all den Jahren überhaupt gelernt, außer Fußball zu spielen? Aus dem Klavierspielen, mit dem ich als kleiner Junge mal angefangen hatte, war ja auch nicht viel geworden. Sollte ich wirklich ewig als unwissendes Opfer durch die Straßen laufen? Ich beschloss, mich kundig zu machen.

Statt meine Hausaufgaben zu machen oder für Klausuren zu lernen, wendete ich mich den Büchern zu und fing an intensiv zu lesen. Einige Monate führte ich ein richtiges Stubenhockerleben. Wenn Janica oder Sahin mich fragten, ob wir was unternehmen wollten, hatte ich keine Lust. Ich fand Gefallen daran, mir Wissen anzulesen, auch in der Hoffnung, meinen Feinden in Zukunft Paroli bieten zu können und mir nicht jeden Vorwurf ohne Widerspruch gefallen lassen zu müssen. Eines der Bücher, die ich las, stammte von Michael Wolffsohn und hieß ›Wem gehört das Heilige Land?‹. Ich wollte herausfinden, was sich in der Vergangenheit abgespielt hatte und was der Streitpunkt zwischen Juden und Muslimen war. Nach der Lektüre verstand ich besser, worum es den Muslimen eigentlich ging. Was ich mit diesem alten Streit zu tun hatte, verstand ich allerdings immer noch nicht.

Mein neues Wissen half mir auch nur begrenzt weiter. Einmal setzte sich in der U-Bahn ein Junge neben mich, den ich vom Sehen kannte. Er sprach mich an und fragte, ob ich nicht auch aus der Pankstraßen-Gegend sei. Er sah einem anderen Jungen namens Salim, den ich vom Hallo-Sagen kannte, sehr ähnlich. Ich fragte ihn, ob er Salims älterer Bruder Hatim sei. Von dem hatte mir Sahin erzählt. Ich stellte mich vor und fragte ihn, was er so mache. Er sagte, »spazieren gehen«. Das sagte im Wedding fast jeder. Es bedeutete: Rumlaufen, rumfahren, rumhängen, Freunde treffen, die Zeit totschlagen.

Dann fragte er mich ganz direkt: »Bist du nicht Jude?« Ich fragte, woher er das wissen wolle. Er antwortete, ich sei das Thema Nummer eins bei einigen im Wedding. Dann sprachen wir über genau das, worüber ich gerade Bücher las, den Israel-Palästina-Konflikt. Er fragte mich, was ich von Palästina halte, seinem Land. Das Wort Israel erwähnte er nicht. Ich sagte, ich hätte mit Israel nichts weiter am Hut. Soweit ich wisse, sei es vor langer Zeit zuerst von Juden besiedelt gewesen, bevor es von den Römern erobert wurde und später, um jüdische Aufständische zu bestrafen, in Palästina umbenannt wurde. Vor ca. 50 Jahren hätte man das wieder rückgängig gemacht und nach hunderten Jahren von türkischer Herrschaft über das Land und der britischen Eroberung Israel einfach wieder zurück in Israel umbenannt. Hatim schaute mich erbost an, fasste an seinen Anhänger und zeigte ihn mir. Es war die israelische Landkarte, in Grün, Rot, Schwarz und Weiß. Ich fragte ihn, was das bedeutete.

»Das verstehst du nicht?«, sagte er. »Das ist Palästina, wie es schon immer war. In seiner ganzen Größe und mit seinen Farben. Den Farben der palästinensischen Flagge. Nie hat mein Land Palästina den Juden gehört und nie vorher hieß es Israel. Die Juden haben uns unser Land geraubt nach dem Zweiten Weltkrieg. Weil sie nicht mehr wussten, wohin. Doch Gott ist auf unserer Seite und wir werden uns unser Land zurückerobern. Früher oder später. Und alle Juden und Israelis, alle Nichtmuslime werden wir ins Meer jagen!«

Es hatte keinen Sinn, das Gespräch fortzusetzen. Ich antwortete: »Wenn du das meinst, dann wirst du wohl Recht haben, mir ist es sowieso egal, denn ich bin ein Berliner und was im Nahen Osten abläuft, ist mir scheißegal.« Da beruhigte er sich wieder. Kurz darauf stieg er aus und gab mir sogar die Hand zum Abschied, was mich verwunderte. Das nächste Mal würde er an mir vorbeilaufen und so tun, als ob ich Luft wäre, dachte ich. Oder er würde derjenige sein, der mir eine Tomate oder eine Pflaume in den Mund stopft, wenn er mit seinen Jungs unterwegs ist und sie ein wenig Spaß haben wollen. Und wie ich es vorausgesehen hatte, lief er wenige Tage später an mir vorbei, ohne mich auch nur anzusehen. Dass er mich unabsichtlich übersah, bezweifelte ich.

Gangs, Graffiti und Liebe

Lenin soll zu Maxim Gorki einmal gesagt haben: »Trotzki ist keiner von uns, er gehört zwar zu uns, aber er ist keiner von uns. Stalin machte aus dem Sozialisten Leo Trotzki wieder den Juden Leib Davidowitsch Bronstein.«

Unsere Identität kommt nicht aus uns selbst, sondern von den anderen, die auf uns einwirken.

Irene Klar (kanadische Künstlerin)

Gerade als ich mir sicher war, dass ich wohl niemals mit einem muslimischen Araber befreundet sein könnte, lernte ich Husseyn kennen. Wir standen in einer Gruppe vor einem Döner-Laden und aßen. Viele kamen vorbei und grüßten den einen oder den anderen von uns. Husseyn blieb stehen und fing an mit uns zu reden. Er war mir vorher nie aufgefallen, obwohl er an die zwei Meter groß war und sein Haar nach vorne zur Stirn gegelt trug, was ungewöhnlich war im Wedding. Er sah aus wie ein typischer Araber und eigentlich hatte ich mir vorgenommen, nicht mehr mit Arabern zu sprechen. Aber er wirkte so sympathisch, dass ich am Gespräch teilnahm. Husseyn war die Freundlichkeit in Person, scherzte mit uns und fragte uns sogar, ob er uns zu etwas einladen könne und ob wir noch hungrig seien. Das waren wir nicht. Er ging in den Imbiss, um sich etwas zu essen zu bestellen. Ich fragte meine Freunde, was für ein Typ das denn sei.

»Was, du kennst ihn nicht? Das ist der netteste Weddinger, den es gibt. Alle kennen ihn. Du hast wohl zu viel zu Hause gesessen in den letzten Monaten.«

»Ist er denn aus unserer Gegend?«

»Ja, hier in der Badstraße wohnt er und man sieht ihn täglich in der Pankstraßen-Gegend.«

»Ist er Palästinenser?«

»Nein. Er ist ein muslimischer Kurde aus dem Libanon, wie die meisten in der Koloniestraße.«

Die Koloniestraße war wahrscheinlich die am meisten berüchtigte Straße in ganz Berlin. Es wimmelte dort von Kriminellen. Ich persönlich hatte mich noch nie zu Fuß durchgetraut, obwohl diese Straße nur zwei Blöcke von meinem Zuhause entfernt lag. Man schoss dort anscheinend sogar am Tag auf Menschen. Husseyn kam zu uns heraus, auch mit einem Döner in der Hand. Ich verabschiedete mich und lief die Badstraße hinunter. Plötzlich ging Husseyn neben mir und meinte, er hätte denselben Weg.

»Bist du auch Araber?«, fragte er mich und ich antwortete wie aus der Pistole geschossen: »Nein, ich bin Jude!«

Eine kleine Weile liefen wir stumm nebeneinander her.

Dann sagte er: »Wirklich? Ich habe noch nie einen Juden kennengelernt. Du siehst aus wie ein Araber oder Türke.«

»Das kommt, weil meine Eltern aus dem Iran stammen. Deshalb sehe ich orientalisch aus. Sie sind aber jüdisch.«

Anscheinend machte es ihm nichts aus, dass er gerade mit einen Juden sprach. Er blieb nett und machte weiter Späße. Es gab keine komischen Sprüche von wegen Israel hier, Israel da, Jude hier, Jude da. Wir verabredeten uns sogar für den nächsten Tag, um zusammen zum Schwimmbad Seestraße zu gehen, das gerade erst für den Sommer eröffnet hatte.

Es waren noch einige Wochen bis zu den Sommerferien. Am nächsten Tag schwänzte ich. Ich ging nicht zur Schule, sondern zur Badstraße, um Husseyn wie verabredet abzuholen. Als ich klingelte, sagte er mir durch die Sprechanlage, ich solle mit dem Fahrstuhl in den letzten Stock fahren, er sei noch nicht soweit. Als ich die Wohnung betrat, rannten mindestens drei kleine Jungs an mir vorbei in eines der Zimmer. Mehrere Erwachsene waren auch da und nickten mir zu. Mehrere Mädchen grüßten mich und ein jüngerer Bursche, der sich mir als Salman vorstellte, schüttelte mir die Hand und fragte, ob ich was zu trinken möchte. Entweder war die Hälfte der Menschen, die ich zu Gesicht bekam, zu Besuch, oder es handelte sich um eine Großfamilie, die mindestens eine 10-Zimmer-Wohnung gebraucht hätte. Danach sah die Wohnung aber nicht aus, eher nach einer 3-Zimmer-Wohnung. Falls die alle dort lebten, dann waren wohl einige der Geschwister gezwungen, auf Matratzen im Flur zu schlafen. Bevor wir aufbrachen, bekam Husseyn von seinem Vater mit den Worten »Macht euch einen netten Tag!« einen 50-Mark-Schein in die Hand gedrückt.

Das Schwimmbad Seestraße lag im Herzen des Wedding, zwischen der Osloer Straße und der Seestraße. Es war ein sehr heißer Tag und das Bad war überfüllt mit jugendlichen Weddingern, die anscheinend auch alle die Schule schwänzten. Ich fragte mich, ob an dem Tag überhaupt jemand zur Schule ging bei all den Leuten, die da rumliefen und die ich kannte. Husseyn wurde von allen gegrüßt, von wirklich allen, die in unserem Alter waren. Und auch von etwas Jüngeren und Älteren. Alle grüßten ihn mit zwei oder drei Küssen auf die Wange. Wir gingen zu einigen von seinen Freunden. Innerhalb weniger Minuten waren wir belagert von Jugendlichen, die Husseyn die Hand schütteln wollten. Ich kam mir ganz »klein« vor. Kein Mensch kannte mich und alle kannten ihn.

Später fragte mich Husseyn sogar, warum ich eigentlich

so wenig Leute kannte. Ob ich denn kein richtiger Weddinger sei. Ich erzählte ihm, dass ich erst seit Kurzem im Wedding wohnte und außerdem Probleme mit Weddingern hatte. Zumindest mit denjenigen, die ich bis dahin kennengelernt hatte. Natürlich wollte er sofort wissen, worum es ging. Ich war ganz ehrlich zu ihm: »Husseyn, ich habe so einiges erlebt in den letzten Monaten im Wedding. Nicht alle sind hier nett und anscheinend spielt es für einige eine sehr große Rolle, ob man Muslim ist oder nicht. Ich bin bei ihnen als Jude abgestempelt und unten durch. Ich wurde auch schon bedroht. Weil ich Jude bin. Deshalb hänge ich nicht mehr auf der Straße ab, weil ich Angst habe, dass irgendein Psycho mir bei der ersten Gelegenheit ein Messer reinsteckt.«

Husseyn sah mich ganz ungläubig an und meinte ruhig, dass das alles Quatsch sei. Ich sei ab jetzt sein Freund und müsse mir keine Sorgen mehr machen. Er hätte was zu sagen im Wedding. Ich solle jedem Weddinger, der mich anmachte, einfach sagen, dass ich Husseyns Freund sei, und man werde mich sofort in Ruhe lassen. Es hörte sich an, als würde man mir, wenn ich das sagte, die Hand küssen und mich zum Mittagessen einladen anstatt mir die Hand zu brechen und Essen in den Mund zu stopfen.

Zuerst dachte ich, Husseyn sei ganz schön von sich eingenommen. Er war doch viel zu nett, um irgendjemandem Angst machen zu können. Doch wenige Tage später stellte ich fest, dass derjenige, der mein bester Freund werden sollte, nicht nur viel zu melden hatte, sondern sogar zu den Anführern einer der berüchtigtsten Jugendgangs Berlins gehörte, den »Kolonie Boys«. Eine Gang von Arabern, Kurden, Türken, Pakistanern und Bosniern, die alle entweder in der Koloniestraße, in der Soldiner Straße oder in unmittelbarer Umgebung dieses Brennpunktes lebten, zwei Straßen entfernt von meinem Zuhause. Ein Ort, an den man sich als »Tourist« keineswegs begeben sollte.

In den folgenden Wochen gingen wir jeden Tag ins Schwimmbad und ich machte die Bekanntschaft mit vielen seiner Freunde. Alle waren Araber, Kurden, Bosnier oder Türken. Alle waren entweder bei den »Kolonie Boys« oder Mitglieder der anderen Weddinger Jugendgangs, der »Streetfighters«, der »Black Panthers«, »Kangals« oder von »TNF«. Täglich saßen wir mit bis zu 50 Jugendlichen in der Mitte des Schwimmbads auf mehreren riesigen Decken, mit mehreren bis zum Anschlag aufgedrehten Kassettenrekordern, aus denen Hip-Hop- oder Breakdance-Musik schallte, und spielten Karten und Fußball. Einige von den Jungs waren ziemlich gute Breakdancer. Sie wurden oft aufgefordert zu tanzen, während der Rest zum Beat klatschte und einen riesigen Kreis um die Tänzer bildete.

Jeden Tag lernte ich neue Leute kennen. Nach einigen Wochen grüßten mich die meisten Jugendlichen fast genauso herzlich wie Husseyn. Er war immer in der Mitte von allem, am lustigsten und am nettesten. Ich stand fast immer neben ihm im Kreise mehrerer Dutzend Weddinger Schwarzköpfe, die allesamt kriminell waren und mindestens ein Messer in der Tasche hatten. Sie hätten mich schon längst abgestochen, wenn sie gewusst hätten, dass sie einen Juden in ihrer Mitte hatten. Täglich hörte ich den einen oder anderen die Juden oder Israel verleumden. Judenwitze waren an der Tagesordnung. Sie hatten keine Ahnung, dass sie sie einem Juden erzählten. Offenbar hatte Husseyn dichtgehalten.

Es waren nun Sommerferien und ich hatte ohnehin nichts anderes zu tun. Ich hatte Husseyn in mein Herz geschlossen, wie er mich offenbar auch, und ich wollte nicht wegen irgendwelcher blöden Witze den ganzen Sommer zu Hause vor dem Fernseher sitzen. Mir blieb nichts anderes übrig als mich damit abzufinden. Täglich lud mich Husseyn zum Mittagessen ein und ließ es nicht zu, dass ich mich revanchierte. Abends gingen wir oft aus. Fast jedes Wochenende waren wir auf einer Breakdance-Party im Wedding, in der es meistens um ein Tanz-Duell zwischen zwei Gangs ging, das dann gewöhnlich in eine Schlägerei oder Messerstecherei ausartete. Zu diesem Zeitpunkt war ich noch kein Gang-Mitglied, doch ich wäre gerne eines geworden. Dann hätte mir niemand mehr zu nahe treten können. Ich hätte genügend Gang-Freunde hinter mir, die verrückt genug waren und alles riskierten, um ihrem Bruder zu helfen. Wie eine Familie, einer für alle, alle für einen!

Und plötzlich fielen mir überall T-Shirts und Trainingsjacken auf, auf denen das jeweilige Gang-Symbol eingestickt war. Vorher hatte ich nicht darauf geachtet. Überall um mich herum sah ich nun Jacken mit diesen Symbolen: vorne auf der Seite die Zahl 65, die für unseren Bezirk Wedding stand, und auf dem Rücken der jeweilige Name der Gang. Mir fiel plötzlich auf, dass Weddinger Gang-Mitglieder anders angezogen waren als Jugendliche, die nicht in Gangs waren. Gang-Mitglieder trugen Dieseljeans in Schwarz oder Hellblau, mit Karottenschnitt, weiße oder schwarze Reebok- oder Nike-Running-Schuhe und ein Gang-T-Shirt.

Ich dachte darüber nach, wie man in so eine Gang hineinkam. Husseyn zu fragen traute ich mich nicht. Er hätte mich wahrscheinlich ausgelacht. So beschloss ich meinen eigenen Weg einzuschlagen, wie schon viele andere vor mir, um auf mich aufmerksam zu machen. Ich fing an zu sprühen. Das nächste halbe Jahr wanderte ich fast jede Nacht alleine auf den Straßen Weddings umher und sprühte meinen Namen auf alles, was mir in den Weg kam. Bald fragten sich alle, wer dieser verrückte ARON1 war, der alles zusprühte. Im Winter fing ich dann an mich wie ein Gang-Mitglied zu kleiden, schwarze Diesel, schwarze Reebok-Running-Schuhe und eine schwarze Leder- oder Bomberjacke. So passte ich sehr gut ins Bild des Standard-Weddingers. Ich ließ mir auch einen Pullover bedrucken, mit ARON1 auf der Brust und der Zahl 65 auf der Seite. Die Rückseite blieb noch frei. Wenn ich gefragt wurde, ob ich ARON1 sei, bejahte ich voller Stolz und erntete Respekt für meine Weddinger Fat-Cap-Tags.

An einem Abend begab ich mich zum Jugendzentrum der Black Panthers, das sich direkt am U-Bahnhof Nauener Platz befand. Gerade als ich mit meiner schwarzen Dose auf einer schon besprühten Wand des Jugendzentrums die erste Linie zog, forderte mich jemand auf, die Dose lieber wieder einzustecken. Als ich mich umdrehte, sah ich einen Black-Panthers-Gang-Türken vor mir. Er hatte auch die typische Black-Panthers-Frisur, lange Haare am Hinterkopf und die Haare vorne kurz und stachlig gegelt. Er fragte mich, ob ich verrückt sei, die Black-Panthers-Wände zu besprühen, und warum ich auch noch so frech sei, ihn selbst zu crossen. Ich sagte ihm, dass ich einige von den Panthers kannte. Es waren seine Freunde Selcuk, Suhail, Ahmed und Gökhan. Er grinste mich an, gab mir die Hand und fragte, was ich denn sprühen wollte. Er freute sich sehr, als er feststellte, dass er gerade ARON1 kennen gelernt hatte. »Ich bin Bükaan, Anführer der Black Panthers Juniors, und freue mich dich endlich kennenzulernen, Aron.« Bükaan bot mir an, wann immer ich wollte, zum Black-Panthers-Jugendzentrum zu kommen, er würde mir gerne seine Freunde vorstellen.

Husseyn freute sich, dass ich mit Bükaan gut zurechtkam. Bükaan war nämlich nicht nur der Anführer der Black Panthers Juniors, er hatte zudem auch sieben ältere Brüder und Hunderte Onkel und Cousins, verteilt über den ganzen Bezirk Wedding. Alle waren Mitglieder der Black Panthers, mit denen man sich auf keinen Fall anlegen sollte. Husseyn erzählte mir, Gang-Mitglieder der Black Panthers seien entweder Türken oder Kurden. Alle wohnten um den Nauener Platz bis hin zum Leopoldplatz und Umgebung. Sie hatten mehrere Breakdance-Gruppen. So zum Beispiel die Wedding-B-Boys und die Flying Steps, die zu den besten Breakdancern Deutschlands gehörten.

Selcuk, der eine Klasse unter mir war und eines der wenigen Black-Panther-Mitglieder, das etwas weiter entfernt vom Nauener Platz wohnte, nämlich an der Pankstraße, kam in einer Pause auf mich zu und fragte mich, ob ich ihn nicht am Abend begleiten wolle zum Nauener Platz. Bükaan hatte ihm wohl gesagt, dass er mich gerne wieder sehen würde im Jugendzentrum. Und so stand ich noch am selben Abend am U-Bahnhof Nauener Platz mit mindestens 30 türkischen und kurdischen Jugendlichen, die alle türkisch redeten. Ich verstand nicht viel. Bükaan und Selcuk stellten mir ihre Freunde vor und ich wurde sehr herzlich aufgenommen. In den folgenden Wochen saß ich jeden Abend am Nauener Platz herum und fing sogar schon an für die Black Panthers mitzusprühen. Das gefiel ihnen sehr. An einem dieser Abende wurde ich dann von Bükaan im Beisein aller anderen Mitglieder aufgefordert auch Mitglied ihrer Gang zu werden. Natürlich freute ich mich über das Angebot und dass ich das einzige nicht-türkischsprachige Mitglied der Panthers sein würde. Ich willigte ein und wurde von allen zweimal auf die Wange geküsst und umarmt. Am nächsten Tag trug ich meine Bomberjacke zum Druckerladen und gab in Auftrag, einen schwarzen Panther, das Symbol der Gang war, auf die rechte Oberseite zu setzen. Auf der Rückseite stand ARON, The Black Panthers. Von nun an war ich Gang-Mitglied und vorbei waren die Zeiten des Versteckens und des Angsthabens.

Mit 16 war ich nun als einziger Nicht-Türke und Nicht-Kurde Mitglied einer der größten Türkengangs Deutschlands. Ich nahm meine Aufgabe ziemlich ernst. Ich war eines der stolzesten Gang-Mitglieder, wenn nicht das stolzeste überhaupt. Meine Brust ragte um einiges weiter vor als bisher und auch meine Art zu reden passte ich meinen neuen Freunden an. Sie hatten zum größten Teil einen starken Akzent, wenn sie Deutsch sprachen. Falls sie überhaupt Deutsch sprachen. Ihr Deutsch war ein Mischmasch aus Berliner Slang und türkischen und zum Teil sogar arabischen Ausdrücken und Redewendungen. Die Stimmlage war konstant aggressiv. Es wurde in einem unfreundlichen und lauten Ton miteinander kommuniziert. Jedes zweite Wort war eine Beschimpfung. Außenstehende mussten annehmen, dass man sich im Dauerstreit befand und dass es gleich krachte. Zum Teil war das Absicht. Es sollte Nicht-Dazugehörige abschrecken. Das funktionierte auch. Ich hatte jetzt fast nur noch Umgang mit Gang-Mitgliedern, mit denen ich nach der Schule bis in die Nacht hinein herumhing und »Quatsch machte«, im Jugendzentrum am Nauener Platz Tischkicker und Billard spielte oder den Breakdancern bei ihren Drehungen zuguckte.

Meine alten Freunde hatte ich aber nicht vergessen und war immer noch in gutem Kontakt mit Janica, Sahin und Mehmet. Doch Mehmet saß fast nur noch zu Hause und lernte für die Schule, auch wenn seine Noten nie wirklich besser wurden. Sahin war immer noch sehr gläubig und wollte nichts mit Gangs zu tun haben. Er musste auch um 18 Uhr zu Hause sein und durfte nie länger draußen bleiben. Janica spielte Volleyball und war in einem Schwimmverein. Sie hatte den Kopf voll von Sport und auch sonst wenig Zeit. Dennoch saßen wir ab und zu zusammen und ich erzählte ihr von meinen neuen Bekanntschaften und von den Aktivitäten, in die ich immer mehr hineingeriet. Sie machte sich Gedanken darüber und gab mir allerhand gute Ratschläge.

Die Schule und Bücher interessierten mich überhaupt nicht mehr. Ich dachte nur darüber nach, welche Wand ich noch beschmieren könnte, wo man leicht etwas klauen konnte und wo die nächste Gruppenschlägerei stattfand, die ich auf keinen Fall verpassen durfte.

Nur mit viel Glück wurde ich in die 11. Klasse versetzt. Die ehemaligen drei 10. Klassen wurden nun zu zwei 11. Klassen zusammengelegt. Sahin wäre damit mein neuer Klassenkamerad geworden. Er beschloss aber das Diesterweg-Gymnasium zu verlassen, um das Abitur am OSZ (Oberschulzentrum) Medien- und Nachrichtentechnik zu machen, das um die Ecke lag. Er hatte sich mit mehreren Lehrern sehr schlecht verstanden und sorgte sich um sein Abitur. Auch ich stand nicht auf gutem Fuß mit den Lehrern und vor allem mit der Schuldirektorin. Das lag an dem Blödsinn, den ich ständig veranstaltete. Einen Lehrer bewarf ich mit Papierkügelchen, den anderen beschimpfte ich, wenn er mich wegen etwas ermahnte. Ich trat Türen auf und bekritzelte Tische. Und so hatte ich neben meinen schlechten Noten auch noch eine schlechte, wenn nicht miserable Beurteilung in meinem Abschlusszeugnis der 10. Klasse. Sahin riet mir, ebenfalls die Schule zu wechseln. Er meinte, entweder würde ich vorher rausgeschmissen oder ich würde durchs Abitur fallen. Ich wusste, dass er Recht hatte. Doch ich hatte eine neue Klassenkameradin, eine Türkin namens Selma, in die ich mich Hals über Kopf verliebte. Ihretwegen entschloss ich mich auf dem Diesterweg-Gymnasium zu bleiben.

Zum Glück verstanden sich Janica und Selma gut, sodass ich oftmals auch mit beiden zusammen sein konnte.

Ich verbrachte mehr und mehr Zeit mit Selma. Ich erzählte ihr auch von meinen Zusammenstößen mit einigen Weddingern aufgrund meines Jüdischseins. Selma war vollkommen entsetzt, weil sie die Leute von der Pankstraße kannte und sie immer für sehr nett gehalten hatte. Sie nahm sich vor sie darauf anzusprechen. Das passte mir eigentlich ganz und gar nicht, aber sie hatte es sich in den Kopf gesetzt, mich wieder zusammenzubringen mit den Jungs aus meiner Umgebung. Ich glaubte im Traum nicht daran, dass ich mich jemals wieder gut mit Fadi, Khalil oder den Zwillingen verstehen würde. Ich war zwar mittlerweile gut mit vielen Weddingern befreundet, die auch sie sehr gut kannten, aber ich war mir sicher, dass ich es eines Tages wieder mit den alten Widersachern zu tun bekommen würde.

Selma hatte mich völlig verzaubert und ließ mich vor Liebeskummer schwitzen. Ich wollte jede Sekunde mit ihr zusammen sein. Alle sprachen schon davon, dass wir ein hübsches Paar abgeben würden. Ich wusste nie genau, was Selma für mich empfand, und arbeitete daran, sie davon zu überzeugen, dass ich der Richtige für sie sei. Ich überschüttete sie mit Komplimenten und Einladungen. Selma sammelte Marlboro-Etiketten. Wenn sie 10 000 zusammenbrachte, konnte sie einen Rollstuhl gewinnen, den sie dann anscheinend stiften wollte. Einen Monat lang sammelte ich wie verrückt mit. An regnerischen Nachmittagen lief ich bis zu vier Stunden durch die Straßen und suchte in allen möglichen dreckigen Ecken nach Marlboro-Schachteln, um das Etikett für sie abzukratzen. Nach einigen Wochen hatte ich auch mit der Hilfe von Janica 1100 Marlboro-Etiketten zusammen und packte sie in einen Schuhkarton. Ich malte ein Bild darauf, schrieb ein Gedicht und ließ Selma den Karton zukommen. Auf den Straßen wimmelte es nur so von meinen Liebesbeweisen. Auf Selmas Schulweg hatte ich an mindestens fünf Wände ihren und meinen Namen mit einem Herz verbunden gesprüht. Oft gingen wir nach der Schule zusammen durch den Wedding und man grüßte hier und da Freunde. Ich war stolz, sie an meiner Seite zu haben. Sie war ein richtiges Weddinger Mädchen, eine hübsche, türkische Prinzessin, die es tatsächlich schaffte, mich wieder mit Khalil zusammenzubringen.

Eines Abends kam er mit einem seiner Freunde auf mich zu und stellte sich neben mich. Es war in der Gegend Pankstraße. Ich wollte gerade mein Gangzeichen an die Wand sprühen. Sie sahen mich an, und ich wusste nicht, was als Nächstes kommen würde. Ich ging vom Schlimmsten aus, einem Messerstich, zumindest aber einer Ohrfeige, Beleidigungen oder Spucke im Gesicht. Khalil fragte mich, ob ich ihn nicht ein Stückchen begleiten wolle, er hätte mir etwas zu sagen. So liefen wir die Prinzenallee entlang. Ich hatte ein ganz mulmiges Gefühl. Schließlich machte er den Mund auf und sagte etwas völlig Unerwartetes.

»Aron, du bist zwar Jude, doch du bist einer von uns, du bist ein richtiger Weddinger. Willkommen im Wedding.«

Am liebsten hätte ich ihn umarmt, doch ich blieb ruhig und fragte ihn, wie er auf einmal zu dieser Meinung gekommen sei.

»Du bist nicht so ein Jude, nicht einer wie diese Juden, die sich für etwas Besseres halten. Du bist wie wir, du kleidest dich wie wir, du hast muslimische Freunde, du bist bei den Black Panthers und dein bester Freund ist ein großer Mann. Husseyn ist einer der Großen von den Kolonie Boys und hat auch sonst viel zu sagen im Wedding und in Berlin. Er ist von dir begeistert, liebt dich wie seinen Bruder. Außerdem hatte ich vor einigen Tagen ein Gespräch mit Selma, die mich fast schon schlagen wollte, weil sie es einfach nur schlecht fand von mir, dass wir uns nicht verstehen. Ich sagte ihr, dass du ein Jude bist und dass wir Juden hassen, doch sie ist schlau und überzeugte mich. Sie sagte, dass du für den Wedding und die Panthers lebst und fast alle deine Freunde muslimisch seien. Dass du sogar anfängst Türkisch und Arabisch zu lernen. Wenn das stimmt, dann allen Respekt. Du sollst wissen, dass du einen Bruder mehr hast.«

Khalil umarmte mich und schüttelte mir die Hand.

Er hatte Recht, ich war ein richtiger Weddinger geworden. Plötzlich hatte ich das Gefühl, dass es keinen Weddinger mehr interessierte, welche Abstammung oder welche Religion man hatte. Wichtig war, ob man sich als Weddinger fühlte, ob man bei den Gang-Kämpfen dabei war oder nicht. Ob man zu seinen Leuten stand oder nicht. Da ich unbedingt von allen akzeptiert werden wollte, war ich immer dabei, wo es nach Stunk roch. Wann immer ich hörte, dass es Probleme mit anderen Gangs aus anderen Bezirken gab, war ich einer der Ersten, der zum Gang-Fight aufstachelte. Wann immer man losziehen wollte, um zu sprühen, war ich dabei. Ich wurde mehrfach von der Polizei nach Hause begleitet. Andere Weddinger Wiederholungstäter bekamen Jugendarrest aufgebrummt und mussten ihn in der Jugendstrafanstalt Plötzensee absitzen. Ich war noch relativ neu in den Registern der Berliner Polizei. Deshalb kam ich mit Freizeitarbeiten als Strafe für meine kriminellen Aktivitäten davon.

Auf dem Höhepunkt meines Gangster-Daseins verkaufte ich Gras, ging fast jeden Abend raus, um zu sprühen, hatte jedes Wochenende Schlägereien mit anderen Gruppen und plante Überfälle und Einbrüche. Meine Eltern wussten nicht mehr aus noch ein. Entweder wurde ich von der Polizei nach Hause gebracht, oder ich kam ohne polizeiliche Begleitung, hatte aber stattdessen eine riesige Wunde am Kopf oder im

Gesicht. Mein Vater warf mich zweimal aus dem Hause und schrie mir nach, ich sei nicht mehr sein Sohn. Beide Male kam ich wegen meiner Mutter zurück. Ich wusste, wie weh ihr das alles tat. Ich sah, wie sehr sie litt, weil unsere Familie wegen mir langsam zerbrach, und weil sie mit ansehen musste, wie ich mich in Richtung Knast bewegte.

Ich war alles andere als froh über das tägliche Chaos zu Hause und auf der Straße und hätte das alles gerne rückgängig gemacht. Doch ich steckte schon viel zu tief in der Scheiße. Hätte ich mich unter den neuen Umständen auf den Straßen Weddings nicht so wohl gefühlt, dann hätte ich mich wohl auch nicht so weit hineinziehen lassen. Aber je mehr ich die Weddinger »Bruderliebe« empfand, desto häufiger befand ich mich mit den Freunden auf der Straße und heckte etwas aus. Selbst mit Fadi hatte ich wieder Kontakt, der mir zwei Jahre vorher eine Erdbeere in den Mund gestopft und mich vor seinen Freunden aufs Äußerste erniedrigt hatte. Diesmal hatte Husseyn vermittelt. Husseyn und ich saßen in der U-Bahn und Fadi stieg ein, setzte sich zu Husseyn und fing an Arabisch zu reden. Ich verstand kein Wort, aber ich merkte, wie sie mich abwechselnd ansahen. Es war nicht schwer zu erraten, worüber sie sprachen.

Husseyn drehte sich zu mir um und sagte zu Fadi, während er mich ansah: »Was spielt es für eine Rolle, dass Aron Jude ist? Er ist mein Freund und ich liebe ihn wie meinen Bruder und ich möchte, dass ihr euch auch wieder als Freunde vertragt.«

Auch Fadi sah mich an und sagte auf Deutsch: »Aber ich hasse Juden. Sie sind unsere Feinde!«

Husseyn antwortete: »Du läufst doch auch mit Christen herum, oder täusche ich mich? Sie sind uns mindestens genauso Feind wie die Juden. Doch was spielt das hier überhaupt für eine Rolle? Wir leben in Deutschland und sind der letzte Abschaum Berlins. Wir stecken alle im selben Topf. Wir sind alle nur arme Weddinger, ob du, ich oder Aron. Denk mal drüber nach!«

Ich war so stolz darauf, Husseyn als Freund zu haben. Dass er ein guter Mensch war und eine großartige Persönlichkeit, hatte ich nie bezweifelt. Doch was er in diesen Momenten für mich getan hatte, war das Größte. Er bewies mir damit seine Freundschaft und seine Brüderlichkeit. Mir wurde klar, dass ich niemals sagen würde, alle Araber seien gegen Juden und man müsse sie deshalb hassen und bekämpfen. Husseyn war der beste Gegenbeweis. Das würde ich nie vergessen.

Fadi tat sich schwer, doch als er ausstieg, schüttelte er zuerst Husseyn und dann mir die Hand und sagte: »Husseyn hat Recht, du bist einer von uns!« Als er mich ansah, lächelte er fast.

Ich war so glücklich. Ich war wieder frei. Ich hatte mich mit fast allen versöhnt und die, mit denen ich mich nicht versöhnt hatte, waren nicht wichtig. Denn es waren kleine Fische. Wieso sollte ich mich mit kleinen Fischen abgeben, die nichts zu melden hatten im Wedding, wenn ich von allen Haien respektiert wurde? Ob am Gesundbrunnen, in der Osloer Straße, am Nauener Platz, in der Koloniestraße oder am Leopoldplatz, auf der Prinzenallee und sogar in der Pankstraße war ich nun gerne gesehen und wurde von allen mit Wangenküssen begrüßt. Von den Türken und Kurden zweimal, von den Arabern dreimal, von allen Anderen entweder zwei- oder dreimal. Es hing davon ab, ob sie mehr mit Türken oder Arabern zusammen waren. Ab und zu saß ich im Fitness-Studio in der Koloniestraße mit Husseyn und den Anderen der Kolonie Boys, schaute um mich und stellte fest, dass ich der Einzige unter den 20 bis 30 Jugendlichen war, der kein Muslim war. Und es machte mir nichts aus, denn kein Mensch sprach darüber. Viele, die mich nicht näher kannten, wussten auch nicht, dass ich kein Muslim bin, und gingen einfach davon aus, dass ich es war. Hier und da wieder wurde ich gefragt, ob ich gläubig bin, und ich antwortete, dass Religion keine wichtige Rolle in meinem Leben spielte.

Einmal saß ich im Fitness-Studio einem gläubigen Muslim namens Ossama von der Koloniestraße gegenüber. Einem Palästinenser. Er fragte mich, warum ich nicht an Gott glaubte, und sagte, dass das nicht gut sei. Gott hätte uns erschaffen und er hätte auch die Macht uns alle wieder zu zerstören. Das hatte ich schon oft gehört, solche Sprüche prallten nur an mir ab. Ich versuchte ihm zu erklären, dass ich mit meinem nichtreligiösen Dasein zufrieden sei. Er gab jedoch keine Ruhe und erzählte mir, wie schön es doch sei beim muslimischen Freitagsgebet und wie gut man sich doch fühlte, wenn man den Bezug zu Gott hatte. Er gab mir seine Nummer und meinte: »Wenn du eines Tages zu dir kommst und auch zu uns Muslimen gehören willst, dann ruf mich an. Ich habe gute Beziehungen zu Muftis, die dir gerne helfen.«

Ich fing an, häufiger im Jugendklub der Kolonie Boys rumzuhängen. Viele der Jungs dort waren Araber. Entweder Libanesen oder palästinensischen Ursprungs. Viele waren kurdische Araber aus dem Libanon und wiederum andere waren Palästinenser aus dem Libanon oder Jordanien. Viele waren erst seit einigen Jahren in Berlin und hatten auch keinen deutschen Pass. Sie konnten kaum Deutsch, weil sie nicht zur Schule gingen und mit ihren Freunden nur Arabisch redeten. Die meisten waren entweder schon im Gefängnis oder im Jugendarrest gewesen oder befanden sich auf dem besten Weg dorthin. Sie hatten Angst davor, abgeschoben zu werden. Denn wer in Deutschland kriminell aktiv und nicht im Besitz eines deutschen Passes war, musste bei wiederholten Strafdelikten damit rechnen, des Landes verwiesen zu werden. Einige von ihnen waren sogar illegal in Berlin und wären sofort inhaftiert worden, wenn die Polizei sie erwischt hätte.

Jeder von ihnen hatte eine eigene starke Persönlichkeit und jeder war anders als der Andere, obwohl sie doch irgendwie alle gleich waren. Alle hatten denselben Tagesablauf, sprachen das gleiche Ausländer-Deutsch, mit denselben Fehlern und waren sofort zur Stelle, wenn Action angesagt war. Ich hatte großen Respekt vor ihnen. Sie würden einen sofort töten, wenn sie einen Anlass hatten. Die meisten hatten ohnehin nichts zu verlieren. Sie wussten, dass sie früher oder später im Knast landeten, wo sie sich dann ja alle wiederträfen. Doch den Respekt auf den Straßen, den hieß es aufrechtzuerhalten – mit allen Mitteln. So liefen einige von ihnen mit einem Dolch in der Hosen- oder Jackeninnentasche rum und warteten nur darauf ihn einsetzen zu können. Andere hatten Pistolen irgendwo am Körper oder im Kofferraum ihres Autos. Manche liefen täglich die Straßen auf und ab. Mit zwei bis vier Pitbulls an der Leine. Sie warteten darauf, schief angeguckt zu werden, damit sie ihre Hunde von der Leine lassen konnten. Andere wiederum hatten schwere Gold- und Silberketten um den Hals hängen und dealten mit harten Drogen, die sie in den Hinterzimmern der Coffee-Shops, Restaurants und Billardsalons versteckt hielten.

Über meine eigene Zukunft war ich mir damals überhaupt nicht im Klaren. Dadurch, dass ich mich so oft dort aufhielt, wurde ich nach und nach als einer von der Koloniestraße angesehen. An einem jener Tage kam ich in das Fitness-Studio und sah, dass fünfundzwanzig Mitglieder der Kolonie Boys bis zum Hals bewaffnet waren. Sie hatten alle ihre Gang-Jacken an und waren auf dem Weg zu einem Kampf. Mir wollte niemand sagen, wohin es ging. Man sagte, ich solle besser wieder nach Hause gehen. Ich hakte nach, bis der Anführer der Kolonie Boys zu mir kam und meinte, ich sei doch auf ziemlich gutem Fuß mit den Türken des Nauener und des Leopoldplatzes. Er wolle nicht, dass ich mit dabei sei, wenn es gegen meine eigenen Freunde ging. Anscheinend waren zwei Mitglieder der Kolonie Boys einen Tag vorher von mehreren Mitgliedern der Streetfighters am Leopoldplatz mit Hunden und Messern attackiert und gedemütigt worden.

»Die Scheißtürken vom Leopoldplatz haben unseren Jungs tatsächlich gedroht und ihnen nachgerufen, dass sie sich besser verdrücken sollten. Das lassen wir uns nicht bieten von den Lackaffen«, heizte einer die anderen an. »Das ist Grund genug, dass wir uns die Spinner vom Leopoldplatz vornehmen, die nerven in letzter Zeit richtig. Die wissen wohl nicht, mit wem sie es hier zu tun haben. Mit uns Kolonie Boys ist nicht zu spaßen.«

Die Jungs vom Leopoldplatz waren gut befreundet mit meinen Freunden, den Black Panthers vom Nauener Platz. Wenn sich die Panthers auf die Seite der Streetfighters stellten, konnte es gut sein, dass ich dann auf der falschen Seite stand. Ich beschloss dennoch, mich auf die Seite der Kolonie Boys zu stellen, auf die Seite einer Horde wilder Araber. »Ihr seid meine Homies und wenn ihr zum Leopoldplatz geht, um den Jungs vom Leopoldplatz beizubringen, dass sie nichts zu melden haben im Wedding, dann bin ich dabei«, sagte ich so laut, dass alle es hören konnten. Als Nächstes wurde ich gefragt, ob ich denn eine Waffe in der Tasche hätte, woraufhin ich mein goldenes Klappmesser mit seiner 15 Zentimeter langen spitzen Klinge aus der Hosentasche holte und fragte, wann es denn endlich losginge.

Wir liefen gemeinsam zum U-Bahnhof Osloer Straße und fuhren zwei Stationen mit der U8 zum Leopoldplatz. Uns war bewusst, dass es schon auf dem U-Bahnhof losgehen konnte. Normalerweise wimmelte es dort von Gang-Mitgliedern der Streetfighters, die da täglich ihr Revier und ihren U-Bahnhof bewachten und markierten. Unten am U-Bahnhof war niemand von ihnen zu sehen. So stiegen wir die Rolltreppen hinauf zum Ausgang und kamen genau vor dem Treffpunkt der Streetfighters raus, dem Burger King. Der lag direkt am U-Bahn-Ausgang, an der großen Kreuzung. Zufälligerweise trafen wir dort genau die Jungs an, die einen Tag vorher die großen Töne am Leopoldplatz gespuckt hatten. Wir kreisten sie ein, damit sie keine Gelegenheit zur Flucht hatten. Ohne groß zu reden, schoss einer von uns einem von ihnen mit der Gaspistole aus ca. 20 Zentimetern Entfernung ins Ohr. Der schrie auf und rannte weg. 15 von uns, mich eingeschlossen, verfolgten ihn. Der Rest nahm sich die anderen Jungs der Streetfighters vor. Leute blieben entsetzt stehen und Autos hielten an. Der Leopoldplatz war eine der belebtesten Kreuzungen Weddings und wurde nun Schauplatz einer Verfolgungsjagd wie im Kino. Nach mehreren 100 Metern ging dem Verfolgten offensichtlich die Luft aus. Er blieb stehen, nahm die Hände in die Höhe und meinte, dass es doch nur Spaß gewesen sei und sie sich entschuldigen würden. Aber das half ihm nichts. Er wurde zu Boden geschlagen und von allen mit schweren Tritten zusammengetreten. Ich befand mich mittendrin und sollte derjenige sein, der ihm den Rest gab. Ich zog mein Messer und stieß es dem Opfer zwei- bis dreimal in den Oberschenkel und in den Rücken. Fast leblos lag der Türke auf dem Bordstein. Im Nachhinein stellte sich heraus, dass es einer der Anführer der Fighters gewesen war. Wir rannten zurück zum U-Bahnhof, setzten uns in die U-Bahn und fuhren laut feiernd über den »Sieg« zurück zum Fitness-Studio, wo wir uns alle umarmten. Vor allem ich wurde gefeiert. Einige hatten gesehen, wie ich zugestochen hatte. Das gefiel ihnen. Ich war jetzt wie ein Mitglied der Kolonie Boys und gehörte zu denjenigen im Wedding, die was zu sagen hatten. So empfand ich es.

Janica war entsetzt, wenn ich von solchen Aktionen erzählte. Sie sagte, sie verstehe, dass ich froh sei, akzeptiert zu werden. Ich bräuchte keine Angst mehr vor den Weddingern haben wie früher, denn ich war einer von ihnen geworden, und zwar einer der Verrücktesten. Aber ich dürfe mich da nicht so weit hineinziehen lassen. Ich könne eine bessere Zukunft haben, ich hätte es nicht nötig, mich mit verrückten Kriminellen abzugeben. Außerdem sollte ich doch mal an meine Eltern denken. Ich sei kein kleiner Junge mehr, ich sei bald 18, Schüler der Oberstufe. Ich müsse mich endlich in den Griff bekommen. Sie möge mich sehr, als Mensch und als Freund, und sie wolle mich nicht verlieren.

Fast genauso hörte sich Selma an. Zu dem Zeitpunkt war ich mehr in sie verliebt denn je. An einem Abend waren wir auf dem Rückweg nach Hause vom Breakdance-Unterricht bei den Panthers. Mit denen stand ich immer noch in gutem Kontakt, auch wenn es ihnen nicht gefiel, dass ich mehr Zeit in der Koloniestraße verbrachte als am Nauener Platz oder im Jugendzentrum der Panthers. Ich fragte Selma, ob wir uns nicht für einen Moment hinsetzen könnten. Ich hätte ihr etwas zu sagen. Ich nahm ihre Hand und führte sie zu einer Parkbank. Selma guckte mich gespannt an. Ich hielt ihre weiche Hand in der meinen und begann ihr von meinen Gefühlen zu erzählen.

»Selma, ich bin so verliebt in dich und will, dass du meine Freundin wirst«, sagte ich und sah ihr in die Augen.

Selma hatte plötzlich Tränen in den Augen. Es dauerte einen Moment, bis sie sagte: »Tut mir leid, Aron, aber das geht nicht. Ich kann nicht deine Freundin werden!«

Das hatte ich nicht erwartet und so fragte ich nach: »Aber wieso denn nicht? Wir verstehen uns doch so gut und das schon seit über einem halben Jahr. Du fühlst doch auch etwas für mich, das weiß ich, oder bilde ich mir das nur ein?«

Selma fing an richtig zu weinen, und ohne zu wissen warum, weinte ich auch. Ich umarmte sie und fragte sie, warum sie denn weinte.

»Du hast Recht, Aron, auch ich fühle mich zu dir hingezogen. Aber ich versuche meine Gefühle zu unterdrücken, denn ich weiß, dass wir nie zusammen sein können. Auch du solltest das wissen.«

»Was soll das heißen, wir können nie zusammen sein? Wenn wir beide füreinander etwas fühlen, was gibt es Schöneres, als uns zu lieben und zusammen glücklich zu sein?«

»Es tut mir leid, dass gerade ich das sage, doch du wirst das, wenn nicht jetzt, eines Tages verstehen. Ich weiß, dass ich mich sehr in dich verlieben könnte, wenn ich nicht aufpasse. Doch das wäre nicht gut, denn ich bin eine stolze Muslima und du bist ein Jude und wir haben keine Zukunft zusammen. Ich will meine Kinder auf muslimische Weise erziehen und ihnen den Koran mit auf den Weg geben. Du bist jetzt zwar ziemlich unreligiös, aber innerlich bist du doch ein Jude und früher oder später wirst auch du deine Kinder in jüdischer Tradition und Kultur erziehen wollen und ...«

Ich fiel ihr ins Wort, bevor sie mir noch mehr über den Koran und die jüdische Kultur erzählte: »Wir sind doch noch nicht einmal 18 und du redest über Heirat und Kinder? Lass uns unsere Jugend genießen und uns lieben. Was in zehn Jahren sein wird, weiß niemand!«

»Was meinst du mit in zehn Jahren? Ich bin Türkin. Bei uns denkt man schon früh ans Heiraten. Es ist normal für ein türkisches Mädchen zwischen 18 und 23 zu heiraten. Ehe wir uns umsehen, werden wir 20 sein. Und wenn ich dann immer noch mit dir zusammen bin, was dann? Wir haben einfach keine Zukunft zusammen. Ich spreche mit meinem Verstand, wenn ich dir das sage, und ich hoffe, dass wir weiterhin Freunde bleiben werden. Eines Tages wirst du es mir danken, dass ich heute nicht mit meinem Herzen geredet habe.«

Tief enttäuscht ging ich nach Hause und rief Janica an, um ihr alles zu erzählen. Ich hatte durchaus Verständnis für Selma, aber ich wollte es nicht einsehen, dass die Religion immer noch einen so zentralen Platz im Kopf vieler Menschen einnahm. Janica, die katholisch erzogen war und gelegentlich auch zur Kirche ging, konnte es ebenfalls nicht nachvollziehen, dass Selma nur wegen ihrer Religion Nein zur Liebe und Nein zu mir sagte. »Für mich spielt Liebe eine viel größere Rolle im Leben als Religion. Wenn ich eines Tages verliebt sein sollte in einen Muslim, Juden, Buddhisten oder was es sonst noch so gibt, dann würde ich nicht zulassen, dass meine Religion unserem gemeinsamen Glück im Wege steht«, sagte sie und versuchte mich zu trösten.

In den folgenden Wochen war ich viel mit Janica zusammen. Sie unterstützte mich in allem und gab mir das Gefühl der Freundschaft, das ich von Selma nicht mehr erwarten konnte. Selma und ich trafen uns nicht mehr und gingen uns in der Schule aus dem Weg. Vor lauter Frust war ich noch mehr auf der Straße und sprühte mich in ganz Berlin zu einem der bekanntesten Namen in der Graffiti-Szene hoch. Bei meinen nächtlichen Aktionen wurde ich fast nie erwischt. Bald fing ich schon am frühen Abend an mit meiner Sprühdose große Bilder aufzuziehen, manchmal sogar am helllichten Tag. Ob die Leute das sahen, war mir mittlerweile egal geworden. Meine Unverfrorenheit schreckte wohl viele Passanten ab, auch wenn sie sich entsetzlich über meinen Vandalismus ärgerten. Manchmal wartete ich nur darauf, dass mich jemand von hinten ansprang, um mir das Handwerk zu legen und mich dann der Polizei auszuliefern, die mich in den Jugendarrest stecken würde. Mit Absicht fing ich an wie wild auf U-Bahn-Gleisen rumzutoben und ganzen Bahnhöfen eine neue Farbe zu verpassen. Aber kein Mensch traute sich an mich heran. Wahrscheinlich ahnten die Leute, dass ich eine verchromte 9mm- Walther in der Jackentasche und ein Springmesser in der Hosentasche hatte, die ich in meinem Wahn ohne zu zögern benutzt hätte. Vielleicht wollte ich zu diesem Zeitpunkt auch ins Gefängnis. Um von Selma wegzukommen, aber auch, um über mein Leben nachzudenken, das völlig aus dem Ruder gelaufen war.

Dann kam der Tag, an dem ich doch angesprochen wurde, als ich wieder einmal die Wände des Wedding umgestaltete. Es war ein Sonntagabend. Ich war etwa um halb acht von Janicas Wohnung aus aufgebrochen zu einer riesigen Wand in der Mitte der Prinzenallee. Ich hatte drei Sprühdosen bei mir. Ein gewaltiges ARON-Bild wollte ich malen. Schöne samtlila Outlines, ostergelbe Secondlines und chromsilberner Fill-in. Das alles auf einer dunkelbraunen Ziegelsteinmauer, der Außenfassade einer Brauerei. Herrlich. Die Straße war noch sehr belebt und es fing nur langsam an dunkel zu werden. Eine halbe Stunde malte ich fast ohne Unterbrechung an meinem Bild. Für die Menschen, die an mir vorbeiliefen, interessierte ich mich nicht. Ab und zu hupten vorbeifahrende Autos, doch kein Fahrer hatte den Mumm auszusteigen, um mich vom Sprühen abzuhalten. Zufällig kamen sogar Freunde aus der Koloniestraße vorbei. Wir unterhielten uns kurz. Sie konnten gar nicht glauben, was für ein fanatischer Graffiti-Sprüher ich geworden war und dass es mir vollkommen egal zu sein schien, dass ich Hunderte von Zuschauern hatte. Doch genau das war der Kitzel für mich, und es hatte mir in ganz Berlin einen Ruf verschafft.

Bevor meine Freunde weitergingen, warnten sie mich, dass viele zivile Polizeiautos in der Umgebung der Pankstraße unterwegs seien. Ich solle mich in Acht nehmen. Das nächste Polizeirevier lag gerade mal einen Kilometer entfernt in derselben Straße. Nichtsdestotrotz machte ich weiter. Ich wollte unbedingt so schnell wie möglich mein Bild zu Ende bekommen. Viele Passanten liefen mit gesenktem Kopf schnell an mir vorbei. Keiner wagte es mich länger anzusehen. Einer aber tat es doch, ein Mann mittleren Alters. Er kam langsam auf mich zu. Ich vermutete, dass es ein Zivilpolizist war, starrte ihn an und wartete darauf, dass er vorbeiging. Zwei Meter vor mir blieb er stehen, holte seine Polizeimarke heraus und sagte: »Polizei, Sie sind verhaftet!«

Jetzt ging alles blitzschnell. Mit der lila Dose, die ich gerade in der rechten Hand hielt, sprühte ich ihm ins Gesicht. Der Zivilpolizist schrie laut auf: »Du Schwein!« Ich warf die Dose weg und rannte über die Straße. Mir gegenüber hielt ein weißer Opel Ascona mitten auf der Fahrbahn. Der Fahrer sprang heraus und kam mir entgegen gerannt. Von Weitem schrie er mir schon zu: »Bleib stehen. Mach es nicht noch schlimmer, als es schon ist!« Doch statt anzuhalten schleuderte ich diesem zweitem Zivilpolizisten die Tüte mit der gelben und der silbernen Sprühdose an den Kopf und erkämpfte mir einen kleinen Vorsprung. Ich rannte die Prinzenallee entlang, auf offener Straße verfolgt von mindestens einem Polizisten, der wütend schrie: »Haltet ihn auf, das ist ein Krimineller! Haltet ihn auf, das ist ein Krimineller!«

Und tatsächlich fühlte sich ein Passant angesprochen, ein etwa 35-jähriger Mann, der an einer Bushaltestelle stand. Er lief auf mich zu und sagte: »Bleib schon stehen, das hat doch eh keinen Zweck.« Ich zog die Pistole aus der Innentasche meiner Jacke, richtete sie auf ihn und schrie »Bleib, wo du bist!«, woraufhin der Mann wieder den Rückwärtsgang einlegte und sagte »Schon gut, schon gut.«

Ich musste fast grinsen. Für einige Sekunden kam ich mir vor wie im Kino. Doch es war leider kein Film, sondern mein Leben. Die Polizisten waren mir im Nacken. Nach wenigen hundert Metern ging mir die Puste aus. Ich war einfach nicht gut auf der Langstrecke. Ich wurde langsamer und langsamer, bis ich schließlich von hinten niedergeboxt wurde. Im Handumdrehen lag ich flach und mir wurden Handschellen angelegt. Die Polizisten drückten mein Gesicht auf den Boden, ich wurde getreten und beschimpft, doch das bekam ich kaum mit. Ich dachte an die Strafe, die auf mich zukam, und plötzlich hatte ich unbeschreibliche Angst. War's das nun? Hatte ich endgültig alles in den Sand gesetzt? Hatte ich all die Menschen, die an mich geglaubt hatten, enttäuscht?

Diese Nacht musste ich in einer Zelle verbringen und früh am Morgen wurde ich vor die Tür gestoßen mit den Worten »Du hörst von uns!«. Zu Hause erzählte ich von diesem Vorfall nichts. Doch schon am selben Tag, als ich von der Schule kam, öffnete mir meine Mutter mit rotgeweinten Augen die Tür. Ohne mich zu begrüßen, fragte sie mich: »Was hast du nun schon wieder angestellt? Sind wir so schlecht zu dir, dass du uns das antust? Was ist gestern Abend geschehen?« Ich ging davon aus, dass meine Eltern von der Polizei benachrichtigt worden waren, doch es war etwas anderes. Ein Journalist von der ›Berliner Zeitung‹ hatte meine Mutter besucht, während ich in der Schule war. Er wollte ein

Interview mit mir. Er hinterließ ihr seine Nummer mit der dringenden Bitte, mich über seinen Besuch zu informieren. Meine Mutter hatte keine Ahnung, worum es ging, denn der Journalist hatte ihr weiter nichts erzählt. Doch sie hatte das Richtige vermutet und, das Schlimmste ahnend, schon mal angefangen zu weinen. Ich erzählte ihr alles und rief den Journalisten an, der sich noch am selben Tag mit mir treffen wollte.

Es war ein netter junger Mann, der sich freute, dass ich ihm die Gelegenheit für ein persönliches Gespräch gab. »Du bist also Aron, einer der meistgesuchten Sprüher Berlins?« Mit diesen Worten empfing er mich. Ich sagte, dass ich bestimmt nicht zu den meistgesuchten Sprühern Berlins gehörte, bedankte mich aber für das Kompliment. Er erzählte, er hätte im Polizeibericht von mir gelesen, dem Sprüher, der sich mit der Polizei rumschlägt, und er würde supergerne einen Extra-Bericht über mich herausbringen. Er war sehr interessiert daran, wie sich im Wedding das Leben eines Teenagers, der in Jugendgangs ist, so abspielt. Seinen Bericht bekam er, aber ich hatte gemischte Gefühle. Es war mir nicht ganz klar, ob ich stolz darauf sein sollte, dass ich im Polizeibericht stand und dass sogar die Presse Interesse an mir hatte, oder ob ich mich schämen sollte. Schämen, dass ich es so weit hatte kommen lassen, dass ich kurz vor dem Absturz war.

Es war das zweite Halbjahr in der 11. Klasse. Das Schuljahr war katastrophal gelaufen. Ich war schlecht angesehen bei den Lehrern, vor allem wegen meines Benehmens. Ich war schon vielfach ermahnt worden, ich solle mich zusammenreißen, wenn ich nicht von der Schule fliegen wolle. Man hatte mich im Visier und hätte sich über jeden Grund mich loszuwerden gefreut. Ich nahm mir vor etwas ruhiger zu werden, um zumindest nicht noch einmal sitzen zu bleiben oder gar von der Schule zu fliegen. Dann lieferte ich, leichtsinnig, wie ich war, der Schuldirektorin einen Grund, um mich von der Schule zu werfen.

In einer Biologiestunde fing ich vor lauter Langeweile an mit dem Bleistift auf dem Tisch zu kritzeln. Das gefiel meinem Nachbarn Pawel offensichtlich, denn auch er langweilte sich. Prompt fing er an seine Seite des Tisches vollzukritzeln. Während Pawel, der ein fanatischer Basketballfan war, sich damit begnügte, Namen bekannter Basketballspieler wie Jordan, Ewing, Stockton und Johnson auf den Tisch zu malen, begann ich, dumme, teilweise rassistische Sätze über Türken und Kurden zu schreiben. Um genau zu sein, verfasste ich ein Gespräch zwischen einem PKK-Anhänger, also einem radikalen Kurden, und einem Bozkurt-Anhänger bzw. einem radikalen Türken. Ein Gespräch, wie sie es führen würden, wenn sie aneinandergerieten. Sie beschimpfen sich heftig und verfluchen die Herkunft und das Volk des anderen. Das Gespräch spiegelte die Realität, die Konkurrenz und den Hass zwischen den beiden Völkern wider. Das, was man als Weddinger fast täglich zu hören bekam. Es gehörte zum Alltag, dass Türken sich über Kurden lustig machten und Kurden über Türken herzogen. Ich dachte mir nichts dabei, und statt den Quatsch wegzuradieren, ließ ich ihn stehen, wahrscheinlich, um dem nächsten gelangweilten Schüler eine Freude zu machen. Langweilige Stunden gab es zur Genüge.

Eigentlich hatte ich mein Gekritzel schon längst vergessen. Doch meine Sprüche machten die Runde und kamen so auch auf den Tisch der Schuldirektorin. Über meine Wiedergabe der Weddinger Realität war sie nicht erfreut. Sie zitierte meinen Vater in die Schule und erzählte ihm in meinem Beisein, was ich geschrieben hatte. Sie ließ meinen Vater wissen, dass das Lehrerkollegium des Diesterweg-Gymnasiums am Tag vorher eine Überstunde gemacht hatte, um meinen Fall zu besprechen. Der Beschluss stand fest. Für mich sei auf ihrem Gymnasium kein Platz mehr und ich solle mir für das kommende Jahr eine andere Schule suchen. Rot vor Wut fragte mich mein Vater vor der Direktorin, wieso ich mich so über Türken und Kurden ausließ. Ob ich denn meinen Fehler einsähe und mich in Zukunft zusammenreißen würde, um meinen Rausschmiss zu vermeiden.

»Was ich geschrieben habe, denke ich natürlich nicht selber. Wie auch? Ich bin weder Türke noch Kurde. Aber der Konflikt beschäftigt mich mittlerweile persönlich. In den letzten Monaten habe ich gemerkt, dass es im Wedding sehr viele rechte Türken gibt, die Kurden über alles hassen und sich mit den Grauen Wölfen, den Bozkurtlar, identifizieren. Zugleich habe ich aber auch gemerkt, dass es mindestens genauso viele Kurden gibt, die die Türken verfluchen und sich mit der kurdischen Arbeiterpartei, der PKK, identifizieren, die Terrorakte gegen türkische Einrichtungen begeht. Da mussten auch schon Menschen ihr Leben lassen. Ich habe einfach nur niedergeschrieben, was ich täglich von der einen oder der anderen Seite mitbekomme. Ich habe mir wirklich nichts Schlimmes dabei gedacht«, erklärte ich meinem Vater und der Direktorin.

»Du hast dich klipp und klar faschistisch geäußert und so etwas können und wollen wir nicht auf unserer Schule dulden!«

»Was genau wollen Sie damit sagen? Ich, ein Faschist? Wie kann ich ein Faschist sein, wenn ich Jude bin?«

»Das spielt doch überhaupt keine Rolle, was du bist. Ein jeder Mensch kann Faschist sein, unabhängig von seiner Herkunft und Religion. Tatsache ist, dass du es trotz mehrfacher Ermahnung zu weit getrieben hast. Ich fordere dich hiermit auf, dir umgehend eine neue Schule zu suchen.«

Ihr Entschluss stand fest. Meine Zukunft spielte dabei keine Rolle und auch nicht, dass für meine Eltern eine Welt zusammenbrach. Aber schuld war meine eigene Dummheit. Obwohl es in mir brodelte und ich meinem Vater ansah, dass auch er kurz davor war, vor Wut zu explodieren, mussten wir einsehen, dass nichts mehr zu machen war, außer mit gesenktem Kopf das Zimmer der Direktorin zu verlassen.

Für den Rest des Tages bekam ich von meinem Vater Moralpredigten zu hören und hatte das enttäuschte Gesicht meiner Mutter vor Augen. Ich fühlte mich wie der letzte Loser. Was klappte eigentlich in meinem Leben. Schule? Liebe? Eltern? Noch am selben Tag rief ich Janica und Sahin an und erzählte ihnen von den traurigen Neuigkeiten. Janica weinte und meinte, dass sie keinen Grund mehr hätte, gerne zur Schule zu gehen, wenn ich nicht in der Klasse war. Sahin lachte laut auf und sagte selbstgerecht, dass er mich gewarnt hätte. »Wie auch immer, ob du willst oder nicht, ich denke, es wäre das Gescheiteste, wenn du dich auf meiner Schule anmeldest, dem OSZ. Dann wären wir vielleicht doch, mit einem Jahr Verspätung, in der gleichen Klasse.«

Sahin hatte Recht. Das OSZ war zwar wie ein Männerinternat, denn aufgrund des Elektrotechnikunterrichts, der Pflicht war, gab es außer einigen Lehrerinnen und den Putzfrauen kaum Mädchen auf der Schule. Doch es hieß, dass es wesentlich einfacher sei. Es war auch nur einige Minuten Fußweg von meinem Zuhause entfernt. Umgehend meldete ich mich an und wurde glücklicherweise auch sofort angenommen. Dank Sahin, der sich Zeit nahm, um mich dem Schuldirektor vorzustellen. Mit dem verstand er sich glücklicherweise sehr gut und der Schuldirektor hieß mich als einen guten Freund von Sahin willkommen.

Ich war auch traurig, dass ich das Diesterweg-Gymnasium verlassen musste. Schließlich war ich fast drei Jahre dort gewesen. Janica konnte ich nun nur noch nach der Schule sehen. Janica war der einzige Mensch in meinem gleichaltrigen Umfeld, der sich um mich sorgte und der immer da war, wenn es mir mal schlecht ging oder wenn ich jemanden zum Reden brauchte. Sie war der einzige Mensch, der mich wirklich ernst nahm und mich so akzeptierte, wie ich war. Andererseits wusste ich, dass ich eher glücklich sein sollte über die ganze Situation. Über den Rauswurf und meinen Schulwechsel, denn alle, auch Janica, wussten, dass ich es auf dem Diesterweg-Gymnasium nicht zu einem guten Abschluss hätte bringen können. Es war ja auch nicht zum ersten Mal, dass ich mich in eine neue Schule eingewöhnen musste.

An einem Wochenende waren Janica und ich eingeladen zur Geburtstagsfeier ihrer besten Freundin Marijana, die 18 wurde. Es waren um die 30 Leute auf der Party, die bei ihr zu Hause stattfand. Marijanas Eltern übernachteten bei Freunden, um uns nicht in die Quere zu kommen. Wir hatten vor, bis in die Morgenstunden hinein zu feiern. Es war eine gute Party mit lauter Musik, zu der man einfach tanzen musste. Es gab kroatische Leckereien. Alle waren gut drauf, besonders Marijana. Nach Mitternacht fingen die Ersten an sich zu verabschieden. Später waren außer Marijana nur noch zwei oder drei ihrer Freundinnen da, die weit angereist waren, sowie Janica und ich. Da die U-Bahnen und Busse nicht mehr fuhren, meinte Marijana, wir sollten doch dableiben und mit ihr im Wohnzimmer übernachten. Die Freundinnen fanden rasch eine matratzenähnliche Unterlage und suchten sich einen Platz zum Schlafen. Janica und mir schlug Marijana vor, wir sollten die Wohnzimmercouch ausklappen und darauf schlafen. Sie suchte sich auch ein Plätzchen auf dem Boden. Wir unterhielten uns noch eine Weile. Dann stellten Janica und ich fest, dass niemand mehr antwortete und dass wohl alle eingeschlafen waren.

Janica war immer nur eine Freundin, meine beste Freundin, gewesen. Wir hatten viel Zeit miteinander verbracht, aber wir waren nicht verliebt. Schließlich liebte ich Selma. Nun lagen wir ziemlich eng nebeneinander, und plötzlich wurde mir ganz anders. Janica, meine beste Freundin, meine allerbeste Freundin, und ich, wir lagen uns plötzlich in den Armen. Wir fingen an uns gegenseitig über den Rücken zu streicheln und ich fühlte eine Anziehung, die ich bisher so überhaupt noch nicht gekannt hatte. Ich war völlig durcheinander, konnte jedoch meine Hände nicht von ihr lassen. Ich traute mich nicht sie anzusehen. Als ich es endlich wagte, sah sie mich auch an. Unsere Lippen näherten sich einander und das Unfassbare geschah. Wir küssten uns, dann schliefen wir fest umschlungen ein. Die anderen hatten nichts mitbekommen. Jedenfalls gab es keine Seitenblicke und Anspielungen, als wir uns am Morgen verabschiedeten.

Während der nächsten Tage gingen wir uns eher aus dem Weg. Bis zum nächsten Wochenende sprachen wir kein Wort über das, was vorgefallen war. Ich war mir über meine Gefühle völlig unsicher, und ihr ging es wohl ähnlich. Am Freitagabend waren wir wieder auf einer Geburtstagsparty eingeladen und auch dieses Mal übernachteten wir dort. Janica und ich schliefen nebeneinander und wir küssten uns die ganze Nacht und machten bis in die Morgenstunden hinein kein Auge zu. Dieses Mal war es uns vollkommen egal, ob uns jemand sah. Wie nicht anders zu erwarten, sprach alle Welt am nächsten Morgen über das frisch verliebte Paar.

Anscheinend hatten einige sehr wohl mitbekommen, was da lief, und erzählten es sofort weiter. Einige fragten uns sogar, ob wir schon länger zusammen seien; anscheinend hatten sie etwas geahnt.

Jedenfalls war bald klar, Janica und Sharuz waren ein Paar. Dieses Paarleben tat mir ziemlich gut. Janica machte mich täglich aufs Neue glücklich. Ich hatte mich plötzlich verliebt und noch dazu in ein Mädchen, das ich schon seit drei Jahren kannte und das immer nur eine sehr gute Freundin gewesen war. Nicht im Traum hatte ich vorher daran gedacht, dass ich eines Tages mit Janica zusammen sein würde, und nun wollte ich nicht mehr ohne Janica leben. Sie war meine große Liebe geworden, und das blieb auch für die nächsten Jahre so. Selma war vergessen. Als ob es sie nie gegeben hätte.

Meine Tante Entezaar

Ein Jude darf auf offener Straße niemals einen Muslim überholen. Es ist ihm verboten, laut zu einem Muslim zu sprechen ... Wenn ein Muslim einen Juden beleidigt, muss Letzterer den Kopf senken und stumm verharren.

Bernard Lewis, Die Juden in der islamischen Welt (1987)

Als Jude, als bekennender Jude, kann man im Iran seit einigen Jahrzehnten nicht ruhig schlafen. Wie man gelegentlich über die Medien erfährt, werden immer mal wieder Juden festgenommen, inhaftiert und dann meistens wieder auf freien Fuß gesetzt. Zur Abschreckung. Vor nicht allzu langer Zeit wurden wieder iranische Juden der Spionage beschuldigt und zu einer Haftstrafe verurteilt. Ob sie wirklich in der Spionage tätig waren, weiß man nicht. Vielleicht hatte die Islamische Republik Iran wegen der schlechten Beziehungen zu Israel beschlossen, dass man den Juden Israels auch ein wenig Angst machen kann, indem man ihre Glaubensgenossen im Iran wegen (angeblich) begangener Untaten bestraft. Auch eine Beziehung zu dem »zionistischen Drachenstaat« gehört zu solchen Untaten. Ob irgendeine der Anklagen zu Recht bestand, darüber lässt sich nur spekulieren.

Die Willkürherrschaft der Mullahkratie wird inzwischen nicht mehr widerstandslos hingenommen. Wir sehen auf heimlich übermittelten Videos oder Handy-Fotos, dass es Straßenkämpfe gibt, aber wir wissen nicht wirklich Genaueres darüber, was sich wo in diesem riesigen Land abspielt.

Internationale Beobachter können sich im Iran nicht frei bewegen. Der Westen hat wenig Möglichkeiten, in den »Kopf« Irans zu blicken. Jahrzehntelang hatten die wenigsten Leute im Westen eine Chance sich mit jemandem zu unterhalten, der nicht nur im Iran groß geworden ist, sondern bis zum heutigen Tag dort lebt. Ich gehöre zu der kleinen Gruppe von Menschen, die diese Gelegenheit bekam.

Zu meiner riesigen Verwandtschaft mütterlicher- und väterlicherseits mit einem Dutzend Onkeln und Tanten, Dutzenden Cousinen und Cousins und Hunderten Verwandten zweiten und dritten Grades, die auch meine Eltern nicht alle kennen, gehört eine Tante, eine Schwester meiner Mutter, die bis zum heutigen Tag noch im Iran lebt. Es ist meine Tante Entezaar. Sie hat einen Mann und zwei Kinder. Ihr Sohn ist etwas jünger als ich, ihre Tochter einige Jahre älter. Dieser Teil der Familie hatte es nicht geschafft, den Iran zu verlassen. In unserer Kindheit schwärmte uns meine Mutter oft von ihrer einzigen im Iran verbliebenen Schwester vor. Sie soll mit Abstand die Schönste unter den vier Schwestern gewesen sein. Sie soll immer glücklich und voller Lebensmut gewesen sein. Mir schien, sie war eine Art Vorbild für meine Mutter. Ihre zwei Jahre ältere Schwester Entezaar.

Im Jahr 1996 trafen sich die zwei Schwestern nach 20 Jahren zum ersten Mal wieder. Meine Tante und ihr Ehemann Manusher besuchten ihre Familienangehörigen in Berlin. Ich sehe noch vor mir, wie innig meine Mutter und ihre Schwester sich umarmten, als sie sich wiedersahen. Meine Tante Entezaar sah genau so aus, wie meine Mutter sie beschrieben hatte. Sie hätten glatt als Zwillinge durchgehen können. Wir waren alle glücklich. Am glücklichsten war meine Mutter. Nach wenigen Tagen stellte ich allerdings fest, dass meine kleine süße Tante nicht mehr diese Lebensenergie besaß, von der mir meine Mutter immer erzählt hatte. Ganz im Gegenteil, ihre Augen waren müde, sehr müde. Das Leben im Iran war schwierig. Ein Leben ohne Verwandte. Ein Leben im Tschador. Ein Leben im »Gefängnis«. Es war nichts mehr übrig von ihrer Austrahlung und ihrem Lebensmut.

Zuerst dachte ich, sie sei selbst schuld. Sie hätten auch nach Israel gehen können. Doch dann stellte sich heraus, dass alles ganz anders war. Ihr Ehemann Manusher, der sehr glücklich war mit seiner Arbeitsstelle in Teheran und nur in muslimischen Kreisen verkehrte, hatte dafür gesorgt, dass meine Tante wie im Gefängnis lebte. Wie alle anderen Familienangehörigen wollte auch sie vor vielen Jahren nach Israel ziehen. Als sie einmal nicht von ihm beobachtet wurde, erzählte sie uns, was geschehen war. Es hatte Jahre gegeben, wo sie ihn täglich bat, die Koffer zu packen und den anderen hinterherzuziehen. Er war strikt dagegen, er war auch dagegen, dass sie in Kontakt zu ihrer Familie in Israel blieb. Er wollte keine Beziehungen zur Jüdischen Gemeinde in Teheran. Mit dem Judentum, jüdischen Institutionen und Israel wollte er nichts zu tun haben. Das würde nur sein Leben gefährden und alles schwieriger machen.

So blieb meiner Tante nichts übrig als ein isoliertes Leben zu führen und den Tschador zu tragen, als Einzige in der Familie. Den Kontakt zu ihren Schwestern und Brüdern in Israel konnte sie nur heimlich über ihre in Deutschland lebende Schwester aufrechterhalten. Sie schickte ihre Briefe an unsere Adresse in Berlin. Meine Mutter öffnete sie, steckte sie in einen neuen Briefumschlag und schickte sie direkt weiter nach Israel zur Verwandtschaft. Es gibt bis zum heutigen Tag keine offizielle Post- und Telefonverbindung zwischen Iran und Israel.

Mir war klar, dass meine Tante aus Teheran keinen Ausweg aus ihrer Situation hatte. Entweder hätte sie ihren Mann und ihre zwei Kinder verlassen müssen, um alleine nach Israel zu ziehen. Das war aber keine ernstzunehmende Option. Oder sie musste versuchen, ihren Mann und ihre Kinder davon zu überzeugen, dass sie in Israel ein besseres Leben haben könnten. Auch das schien sehr unwahrscheinlich.

Als ich einige Jahre später für längere Zeit nicht in Deutschland war und in einem Kibbuz in Israel lebte, besuchten meine Tante und ihr Ehemann meine Eltern zum zweiten Mal. Ein einziges Mal sprach ich mit ihr am Telefon während der zwei Monate, die sie in Berlin war. In diesem relativ langen Gespräch stellte ich natürlich auch einige Fragen zur Lage der Juden im Iran. Aus ihren Antworten schloss ich dann, dass es nach wie vor fast unmöglich war ein normales Leben als Jude im Iran zu führen.

Sie erzählte mir unter anderem, dass nicht nur an vielen Wänden in den Straßen Teherans, sondern auch in der Schule Schriftzüge wie »Marg-bar-Israel« zu lesen waren. Das bedeutete so viel wie »Tod über Israel«. Selbst neben dem Thoraschrank in der Synagoge Teherans soll »Marg-bar-Israel« stehen und es ist den Juden nicht erlaubt das zu überhängen oder zu übermalen. In der zentralen Synagoge Teherans!

Die Parallele zu der Zeit in Deutschland vor dem Ausbruch des Zweiten Weltkrieges und der größten geplanten Menschenausrottung ist unverkennbar. Auch damals konnte man an den Straßenwänden, Schulen und Synagogen Deutschlands »Juden raus«, »Jude verrecke« oder »Tod dem Juden« lesen. Im Iran war statt dem Wort Jude jetzt das Wort Israel an die Wand gemalt. Und der Schauplatz war nicht im Herzen Europas, sondern im Herzen des Mittleren Ostens.

Ich wollte es einfach nicht in meinen Kopf bekommen, wie meine Tante und ihr Ehemann es als Juden unter solch grässlichen Umständen aushielten. Zurück in Berlin, fragte ich meine Eltern, was sie denn davon hielten, dass Tante Entezaar noch im Iran lebte. Und ob sie denn keine Schwierigkeiten bekommen könnte mit ihrem Umfeld, wenn man herausbekam, dass sie Jüdin ist? Für einen Moment blieben meine Eltern ganz stumm. Sie sahen mich in einer Art und Weise an, die sehr seltsam war. Ich hatte den Eindruck, dass sie darüber nachdachten, ob sie mir sagen sollten, was sie dazu zu sagen hatten, oder ob es besser sei, das für sich zu behalten. Meine Mutter kam auf mich zu und nahm meine Hände in ihre Hände und sagte, sie möchte mir ein Geheimnis erzählen, ich müsse es aber unbedingt bewahren. Ich müsse versprechen, es unter keinen Umständen der Verwandtschaft oder irgendjemand anderem weiterzuerzählen. Was kommt da auf mich zu, dachte ich. Meine Mutter meinte, es würde mir schwerfallen, das zu verstehen, was sie mir erzählen wollte. Und es würde mir wehtun. Aber sie wüssten, dass ich mir Sorgen machte und ich sei alt genug, um die Wahrheit zu erfahren. »Mach' dir keine Sorgen mehr um deine Tante oder den Rest ihrer Familie im Iran. Ihnen wird nichts passieren, sie haben sich für das Leben im Iran entschlossen, und um Teil der Gesellschaft zu werden, sind sie allesamt zum Islam konvertiert. Alle vier sind jetzt Muslime. Deine Tante ist eine Muslima. Du hast eine muslimische Tante.«

Zuerst konnte ich meinen Ohren nicht trauen. Doch darüber machte man keine Witze.

Im Nachhinein verstand ich Tante Entezaar. Es war wohl das einzige Richtige in ihrer Situation. Ihr Mann, von dem das sicherlich ausging, wusste, dass sie bis ans Lebensende unter Muslimen bleiben würden. Wieso also immer als »anders« angesehen werden? Was spielte es schon für eine

Rolle, welcher Religion man angehörte, wenn man ohnehin nicht an Gott glaubte und sich auch sonst nicht um seine Religion, Kultur und Traditionen scherte?

Was wäre wohl aus mir geworden, wenn ich mein ganzes Leben im Wedding geblieben wäre? Auch mir waren meine und andere Religionen vollkommen schnuppe gewesen. Noch vor zehn Jahren fühlte ich mich fast wie ein Atheist. Was genau unterschied mich von Manusher? Hätte ich mich nicht auch irgendwann dem Rest meiner Welt angeschlossen, indem ich ihre Religion übernahm?

Es ist traurig genug. Sie musste nicht nur konvertieren, sie musste das auch vor ihren Verwandten geheim halten, die das niemals akzeptieren würden. Ich konnte nur hoffen, dass das Leben als Muslima für meine Tante einfacher wurde. Ich bin froh, dass ich diesem Schicksal entkam.

Mutter Rose (3. v. l.) mit zwei ihrer Schwestern (Entezaar 2. v. r.) und Freundinnen im Iran, Mitte der 60er-Jahre

Vater Shlomo Shalicar (1. v. r.) in der jüdischen Einheit der iranischen Armee

Shlomo Shalicar mit seinen zwei Schwestern (l. Pnina) in den 70er-Jahren im Iran

Vor einer Moschee im Iran

Der Autor als Kind in Berlin Anfang der 80er-Jahre

Der Autor (3. v. r.) mit Freunden aus dem Wedding

Einige Freunde aus der Graffiti-Clique

Mit Freund Sahin

Bei der Bundeswehr

1999 mit Freunden im Kibbuz Palmachim

Ende der 90er-Jahre mit Bruder Richard (5. v. l.) auf einer Hochzeit in Israel

Mit Freunden nach der Aliya 2001 im Kibbuz Ma'agan Michael

Während der Grundausbildung in der israelischen Armee

Mit Schwester Shabnam Leital und Bruder Richard 2006 in Israel

Die Eltern Rose und Shlomo Shalicar 2006 in Israel

Schule, Straßenkämpfe und Bundeswehr

Die antisemitische Haltung in der Bevölkerung insgesamt hat nicht zugenommen. Was sich allerdings verändert hat, ist die Tatsache, dass der Antisemitismus offener geworden ist.

Ignatz Bubis, Jüdische Allgemeine (1999)

Es gab Berührungsängste. Doch symptomatisch war auch: Sobald ich mit Unbekannten sprach, habe ich schnell erwähnt, dass ich jüdisch bin, damit sie keine antisemitischen Äußerungen machen. Es war eine präventive Maßnahme, um nicht enttäuscht zu werden.

Max Mannheimer, in: Richard C. Schneider, Wir sind da (2000)

An der neuen Schule lief es von Anfang an gut. Ich hatte mich schnell eingelebt und ein gutes Verhältnis zu Lehrern und Mitschülern. Ich wurde geradezu zum Streber und erzielte gute Ergebnisse in Klausuren und mündlichen Abfragen. Janica, an der es hauptsächlich lag, dass ich mich zusammenriss, war stolz auf mich. Meine Mutter auch. Ich fühlte mich wie aus dem Loch gezogen. Es war ein Neustart.

Das OSZ war ein riesiger Komplex, an dem man verschiedene Schulabschlüsse machen konnte, das Abitur, den Realschulabschluss, den erweiterten Hauptschulabschluss und verschiedene Fachabschlüsse auf der Berufsschule. Insgesamt waren an die 2000 Schüler auf der Schule, davon höchstens 30 weiblichen Geschlechts. Der Großteil der Schüler kam aus dem Ostteil Berlins, also aus Gebieten, die sich einige Jahre vorher noch auf der anderen Seite der Mauer befunden hatten und uns Westberlinern fremd waren. Sahin und auch Berkan, der wieder mit mir sprach, aus welchem Grund auch immer, waren ebenfalls in meiner Klasse. Sonst kannte ich im gymnasialen Bereich niemanden. Im Berufsschulbereich waren allerdings viele meiner Weddinger Freunde. Einige von den Black Panthers, einige von den Kolonie Boys und auch andere aus der näheren Umgebung der Prinzenallee, mit denen Sahin und ich in den Pausen zusammensaßen. Die Schule lag mitten im Wedding, aber kaum zehn Prozent der Schüler kamen von dort. Wir fühlten uns fast im Ausland, und einige von den Jungs sahen sich zu Repräsentanten des Wedding berufen.

In der Mensa saß uns täglich eine ungefähr gleich große Gruppe von Jugendlichen aus den Gangs von Schöneberg, Kreuzberg und Neukölln gegenüber, die sich kannten. Die Atmosphäre war angespannt. Jeden Tag gab es böse Blickwechsel zwischen diesen Südberlinern und uns Weddingern. Einige meiner Freunde und auch von den anderen Gangmitgliedern warteten nur darauf, ein falsches Wort zu hören oder einen anderen »legitimen« Anlass zum Losschlagen zu finden. Mehrere Wochen passierte nichts und man beließ es bei den bösen Blicken. Dann gab es einen Anlass.

Sahin und ich hatten eine Freistunde und gingen in die Mensa, um uns etwas zu essen zu kaufen. Die Mensa war menschenleer bis auf einige unserer Weddinger Freunde, die in einer Ecke saßen und quatschten. Wir gesellten uns zu ihnen. Ihr Gesprächsthema waren wieder einmal »die Affen aus dem Süden«, »unsere Feinde« in der Schule, »die sich wie Herrscher aufspielen«. »Was denken die, wer die sind, kommen zu uns in den Wedding und machen auch noch den Mund auf! Den frechen Mund werden wir ihnen schon stopfen«, fauchte Fuat und Serdar stimmte ihm zu. »Wir sind Weddinger. Mit uns ist nicht zu spaßen. Das werden die schon früh genug zu spüren bekommen«, rief Mehmet in die Runde und alle nickten ihm zu. Sahin und ich nickten zwar auch, amüsierten uns aber eher darüber, dass das mittlerweile das Thema Nummer eins geworden war. Bei jedem Zusammentreffen wurde über die andere Gruppe von Angebern hergezogen und es wurden Sprüche geklopft.

Wie es der Zufall wollte, erschienen unsere Widersacher nun in der Mensa. Fast gleichzeitig gingen zwei Türen auf und mehrere von den Südberlinern kamen hereinstolziert. Es sah fast nach einem geplanten Angriff aus, weil sie von zwei Seiten kamen. Doch sie gingen an uns vorbei, ohne uns eines Blickes zu würdigen. Wahrscheinlich hatten sie festgestellt, dass wir in der Überzahl waren. Wir waren ungefähr zehn, sie waren zu sechst. Als die eine Gruppe an uns vorbeikam, rief einer davon einem seiner Freunde, der durch die andere Tür hereingekommen war, zu: »Berkan, du Jude, kannst du nicht warten?«. Das war der ersehnte Auslöser.

Fuat sprang auf, zog seine verchromte Magnum aus der Tasche und lief auf die Gruppe zu. »Hey, du Drecksack! Hast du Probleme mit Juden? Mein bester Freund ist Jude!« Die Jungs drehten sich um und sahen den Lauf von Fuats Pistole auf sich gerichtet. Für einen Moment sagten sie nichts. Wir sprangen auf und stellten uns um die Südberliner herum. Mitten in der Mensa. Dann sagte der Junge, der den Spruch mit dem Juden geklopft hatte: »Was soll das mit der Knarre? Leg die erst einmal zur Seite, dann können wir ruhig über alles reden.« Fuat senkte die Hand, steckte die Waffe jedoch nicht weg. Mehmet übernahm: »Was denkt ihr überhaupt, wer ihr seid? Kommt aus irgendwelchen hässlichen Ecken Berlins zu uns in den Wedding. Und statt uns die Füße zu küssen, dass wir euch im Wedding akzeptieren, macht ihr auch noch den Dicken und spielt euch auf, als wenn ihr zu

Hause wärt. Das ist unser Wedding und ihr seid hier zu Besuch. Ist das klar?«

Wahrscheinlich merkten die Südberliner, dass wir nur auf ein falsches Wort warteten, damit wir zuschlagen konnten. So blieben sie alle klugerweise ruhig, bis auf einen, der sich traute den Mund zu öffnen: »Seid ihr denn keine Muslime? Wir sind Muslime, Palästinenser, Afghanen und Kurden und mögen deshalb keine Juden. Wer von euch ist überhaupt Jude?« Ich meldete mich zu Wort: »Ich bin Jude. Hast du ein Problem damit, dann lass uns das jetzt gleich hier austragen. Nur du und ich.«

Mein Gegenüber, der mir an Körpergröße und Gewicht deutlich überlegen war, war dazu aber nicht bereit. Er wusste, dass er keine Chance hatte. In Gebieten wie dem Wedding, Kreuzberg, Neukölln und Schöneberg gewann einen Kampf immer nur derjenige, der mehr Jungs hinter sich hatte. Ich hatte einen klaren Heimvorteil. Zwischen uns beiden wäre es gar nicht erst zu einem großen Einzelkampf gekommen, denn Fuat oder Serdar oder einer von den anderen Weddingern hätten eingegriffen. Dann wären sowieso alle aufeinander losgegangen.

Wir verabredeten uns für den nächsten Tag um elf Uhr vor der Schule zu einem Kampf zwischen mir und dem riesigen Palästinenser. Am Abend organisierte ich mit meinen Freunden von den Panthers und der Koloniestraße, dass mindestens 20 Gang-Freunde für dieses Treffen an meiner Seite sein würden. Danach ging ich bei Janica vorbei und erzählte ihr, dass ich am nächsten Tag einen Kampf leiten würde. Ich wollte mich noch einmal richtig aufspielen als ein echter Weddinger. Glücklicherweise standen am nächsten Morgen Polizeiautos vor unserer Schule und mehr als ein Dutzend Polizisten hatten sich auf dem Campus verteilt. Wie hatte die Polizei davon Wind bekommen? Keiner wusste es. Es verhinderte höchstwahrscheinlich ein Blutbad. Danach schauten wir uns wieder mit bösen Blicken an. Doch es blieb bei den Blicken.

Ich beendete das 11. Schuljahr mit einem hervorragenden Zeugnis, wie ich es mir nicht annähernd auf dem Diesterweg-Gymnasium hätte erträumen können. Mein Notendurchschnitt war 2,3 und ich war unter den drei besten Schülern der Klasse. Ich war so stolz auf mich wie nie zuvor. Wen störten da noch die wöchentlichen Briefe vom Berliner Amtsgericht oder von der Berliner Polizei, die mich immer wieder vorluden und wegen meiner Aktivitäten befragten. Diesen Sommer sollte ich deswegen fast genauso oft auf der Polizeiwache oder vor Gericht sitzen, wie ich in der Umgebung der Koloniestraße war.

Eigentlich war ich in der Koloniestraße ja akzeptiert, als einziger Jude unter lauter Muslimen. Doch es fiel mir zunehmend schwer, stillschweigend den stetigen Judenhass zu ertragen. Ständig wurde über die Juden und Israel hergezogen, ob ich daneben stand oder nicht. Jeder benutzte das Wort Jude als Schimpfwort, wie das ja auch der Südberliner in der Schule getan hatte, ständig wurde Israel verflucht. Das taten fast alle, bis auf Husseyn. Nie hörte ich von ihm Beschimpfungen über Religionen und Völker. Mindestens die Hälfte der Araber in der Koloniestraße war mit ihm verwandt, aber er passte nicht wirklich zu ihnen, er war etwas Anderes, Besseres. Der Tag kam, an dem Husseyn die Koloniestraße und somit auch mich verlassen sollte. Er hatte die Schule beendet, mit einem erweiterten Hauptschulabschluss. Er zog mit seiner ganzen Familie nach Tiergarten, um näher bei dem Restaurant zu wohnen, das seinem Vater gehörte. Husseyns Zukunft war abgesichert, zumindest für die nächsten Jahre. Er sollte als Kellner und Barkeeper im Restaurant seines Vaters arbeiten. Er kam weg aus dem Wedding und der Koloniestraße und musste sich zudem keine Sorgen um seinen Job machen. Es war klar, dass sein Vater ihm nicht kündigen würde. Danach sah man ihn nicht mehr sehr oft in unserer Gegend. Er fehlte mir sehr. Niemand konnte ihn ersetzen. Ich beschloss, mich noch mehr auf die Schule zu konzentrieren und auch mehr Zeit mit Janica zu verbringen.

Oft erzählte ich ihr, was mir durch den Kopf ging. Immer wieder musste sie sich anhören, wie sehr ich es zum Kotzen fand, dass ich seit Jahren gezwungen war, mir den Quatsch über Juden anzuhören. Es kam mir so vor, als ob jeder Weddinger die Juden verachtete und als ob es keinen mehr interessierte, dass ich auch Jude war und die Sprüche mich verletzen könnten. Janica konnte meine Gefühle nachvollziehen und fand es schrecklich, dass ich, der ich in einer westeuropäischen Metropole lebte, mir über solchen Schwachsinn Gedanken machen musste. Sie mochte Israel, hatte das Land auch schon im Rahmen eines Volleyball-Austauschprogramms besucht und ein Mädchen aus Jerusalem bei sich für zehn Tage zu Gast gehabt. Sie war immer noch in Kontakt mit Israelis aus dem Austauschprogramm. Janica meinte, wenn ich mich nicht ganz fernhielt von solchen Rassisten, die nicht richtig tickten, dann müsse ich die Sprüche eben ignorieren, auch wenn es mir schwerfalle.

In den nächsten Wochen hielt ich mich kaum noch in der Koloniestraße auf und trug sogar wieder den Davidstern-Anhänger an der Kette. Eines Tages traf ich an der Ecke Prinzenallee/Osloer Mahmoud und wir küssten uns dreimal zur Begrüßung. Mahmoud war eine zentrale Figur der Kolonie Boys und gehörte der zweiten großen Familie in der Koloniestraße an. Es waren, wie die Familie Husseyns, kurdische Libanesen. Sie waren zum Teil erst seit einigen Jahren, legal oder illegal, in Berlin und hatten einen Namen in der Mafiaszene. Sehr viel hatte ich noch nicht mit ihm direkt zu tun gehabt, doch viele seiner Freunde waren auch mit mir befreundet. »Sag mal, Aron, dich sieht man überhaupt nicht mehr im Viertel. Wo bist du in letzter Zeit?«, fragte er. Wir erzählten uns gegenseitig Neuigkeiten aus unserem Leben, bis Mahmoud auf die Idee kam, meine Kette unter dem Pullover hervorzuziehen, um zu sehen, welcher Anhänger dran war.

»Was, ein Judenstern?«, sagte er entsetzt.

Ich fragte, ob er denn nicht gewusst hätte, dass ich Jude bin.

»Dass du Jude sein sollst, habe ich oft gehört, doch ich dachte immer, die Leute machen Witze. Du bist doch Iraner, und Iraner sind Muslime, oder?«

Was für ein Quatsch, dachte ich mir, muss ich mir das schon wieder anhören.

»Denkst du tatsächlich, es gibt keine iranischen Juden? Gibt es denn keine libanesischen Christen? Wasif von den Flying Steps, du weißt schon, der Breakdancer vom Nauener Platz, ist zwar ein libanesischer Araber, doch kein Muslim, sondern Christ.«

»Du bist also ein echter Jude?«

»Ich glaube zwar nicht an Gott und habe auch sonst nichts weiter mit dem Judentum oder Juden zu tun, doch ich bin jüdischer Abstammung. So bin ich geboren worden. Daran lässt sich wohl nichts ändern.«

Mahmoud musterte mich nun von oben nach unten, als ob er sich ansehen wollte, wie ein Jude aussieht. Vor wenigen Minuten hatte er mich dreimal geküsst, nun erkannte er mich offenbar nicht wieder. »Weißt du, was mein Anhänger bedeutet?«

Er zeigte ihn mir und wartete auf eine Antwort. Der Anhänger war in Rot-Grün mit einer Art Tannenbaum darauf.

»Nein, tut mir leid. Ich habe keine Ahnung«, musste ich zugeben.

»Es ist die libanesische Zeder, die auch auf der Nationalflagge des Libanon zu sehen ist, und es sind die Farben der libanesischen Flagge.«

Schön und gut, dachte ich mir, doch ich sah keinen Zusammenhang zu dem, was wir vorher gesprochen hatten.

»Was ich damit sagen will ist, dass ich Libanese und Muslim bin und Juden nicht leiden kann. Juden sind meine Feinde. Die ganze Koloniestraße ist gegen Juden. Wie hast du es geschafft im Wedding zu überleben? Weiß Husseyn, dass du Jude bist?«

»Husseyn wusste vom ersten Tag an, dass ich Jude bin. Es hat ihn nie gestört. Denn wir leben in Berlin und nicht im Libanon. Das weiß Husseyn und das weißt du genauso wie ich. Leute freunden sich an, weil sie etwas gemeinsam haben oder sich sehr gut verstehen. Man wendet sich von ihnen doch nicht ab wegen der Religion oder der Herkunft. Jeder Mensch ist ein Individuum für sich, unabhängig von seiner Herkunft, Rasse, Religion, seinem Geburtsort oder Pass, seiner Haarfarbe oder Hautfarbe. Man sollte einander so akzeptieren, wie man ist.«

Mahmoud starrte mich verdutzt an: »Aber ich hasse Juden. Das ist nicht zu ändern!«. Er hatte mir nicht richtig zugehört oder er wollte nicht verstehen, was ich meinte. »Diese verfluchten Juden in Israel haben vor einigen Jahren den ganzen Libanon und meine Heimatstadt Beirut zerstört und viele von meinen Familienmitgliedern ermordet. Das ist nicht zu verzeihen. Ich hasse Juden und ich hasse Israelis und jeden, der auf ihrer statt auf unserer Seite steht«, sagte er.

Mir wurde klar, dass Mahmouds Hass auf die Juden sehr ernstzunehmen war. »Das tut mir leid mit deinen Familienmitgliedern, doch dafür kann ich ja wohl nichts, oder willst du mir sagen, du hasst mich einzig und allein deswegen, weil ich Jude bin?«

»Du scheinst anders zu sein als die anderen Juden, du hängst mit uns rum und bist ein guter Freund von vielen meiner Freunde und Verwandten der Koloniestraße. Genau deshalb sehe ich dich nicht als Juden, sondern als Iraner. Doch leg diese hässliche Kette ab oder du wirst ernste Probleme bekommen. Vor allem mit den Jungs der Koloniestraße. Wenn mein Onkel dich mit der Kette in der Koloniestraße sieht, macht er garantiert Hackfleisch aus dir. Ohne Zögern würde er dich erschießen. Das verspreche ich dir, deshalb pass auf dich auf und leg die Kette ab, zu deiner eigenen Sicherheit.«

Auf dem Heimweg fragte ich mich, ob er jetzt in der Koloniestraße herumlief und jedem erzählte, dass ich doch ein richtiger Jude sei, und auch noch stolz darauf mit meinem Davidstern-Anhänger. Vertrauen konnte ich ihm nicht mehr. Wer weiß, was er noch für Geschichten erzählte. Vielleicht, dass ich mich mit meinen wahren jüdischen Freunden heimlich über die Koloniestraße und den Rest des Wedding lustig machte. Ich wollte unbedingt wissen, wie ich in Zukunft in der Koloniestraße empfangen würde. Deshalb ging ich hin, auch wenn das lebensmüde klingt. Alles war eigentlich genauso wie vorher. Kein Mensch sprach mich darauf an, ob ich denn wirklich Jude sei oder nicht. Alles war vollkommen in Ordnung. Bis Mahmoud auftauchte. Schon von Weitem rief er einigen von uns eine Begrüßung zu. Mich begrüßte er besonders nett: »Ah, Aron, der Jude, ist auch da!«

Alle guckten zu mir rüber und lachten und auch ich lachte, obwohl mir gar nicht zum Lachen zumute war. Aber wenn ich ernst geblieben wäre, hätten mich alle gefragt, wieso ich das denn so ernst nahm. Ob ich mich etwa angesprochen fühlte. Mahmoud lachte am lautesten. Er war nur noch auf mich fixiert. Ich war mir sicher, dass es damit nicht getan war, und wartete auf den nächsten lustigen Spruch.

»Guckt mal, er lacht sich selber aus. Was für ein Jude bist du eigentlich?«, sagte er spöttisch. Ich hätte ihm am liebsten die Nase gebrochen. Doch das hätte ich höchstwahrscheinlich nicht überlebt.

»Interessiert mich ’n Scheiß, was du für Witze reißt. Wieso soll ich nicht lachen, wenn alle lachen? Irgendetwas muss ja anscheinend lustig gewesen sein«, sagte ich.

Den Rest des Abends rief Mahmoud entweder »Jude, komm her!« oder »Ein echter Jude bist du also!«. Ich verließ meine »Freunde« schon bald. Ich konnte kaum noch ein Lachen zustande bringen. Wo war bloß Husseyn? Er hätte Mahmoud bestimmt aufgefordert, das zu lassen. Doch Husseyn war nicht mehr da. Er war weggegangen und hatte das Beste, was die Koloniestraße zu bieten hatte, mitgenommen. Sich selbst.

Das war das Ende meiner Zeit in der Koloniestraße. Bald fingen auch andere an, mich »Jude« zu rufen, sogar kleine Jungs. Mein neuer Spitzname erregte größte Aufmerksamkeit. Hätte ich auch nur einen von ihnen »Muslim« gerufen, hätte ich Prügel bekommen. Über zwei Dinge sollte man mit den Jugendlichen im Wedding nicht spaßen: über ihre Mütter und über ihre Religion. Das ist eines der ungeschriebenen Gesetze der Gegend.

Das mir vertraute Klassensystem wurde in der 12. Klasse aufgelöst. Stattdessen mussten sich alle Schüler für individuell ausgewählte Kurse einschreiben. Sahin und ich hatten fast alle Kurse gleich gewählt. Viele andere Klassenkameraden jedoch sah ich fortan nur noch vereinzelt, entweder in den Pausen oder im Sportunterricht, den wir weiterhin zusammen hatten. Das »Pausenleben« hatte sich auch verändert und zwar zum Guten. Seit dem neuen Schuljahr waren Fuat, Mehmet und all die anderen aus dem Wedding sowie die Clique der Südberliner nicht mehr auf der Schule. Sie hatten ihr Berufsschuljahr, ob bestanden oder nicht, abgeschlossen und waren fertig mit der Schule. Es kam ein neuer Berufsschuljahrgang auf die Schule. Der war auch nicht nur aus freundlichen Personen zusammengesetzt. Aber Sahin und ich hatten nicht mehr viel mit ihnen zu tun. Eigentlich gar nichts. Das war gut so.

Wir saßen in den Pausen und in den Kursen meistens zusammen und strengten uns sehr an, um in diesem Jahr gut abzuschneiden. Ab und zu gesellten sich zwei Kursteilnehmer zu uns, die wir vorher nur vom Sehen kannten. Wir freundeten uns schnell an und nach nur wenigen Wochen war es schon fast Pflicht in den Pausen mit Halil und Yusuf zusammenzusitzen. Beide waren palästinensischer Abstammung und redeten miteinander auf Arabisch. Halil war in unserem Alter und ein relativ netter, aufrichtiger Mensch, der voll und ganz auf den Unterricht und gute Noten fixiert war. Yusuf hingegen war schon einige Jahre älter als wir, um die Mitte 20. Er war wenige Jahre vorher erst aus dem Libanon nach Berlin gezogen. Yusuf hatte seinen Schulabschluss in Beirut gemacht, doch der wurde ihm in Deutschland nicht anerkannt und da er vorhatte in Berlin zu studieren, musste er zuerst das deutsche Abitur nachholen. Ohne deutsches Abitur gab es auch keinen Weg für ihn sich an einer der Berliner Universitäten einzuschreiben. Oft schimpfte er deshalb auf die Deutschen, denn er war gezwungen mit 17-, 18-, wenn's hoch kam, 19-jährigen Jugendlichen in einer Klasse zu sitzen. Nicht nur dass er sich unterfordert fühlte, er kam sich auch vor wie der Vater vom Rest der Schüler und benahm sich dementsprechend.

Mich persönlich interessierte Yusufs Vergangenheit in Beirut sehr. Ich hatte nie wirklich verstanden, ob die Palästinenser, die vor, während oder nach dem Unabhängigkeitskrieg 1948 Israel verlassen hatten, vertrieben wurden oder geflohen waren. Ob sie sich im Libanon oder in Jordanien eingelebt hatten und ob sie von den alteingesessenen Libanesen bzw. Jordaniern akzeptiert wurden. Yusuf wusste, dass er mit einem Juden am Tisch saß, dafür hatte ich gesorgt, doch auch er betrachtete mich als einen Iraner. Er wollte es wohl nicht wahrhaben, dass er den langen Weg aus dem Nahen Osten nach Berlin gemacht hatte, um auch dort wieder Juden anzutreffen. Er war der Ansicht, dass die Libanesen fast genauso schlimm mit den Palästinensern umgingen wie die Israelis. Trotzdem galt sein Hass ausschließlich den Israelis. Deswegen, weil seine Familie nicht mehr im früheren Palästina leben konnte.

Die Libanesen hielt er für Verräter an der muslimischen Weltgemeinschaft. Sie machten den Palästinensern im Libanon absichtlich das Leben schwer. Die meisten seiner Verwandten lebten schon seit Jahrzehnten in Flüchtlingslagern. Ihnen war von Anfang an klargemacht worden, dass sie mit einer Einbürgerung nicht rechnen konnten, sondern nur für eine bestimmte Zeit »Asyl« gewährt bekamen. Bis sie wieder abzogen in ihre eigene Heimat. Wenn sie in einer der großen Städte lebten, wurden sie wie Menschen zweiter Klasse behandelt. Palästinenser bekamen nur, wenn sie Glück hatten, Arbeit im Libanon und dann war sie schlecht und unterbezahlt. Normalerweise war es eine Arbeit, die kein Libanese verrichten wollte. Palästinenser, so schilderte es Yusuf, wurden wie Fremde angeguckt und behandelt, als heimatlose Zigeuner verachtet und hatten viel weniger Rechte als die Einheimischen.

Durch Yusufs Geschichten wurde mir erst klar, dass viele

Muslime arabischer Abstammung miteinander und untereinander zerstritten waren. Vorher dachte ich, dass nur Türken und Araber einander nicht leiden konnten. Doch nun merkte ich, dass Libanesen mit Syrern in Konflikt waren, Iraker und Syrer sich hassten, Saudi-Araber und Iraker sich auf den Tod nicht leiden konnten und Palästinenser eigentlich mit der gesamten Araberwelt auf sehr schwankendem Fuß standen.

Yusuf hatte ich viel Wissen zu verdanken. Ich war der Ansicht, er sei ein guter Mensch, den man respektieren und dem man vertrauen konnte. Doch es geschah etwas, das diesen Eindruck veränderte. Janica, die im Sommer in Israel gewesen war, hatte mir einen Pullover der israelischen Armee als Geschenk mitgebracht. Es war ein schwarzer Pulli, dessen Vorderseite bedruckt war mit weißer hebräischer Schrift und auf dem ein Fallschirmspringer abgebildet war, der statt an einem Fallschirm an einem Davidstern hing. Der Pulli war cool. Ich wollte ihn gerne in der Schule anziehen, dachte aber doch gründlich darüber nach, ob ich damit jemanden provozieren würde. Schließlich beschloss ich, dass es eigentlich keinen Grund gab, den nagelneuen, mir wie angegossen sitzenden Pullover nicht anzuziehen. Ich dachte, vielleicht merkt auch gar niemand, dass hebräische Buchstaben auf dem Pulli waren.

Aber Yusuf wusste ganz genau, woher mein neuer Pulli stammte. In der Kunststunde saß ich ihm schräg gegenüber und sein Blick fiel auf meinen Pullover. Sekundenlang starrte er darauf. Dann fragte er mich, ob ich noch ganz bei Sinnen sei, mich mit solch einem Pullover in der Schule blicken zu lassen. Ich fragte ihn, was er denn für ein Problem mit meinem Pulli hätte. Er sprang fast auf mich zu und schrie mich vor der ganzen Klasse an: »Den Pullover will ich nie wieder sehen. Wenn ich den Pullover noch einmal zu

Gesicht bekomme, zünde ich den Pullover und denjenigen, der darin steckt, an, egal wer es ist. Ist das klar?«

Fassungslos guckte ich erst zu Sahin hinüber und dann zu Halil. So bedrohlich, so kalt hatten wir Yusuf noch nie erlebt. »Falls der Pullover dich wirklich so sehr stört, dann werde ich ihn nicht mehr in der Schule anziehen«, sagte ich beruhigend, obwohl ich es eigentlich nicht einsah. Aber wegen einem Pullover wollte ich nicht in den Krieg ziehen.

Unser Verhältnis war für die nächste Zeit etwas gestört, doch bald saßen wir wieder wie gute Freunde zusammen. Nicht ganz, so dachte ich mir, denn ein guter Freund lässt dich anziehen, was dir gefällt. Er bedroht dich nicht, wenn ihm etwas nicht passt. Ich konnte den Leuten, mit denen ich täglich zusammensaß, nicht wirklich vertrauen. Falls ich an einem Schultag mal keine Judenwitze oder eine Beschimpfung Israels und der Juden gehört hatte, dann durfte ich auf dem Weg zu Janica über die Prinzenallee stets an einem sehr aussagekräftigen Spruch vorbeigehen. »Don't worry, be Arab and kill Israelis« war mit hellblauer Farbe auf den weißen Hintergrund einer Hausfassade gesprüht worden. Ich wusste genau, wer der Verfasser dieser Inschrift war, denn nur vier Meter weiter stand der Name von Khalils Palästinenser-Gang an der Wand, in derselben Farbe und in derselben Buchstabengröße und -form. Wenn es nicht Khalil selbst gewesen war, dann war es mit Sicherheit einer seiner Brüder oder einer von den palästinensischen Jungs, die auch Mitglieder der PLO-Gang waren. Die PLO-Gang bestand fast ausschließlich aus Arabern palästinensischer Herkunft. Leute, die mich täglich grüßten, sprühten so etwas an die Wand und waren stolz darauf. Auch wenn ich mich nicht persönlich angesprochen fühlte, so war es doch ein Angriff auf meine Großeltern, Onkel, Tanten, Cousinen und Cousins, die alle in Israel lebten und Israelis waren.

Von der Koloniestraße hielt ich mich so gut wie möglich fern. Wenn ich jemanden von dort traf, sagte ich, ich hätte Probleme mit der Schule, mit der Polizei und mit meinen Eltern. Aber ich lernte neue Leute kennen. Aus der Gegend hinter dem Gesundbrunnen-Center. Sie hatten weniger mit den großen Gangs zu tun. Es waren Araber, Türken, Inder und sogar ein paar Deutsche. Ich freundete mich an mit drei Palästinensern aus Jordanien, allesamt Cousins, zwischen 20 und 27. Sie hießen Marwan, Husam und Husseyn. Sie schienen nichts gegen Israel oder die Juden zu haben und unterhielten sich sogar auf Deutsch, ganz ungewöhnlich im Wedding. Marwan und Husseyn lebten bei ihren Großeltern, Husam war allein in Berlin. Er machte eine Ausbildung. Sonst waren die meisten aus meinem neuen Freundeskreis Sozialhilfeempfänger, die nebenbei krumme Geschäfte machten.

Ich verstand mich gut mit den Jungs vom Gesundbrunnen. Doch auch hier blieben Streitigkeiten nicht aus. Die größten Streithähne waren Orhan, ein kurz gewachsener sehr aggressiver Kurde, der schon zwei Jahre Jugendgefängnis hinter sich hatte, und Shahid, ein großer Libanese, der stets einen weißen Pitbull an der Leine führte. Eines Abends waren Husseyn, Husam, Orhan, Shahid mit seinem Hund und ich gemeinsam auf dem Weg zum Imbiss, um etwas zu trinken und die Zeit totzuschlagen. Husam fuhr mit dem Fahrrad voraus. Plötzlich fiel es Shahid ein, dass er auf Husams Fahrrad fahren wollte. Husam wollte nicht. »Steig vom Fahrrad oder ich nehme es mir mit Gewalt«, sagte Shahid. Husam, der Kickboxer war, grinste und sagte spöttisch: »Was kannst du mir schon antun? Ich denke nicht daran, dir mein Fahrrad zu geben.« Shahid schlug ihm ins Gesicht und trat auf ihn ein, nachdem Husam vom Fahrrad zu Boden gefallen war. Auch der Pitbull, der glücklicherweise noch den

Maulkorb trug, stürzte sich auf Husam. Dann fing Orhan auch an auf Husam einzutreten. Ich wollte ihn wegziehen. Da versetzte er mir einen Schlag gegen die Augenbraue. Es war schockierend, wie die ganze Geschichte aus dem Nichts heraus völlig eskalierte.

Ein Mann, der uns aus dem Auto heraus beobachtet hatte, rief, er werde die Polizei und den Krankenwagen rufen. Orhan und Shahid ergriffen die Flucht. Husam und ich gingen zum Imbiss, um auf den Krankenwagen zu warten. Husams Gesicht war übel zugerichtet, und meine Wunde blutete wie verrückt. Plötzlich stürzten sich Orhan und Shahid mit dem Pitbull wieder auf uns. Wir wären bereit gewesen uns zu schlagen. Doch Orhan zog einen riesigen Schlagstock aus der hinteren Hosentasche und prügelte wie wild um sich. Wir flüchteten in den Imbiss und versuchten die Tür zuzuhalten. Shahid schrie: »Kommt raus, ihr Feiglinge. Wir werden euch zeigen, dass ihr weniger als Dreck wert seid. Du schwuler Möchtegern-Araber mit deinem Judenfreund, kommt raus und stellt euch wie Männer.«

Es wäre dumm und verrückt gewesen, vor die Tür zu gehen und sich zwei durchgedrehten Weddingern auszuliefern, der eine mit einem Schlagstock, der andere mit einem Pitbull, jetzt ohne Maulkorb. Der Imbissbesitzer schloss die Tür ab und rief noch mal die Polizei und den Krankenwagen. Von der Polizei wurde er minutenlang befragt, ob es derselbe Fall sei, der schon vor einer halben Stunde gemeldet wurde. Der Krankenwagen kam irgendwann und die Polizei auch, nach etwa einer Stunde, obwohl das nächste Polizeirevier nur fünf Minuten entfernt lag. Die Weddinger Polizisten waren daran gewöhnt, dass Weddinger Jugendliche sich gegenseitig abschlachteten. Sie lachten über uns: »Wie dumm seid ihr, dass ihr euch auch noch selber fertigmacht?«

Husam zeigte Shahid und Orhan an. Ich versprach, als Zeuge für ihn auszusagen. Orhan kam für die nächsten Wochen in Untersuchungshaft. Shahids Wohnung wurde nach Waffen durchsucht. Davon gab es genug, um auch ihn einzubuchten. Allerdings kam er kurz darauf wieder frei, wie ich wenige Tage später feststellte, als ich mit Husam unterwegs war. Shahid ging mit seiner Schwester und ihrem Kind spazieren. Husam und Shahid gerieten sofort wieder aneinander. Viele Weddinger standen dabei. Sie griffen ein. Aber alle hörten, wie Shahid Husam und mich Verräter nannte. Wir hätten das heiligste Gesetz des Wedding gebrochen: niemals mit der Polizei zu kooperieren. Es sei unsere Schuld, dass Orhan im Knast war.

Das war alles sehr unangenehm, aber harmlos im Vergleich zu dem, was einige Monate später geschah. Es war ein Krieg zwischen Kreuzberg und Wedding, in den auch ich hineingezogen wurde. Kreuzberg und Wedding waren die Berliner Bezirke mit dem höchsten Anteil von Arbeitslosen und Sozialhilfeempfängern sowie dem höchsten Ausländeranteil. In manchen Gegenden gab es gar keine Deutschen mehr. Jahrelang war Kreuzberg die erste Adresse, wenn es um Jugend-Gangs und Jugendkriminalität ging. Ganz Deutschland wusste davon. Die Kreuzberger Gangs waren größtenteils türkisch. Die unzähligen kleinen und großen Gangs im Wedding wurden oft von Kurden oder Arabern geführt. Seit Jahren gab es einen Konkurrenzkampf. Die Weddinger wollten nicht mehr im Schatten stehen, sondern selbst auf den »Thron in der Berliner Gang-Szene«. Jeder Weddinger wollte das. Jeder!

Es kam zu zwei großen Kämpfen zwischen den Kreuzbergern und uns Weddingern. Der erste Zusammenstoß, an dem ich nicht beteiligt war, verlief zu Weddings Gunsten.

Nach einem Breakdance-Battle in Kreuzberg war es zu einer Massenschlägerei mit an die 100 Jugendlichen gekommen. Die Weddinger besiegten die Kreuzberger in ihrem eigenen Revier und Wedding war ab sofort der gefährlichste Bezirk Berlins und damit ganz Deutschlands. Wir waren unheimlich stolz darauf, auch ich. Die Kreuzberger waren am Boden zerstört. Aber sie konnten das nicht auf sich beruhen lassen.

Der zweite Zusammenstoß wurde zu einer kompletten Blamage für uns, an der ich mitschuldig war. Etwa einen Monat später ging ich mit ein paar Freunden aus dem Wedding in eine Disko in Kreuzberg. Wir wollten die Nacht durchmachen. Die anderen waren auf der Suche nach einem Mädchen. Es wurde viel Alkohol getrunken. Ich war kein Freund davon. Ich stand die meiste Zeit mit einer Cola am Rand der Tanzfläche und unterhielt mich. Da sah ich, wie ein jüngerer, eher schmächtiger Weddinger namens Kalle ein paar Meter entfernt von einem älteren und größeren Jugendlichen massiv angerempelt wurde. Kalle schrie auf, der andere griff ihm an den Hals und fragte: »Willst du was?« Kalle wollte ihn nicht provozieren, sagte »Nein, nein, alles in Ordnung« und sah zu Boden, in der Hoffnung, dass er dann Frieden hatte. Aber der andere fing an ihn zu beleidigen. Das brachte mich auf die Palme. Ich ging hin und sagte: »Lass ihn in Ruhe. Ich kenne ihn. Es ist ein Freund von mir. Er hat dir nichts getan.« Er schrie mich an: »Wer bist du überhaupt, dass du denkst hier mitreden zu dürfen? Du hältst besser deine Schnauze.«

Es war ein Türke, das erkannte man an der Redeweise. Wahrscheinlich auch Kreuzberger. Aus dem Wedding war er jedenfalls nicht und Türken aus anderen Bezirken hätten sich in Kreuzberg nicht so aufgespielt. Sein Spruch war beleidigend. So konnte er mit seinen Freunden reden oder seinem Hund, aber nicht mit einem Weddinger. Ohne groß nachzudenken, gab ich ihm eine Ohrfeige und sagte, er solle sich verziehen. Er rannte weg von der Tanzfläche. Ich sah ihn nicht mehr. Doch ich ahnte, dass er Verstärkung holen wollte.

Ich bat Kalle, er solle ein paar Weddinger zusammentrommeln, aber sie waren alle in der Disko verteilt und zum Teil stark angetrunken. Kurz darauf bemerkte ich, wie sich ein paar Jungs auf der Tanzfläche in meine Richtung durchkämpften. Zuerst wusste ich nicht, ob es sich um Freund oder Feind handelte. Es war dunkel und die Musik sehr laut. Doch dann merkte ich, dass ich sie nicht kannte, und wusste, ich war auf mich allein gestellt. Zu einem Gespräch kam es nicht. Der Erste von ihnen zog mir ein Bierglas übers Gesicht, die anderen traten und schlugen mich. Ich versucht mich zu wehren, doch ich hatte keine Chance. Blut strömte mir über das Gesicht. Alles drehte sich plötzlich. Ich hörte noch Mädchen schreien, dann fiel ich bewusstlos zu Boden.

Als ich wieder zu mir kam, wurde ich von Freunden und den Türstehern gehalten. Wütend sagte ich, dass sie zu fünft auf mich eingeschlagen hätten. Doch die Angreifer waren in der Menge verschwunden. Serdar und Sahin wollten bis zum Morgen bleiben, um die Feiglinge abzupassen. Ich blutete jedoch so stark, dass ich ins Krankenhaus gefahren werden musste. Dort wurde ich genäht. Mein Schädel wurde zur Hälfte kahlrasiert, damit man die Wunde offenlegen konnte. Eine zehn Zentimeter lange Narbe blieb davon zurück. Man sagte mir auch, meine Nase sei gebrochen und ich müsse unbedingt am nächsten Tag zum HNO-Arzt, um mich operieren zu lassen. Am nächsten Tag wurde ich durch die Schreie meiner Schwester geweckt, die sah, dass mein Kopfkissen blutig war. Die Wunde hatte durch den Verband geblutet. Ich ging ins Bad, um mich im Spiegel zu betrachten. Ich sah, dass meine Nase etwas schief war. Daran konnte auch die spätere Behandlung beim Arzt nichts mehr ändern. Meine vorher so gerade Nase war am oberen Ende etwas angebrochen.

Ich wollte Rache. Ich wollte herausfinden, wer dafür verantwortlich war. Das war gar nicht so schwer. Es waren tatsächlich Kreuzberger, die bereits damit prahlten, dass sie einen Weddinger fast totgeschlagen und damit die Ehre Kreuzbergs wieder hergestellt hätten. Die Geschichte machte die Runde im Wedding, und man war empört über die Kreuzberger, die zu fünft über einen hergefallen waren. Es entstand der Plan, Kreuzberg zu stürmen und den Kreuzbergern »die Fresse zu polieren«. Es wurde ein Treffpunkt vereinbart. Doch dort erschienen außer mir nur sechs weitere Weddinger. Uns war klar, dass wir zu siebt nicht Kreuzberg erobern konnten. Aber wir wollten den anderen beweisen, dass wir auch ohne ihre Hilfe den Mut hatten, nach Kreuzberg zu fahren. Das taten wir im Mercedes von Serdar. Den Wagen parkten wir vor dem Kreuzberger Jugendzentrum. Wir gingen bewaffnet in das Jugendzentrum. Dort waren 30 Kreuzberger, aber nicht die, die wir suchten. Wir hinterließen eine Botschaft und liefen wieder zum Auto.

Aber die Kreuzberger hatten uns eine Falle gestellt. Noch bevor wir die Türen schließen konnten, waren wir von mehr als 20 voll ausgerüsteten Kreuzbergern umzingelt. Sie forderten uns auf auszusteigen und versuchten uns im Auto mit ihren Messern zu treffen. Ich saß auf der Rückbank in der Mitte. Die anderen waren quasi mein Schutzschild. Der Junge, dem ich die Ohrfeige gegeben hatte, war auch dabei. Er schrie, er wolle nur mich haben, der Rest sei ihm egal. Meine Freunde begannen um ihr Leben zu fürchten und sagten zu mir, ich solle aussteigen und mich der Sache wie ein Mann und wahrer Weddinger stellen. Ich wollte nicht, aber schließlich blieb mir nichts anderes übrig. Serdar kam mit.

Einige wollten gleich auf mich einschlagen, doch ich wich zurück. Serdar hatte einen goldenen Alevitensäbel am Hals hängen. Sie fragten ihn, ob er Alevit sei. Er sagte, er sei alevitischer Kurde und habe sogar Familie in Kreuzberg. Und man könne doch über alles reden. Deshalb seien wir auch gekommen. Sie sagten, sie trauten uns nicht, sie hätten gehört, wir seien bewaffnet. Währenddessen kamen zwei mit Messern auf mich zu. Ich legte nochmals den Rückwärtsgang ein, hob meine Arme in die Luft und sagte: »Ich habe keine Waffe, wieso steckt ihr eure nicht auch weg, und wir versuchen das Ganze vernünftig zu regeln.« Davon wollten sie nichts hören. Sie wollten mich winseln hören. Man fragte mich, ob ich einen Einzelkampf haben wollte. Ich wusste genau, dass man mir mitten im Kampf ein Messer in den Rücken stechen würde, und sagte ab. Da forderten auch die Weddinger mich zum Einzelkampf auf, obwohl sie genau wussten, wie das enden würde. Plötzlich war ich nur noch von Feinden umgeben.

Dank Serdars Alevitenschwert einigten wir uns am Ende doch in Frieden. Aber auf dem Heimweg machten mir alle schwere Vorwürfe. Ich allein sei schuld an dieser Blamage. Es sei die größte, die die Weddinger je erlebt hätten. Ich sagte, ich hätte keine Lust Selbstmord zu begehen, indem ich in Kreuzberg in einen Einzelkampf ging. »Was ist dir wichtiger, die Ehre des Wedding oder dein Leben. Du bist kein Weddinger mehr, ich will dich in den Straßen Weddings nicht mehr sehen«, sagte einer aus der Koloniestraße, der sich vorher vor Angst fast in die Hosen gemacht hatte. Jetzt spuckte er große Töne. Als wir im Wedding waren, wurde ich aufgefordert, aus dem Auto zu steigen und mich nicht mehr blicken zu lassen.

Obwohl ich wusste, dass ich das Richtige getan hatte, vorausgesetzt, ich wollte nicht an diesem Tag sterben, schämte ich mich sehr. Und ich wusste, was kommen würde, wenn sich das herumsprach. Ich war zum Feigling und Verräter abgestempelt, ganz egal, was wirklich geschehen war. So kam es auch. Viele sahen mich gar nicht mehr an. Manche wechselten die Straßenseite, wenn sie mich kommen sahen. Andere sagten »Verräter« und »Jude« zu mir. Man werde mich noch zur Rechenschaft ziehen und ich solle auf meinen verräterischen jüdischen Arsch aufpassen. Man ließ nicht zu, dass ich mich rechtfertigte. Alle waren sich hundertprozentig sicher, sie selbst wären sofort mit dem Schlagstock aus dem Auto gesprungen, hätten sich heldenhaft geschlagen und dann als Sieger Kreuzberg verlassen. Ich war wieder der Jude, den man hasste, verachtete, ignorierte und beleidigte. Nur Sahin und Janica hielten zu mir. Sie waren froh, dass ich einen Rückzieher gemacht hatte und nicht ins offene Messer gelaufen war. Ich gab auf. Ich erkannte in diesen Tagen, was wahre Freunde sind. Ich beschloss, mich vom Wedding abzukoppeln und einen anderen Weg einzuschlagen.

Von da an war ich die meiste Zeit zu Hause. Ich versuchte bei meinen Eltern etwas gutzumachen. Oder ich ging zu Janica, die immer ein offenes Ohr für mich hatte. Sie sagte: »Mach dir doch keinen Kopf mehr, was irgendwelche Weddinger Idioten von dir halten, die nichts als Blödsinn im Kopf haben. Du bist viel zu wertvoll, um mit solchen Leuten deine Zeit zu verplempern. In einigen Jahren, wenn du raus bist aus dem Gang-Quatsch und aus dem Wedding und dir deine Ziele für die Zukunft setzt, wenn du studierst, wirst du zurückschauen und wissen, dass du es nicht nötig hast und nie hattest, dir wegen solcher Menschen Gedanken zu machen oder gar zu weinen.«

Sie hatte viel Verständnis für mich und baute mein Selbstbewusstsein wieder auf. Und sie wusste, wovon ich sprach, wenn ich über die Diskriminierung klagte, der ich ausgesetzt war. Sie erzählte mir, dass sie selbst öfter von Arabern aus der Gegend angesprochen wurde, wieso sie denn mit einem Juden zusammen sei und ob sie nicht etwas Besseres verdiene. Je häufiger sie hörte, dass sich jemand über Israel, das Judentum oder mich ausließ, desto mehr fühlte sie sich zu Israel und dem Judentum hingezogen. Manchmal fragte sie mich, wie ich die ständigen Beleidigungen aushalten konnte. Aber was sollte ich tun? Es blieb mir ja nichts anderes übrig.

Nach dem Abschluss der 12. Klasse freute ich mich auf sechs Wochen Israel mit meiner Familie. Wenn ich nach der Rückkehr gefragt wurde, wo ich denn so lange gewesen sei, sagte ich, in den USA und bei meiner Familie in Los Angeles. Ich wollte keine blöden Reaktionen hören, wenn ich erzählte, dass ich sechs Wochen in Israel gewesen war und meine Großeltern besucht hatte.

Bevor es auf das Abitur zuging, musste ich mich schließlich noch mit meiner nichtvorhandenen deutschen Identität auseinandersetzen. Plötzlich schickte mir die Bundeswehr Briefe mit der Aufforderung zur Musterung zu kommen. Zuerst war ich mir sicher, dass ich selbstverständlich nicht in der deutschen Armee dienen würde. Wie auch jeder andere Jude in Deutschland hatte ich vor, mir von der Jüdischen Gemeinde ein Schreiben schicken zu lassen, in dem stand, dass ich es als Jude ablehnte, in der deutschen Armee meinen Wehrdienst zu leisten. Ich spielte mit dem Gedanken in der israelischen Armee zu dienen. Meinen Eltern erzählte ich von meinen Plänen nichts, sondern sprach zuerst mit Janica darüber. Bei einem Spaziergang im Humboldthain erzählte ich ihr davon. Janica brach in Tränen aus und sagte: »Wenn du zur israelischen Armee gehst, dann darfst du während der drei Jahre nicht das Land verlassen. Ich will dich hier bei mir haben. Niemals werde ich es überstehen, drei Jahre entfernt von dir zu sein und täglich mit den Gedanken aufzustehen und einzuschlafen, dass dir was passieren könnte.«

Sie fiel mir um den Hals und fragte, ob ich sie denn nicht richtig liebte, wenn ich einfach so für drei Jahre in ein anderes und dazu noch gefährliches Land ziehen wollte. Ob ich sie denn einfach so im Wedding zurück lassen könnte? Sie weinte herzzerreißend. Es brauchte nur wenige Minuten und sehr viel Tränen und sie überzeugte mich. Ich versprach ihr, nicht zur israelischen Armee zu gehen. Sie war glücklich und schlug mir vor, mit meinen Eltern darüber zu sprechen, ob ich Wehrdienst machen oder einen dreizehnmonatigen Zivildienst absolvieren sollte. Mein Vater plädierte für den Wehrdienst. Er war der Ansicht, in Deutschland habe sich sehr viel geändert. Ich solle, wie er auch damals im Iran, zur Armee gehen und zu einem Mann werden. Ich wurde gemustert und bekam die Zulassung, nach dem Abitur bei den Sanitätern in der Bundeswehr zu dienen.

Das Abitur schloss ich mit einem befriedigenden Notendurchschnitt ab. Auch Janica, Sahin und Mehmet hatten das Abitur bestanden. Uns allen fiel ein riesiger Stein vom Herzen. Das Pauken hatte sich ausgezahlt. Nun hatte ich, bis ich eingezogen wurde, ganz lange Ferien vor mir, an die vier Monate. Ich ging auf Partys, jobbte hier und da, las, ging schwimmen, wenn das Wetter es zuließ, und verbrachte viel Zeit mit Janica. Kurz vor dem Eintritt in die Bundeswehr wurde ich wegen Sachbeschädigung, Widerstand gegen die Staatsgewalt und unerlaubtem Waffenbesitz vor Gericht geladen. Ich wurde für schuldig befunden und da ich schon wegen mehrerer anderer Strafdelikte angeklagt worden war, sah es ziemlich schlecht für mich aus.

Ein Richter fragte mich, wie ich denn meine Zukunft sähe. Ich antwortete, dass ich kurz vor Antritt des Wehrdienstes stand und nach der Bundeswehr an der Universität studieren wollte. Die Richter zogen sich zurück, um sich zu beraten. Man wollte mir eine Lehre erteilen und beschloss mich für kurze Zeit in eine Jugendstrafanstalt zu stecken. Mein Sozialarbeiter ließ mich, nachdem wir den Saal verlassen hatten, wissen, dass ich wirklich Glück gehabt hatte mit der kurzen Haftzeit. Seiner Meinung nach hätte ich mindestens sechs Monate bekommen, wenn ich das Abitur nicht geschafft hätte und mich nicht zur Bundeswehr gemeldet hätte. Das schien den Richtern gefallen zu haben. Sie hatten das Gefühl, dass ich vielleicht doch noch eine Chance hatte, mein Leben in den Griff zu kriegen. Ganz im Gegensatz zu den meisten anderen Angeklagten, die sie tagtäglich zu sehen bekamen. Meine Strafe saß ich ab. Die Erfahrung war hart. Mir war klar, dass das Gefängnis nicht meine Zukunft sein durfte und dass ich alles tun musste, damit ich nie wieder in eine solche Zelle geriet.

Die ersten drei Monate meines Wehrdienstes sollte ich in Westdeutschland leisten, in der Nähe von Hamburg. Wenn überhaupt, war ich nur an Wochenenden in Berlin und dann auch nur zu Hause oder bei Janica. Am ersten Tag hatte ich das Gefühl, dass ich überhaupt nicht in die Bundeswehr passte. Außer mir waren höchstens fünf von den über 100 Soldaten, mit denen ich im gleichen Gebäude schlafen musste, schwarzhaarig. Und ich hatte wieder den Eindruck, dass ich komisch angeguckt wurde. Wahrscheinlich dachte man, dass ich Türke oder Araber bin. Manche Blicke schienen mich zu fragen, was ich dort zu suchen hätte. Nie zuvor war mir so bewusst geworden, dass ich in Deutschland lebte. Ich kannte ja kaum Deutsche. Plötzlich saß ich im selben Boot mit vielen jungen Männern, die alle Stefan, Christian, Thomas, Andreas und Markus hießen, und musste mit meiner neuen Situation fertig werden.

Am ersten Abend saßen alle Frischlinge in einem riesigen Saal und jeder musste erzählen, wie er heißt, woher er kommt und was er in seiner Vergangenheit gemacht hatte. Als ich an die Reihe kam, sah ich Hunderte von Augen auf mich gerichtet und ich brauchte nicht lange zu überlegen, was ich mein neues Umfeld von vornherein wissen lassen wollte: »Ich heiße Sharuz Shalicar, bin 20 Jahre alt, komme aus Berlin und bin Jude!« Ich machte eine kurze Pause, um den Leuten Zeit für Reaktionen zu geben, doch es kam nichts, was mich sehr verwunderte.

Ich diente meine zehn Monate in der Bundeswehr ab und wurde nicht ein einziges Mal wegen meiner Religion angesprochen. Ich hörte auch niemanden Witze darüber machen, noch stellte sich jemand gegen mich, weil er nicht mit einem Juden zusammen sein wollte. Wie mein Vater vorausgesagt hatte, fühlte ich, dass ich einen neuen Lebensabschnitt begonnen hatte und das Vergangene vergangen sein lassen sollte. Mit jedem Tag, den ich in der Armee war, fühlte ich mich dem Wedding mehr entfremdet und sah endgültig ein, dass ich schleunigst weggehen musste. Der Wedding war Vergangenheit, ob im schlechten oder guten Sinne. Ich wollte nie wieder dahin zurück.

Meine Tante Pnina

Ungläubige sind unrein.
Koran, 9 v.28

Nach meiner Bundeswehrzeit war ich wieder einmal zu Besuch in Israel. Meine Eltern hatten sich Urlaub genommen und beschlossen mit ihren Kindern für mehrere Wochen zu unseren Verwandten in Ashdod zu fahren. Es war ein ganz normaler Israel-Urlaub, wie ich ihn von klein auf kannte. Fast jeden Tag am Meer rumliegen, entspannen und hübsche Mädchen bestaunen. Den Abend in einem Videospielladen verbringen und ein- bis zweimal wöchentlich mit bis zu 35 Verwandten im Park grillen.

Bei einem dieser riesigen Picknicke, die meine Verwandten im Park vor dem Strand Ashdods organisiert hatten, traf ich nach vielen Jahren meine Tante Pnina, ihren Mann und ihre vier Kinder aus Holon wieder. Das letzte Mal hatte ich sie im Sommer 1988 gesehen, kurz bevor ich auf das Gymnasium wechselte. Meine Tante Pnina, die jüngere Schwester meines Vaters, hatte sich, so erzählte mir meine Mutter, vor einigen Jahren mit meinem Vater zerstritten. Was dazu führte, dass sie und ihre vier Kinder keinen Kontakt zu uns hielten. Mein Vater war anscheinend auch nie sonderlich daran interessiert gewesen nach Holon zu fahren, um sich mit ihr zu versöhnen, obwohl wir seit 1988 noch mehrere Male in Israel zu Besuch waren.

Als wir uns nun wiedersahen, hatten wir einiges zu erzählen. Ich hatte viel erlebt und interessierte mich brennend dafür, wie es ihr ergangen war. Natürlich erzählte ich ihr zuerst von meiner Freundin Janica. Dann erwähnte ich, dass ich in der Bundeswehr gedient und in einem Mahle-ähnlichen Bezirk namens Wedding meine Jugendjahre verbracht hatte. Meine Tante konnte nicht glauben, dass ich, obwohl ich in Deutschland lebte, fast nur Muslime in meinem Freundeskreis gehabt hatte.

Sie war ein wenig schockiert. Sie war eine sehr gläubige und traditionsbewusste Jüdin, woraus sie keinen Hehl machte. Sie gab sofort zu erkennen, wie es ihr missfiel, dass ich kaum eine Ahnung von unserer eigenen Kultur und Tradition hatte und mich stattdessen mit Muslimen herumtrieb. Ihrer Meinung nach hatte ich gar nicht das Recht, mich als Jude zu betrachten, wenn mich meine eigene Kultur und Religion nicht interessierten. Schlimmer sogar! Wenn ich mehr von der muslimischen als von der jüdischen Kultur verstand.

Irgendwie fühlte ich mich eingeschüchtert von diesen Vorwürfen. Das Lachen verging mir ziemlich schnell. Ich wusste, dass sie Recht hatte und konnte mich nicht mal verteidigen. Zum ersten Mal in meinem Leben sagte ein jüdischer Mensch, und nicht irgendjemand, sondern meine eigene Tante, zu mir, dass ich kein richtiger Jude sei und dass ich mich in keiner Hinsicht wie ein Jude verhalte. Dass es eine Schande sei, wie ich unserer eigenen jüdischen Geschichte gegenübertrat.

Ich versuchte mit ihr darüber zu diskutieren, warum ich an der Tradition nicht viel Interesse hatte. Die Tradition war schließlich ein Teil der Religion. Warum sollte ich zu Pessach für sieben Tage nur Mazzah essen, wenn ich eine vierzigjährige Wüstenwanderung beim Auszug der Hebräer aus Ägypten für sehr unwahrscheinlich hielt. Nicht im

Entferntesten konnte ich mir vorstellen, dass Moshe bzw. Moses durch die Hilfe Gottes in der Lage war, das Meer zu teilen und sein Volk weiter ins Gelobte Land zu führen.

Meine Tante Pnina sagte, dass die zwei anderen monotheistischen Weltreligionen, der Islam und das Christentum, auf den Geschichten der Thora, dem heiligen Buch der Juden, aufgebaut seien und dass die Mehrheit der Menschen heutzutage einer dieser drei Religionen angehöre. Weil wir aber die Ersten waren und die Anderen ohnehin nur unsere Überlieferung kopiert hätten, hätten uns Christen und Muslime aus Neid so schlecht behandelt.

Ihr Hass, vor allem gegenüber ihren ehemaligen Mitmenschen im Iran, säße sehr tief, gestand sie. Sie könne sich überhaupt nicht vorstellen, jemals wieder eine andere Einstellung zu den fundamentalistischen Iranern zu haben, die die Existenz von Israel bedrohten. Um zu erklären, woher dieser Hass kam, erzählte sie mir zwei Geschichten. Eine hatte sie selbst erlebt, eine andere ein Verwandter.

Es geschah auf dem Wochenmarkt in Babol, der so ziemlich das Hauptereignis der Woche war, ein Treffpunkt für alle Baboli. Es gab dort Ware in Massen und preiswerter als in den kleinen Geschäften der Stadt. Dem Verwandten, der ja auch ein Verwandter von mir war, wurde eines dieser ungeschriebenen Gesetze, die sich gegen die freie Lebensentfaltung von Juden richteten, zum Verhängnis. Dieses Gesetz besagte, dass Juden auf dem Wochenmarkt jegliche Ware, insbesondere essbare Ware, nicht mit ihren Händen berühren durften, um zu testen, ob das Produkt denn gut sei oder nicht. Mit anderen Worten: Alle Bürger, außer Juden, durften Tomaten vor dem Kauf in die Hand nehmen, um zu prüfen, ob sie die richtige Reife hatten. Sie durften auch eine Tomate probieren, wenn sie die Absicht hatten, mehrere Kilo zu kaufen. Ein Jude aber hatte dieses Recht nicht, weil man ein Produkt, das von einem Juden angefasst wurde, nicht mehr verkaufen konnte. »Schiiten sehen in der Berührung des Ungläubigen (Nicht-Schiiten) einen Grund für Unreinheit«, sagte meine Tante.

Der Verwandte war vor vielen Jahren mit zwei seiner jüdischen Freunde auf dem Markt in Babol einkaufen. Alle waren Mitte 20. Sie traten an einen Marktstand heran, wo alle möglichen Käsesorten und mehrere Quarksorten angeboten wurden. Der Quark befand sich in Tontöpfen, die bis zu 20 Kilo fassten. Der Verwandte tippte den Quark in einem dieser Töpfe an der Oberfläche an und probierte ihn, um die Qualität zu testen. Er fand, dass der Quark gut war, und verlangte mehrere hundert Gramm. Der Händler wusste jedoch, dass es sich bei seiner Kundschaft um Juden handelte, und meinte, er würde ihm nicht nur mehrere hundert Gramm verkaufen, sondern der Jude habe sich mit dem Anfassen der Nahrung indirekt dazu verpflichtet den gesamten Inhalt des Topfes zu kaufen.

Der Topf war noch ziemlich voll. Es handelte sich um viele Kilo Quark, die natürlich auch ihren Preis hatten. Doch mein Verwandter und seine zwei Freunde hatten nicht genug Geld bei sich, um den ganzen Topf zu bezahlen. Als mein Verwandter dann sagte, er habe nicht genug Geld in der Tasche, um den Quark zu bezahlen, kam der Verkäufer zu dem Entschluss, dass er den Quark wegwerfen musste, weil ihn der Jude berührt hatte. Der Jude habe ihm also einen Riesenverlust beschert. Deshalb musste der Jude bestraft werden. Er griff sich ein Messer, stieß zu und tötete meinen Verwandten, ohne zu zögern.

Es klang so unglaublich, dass ich es nicht wahr haben wollte. Dann fragte ich andere Familienmitglieder, ob sie auch davon gehört hätten, und sie bestätigten die Geschichte. Am unglaublichsten war, dass der Quarkverkäufer, der den Mord begangen hatte, nicht bestraft wurde. Es war ja »illegal«, was der Jude getan hatte. Er hatte nur seine gerechte Strafe erhalten. Er büßte mit seinem Leben.

Das zweite Erlebnis betraf meine Tante persönlich. Auch diese Geschichte war so unfassbar, dass ich sie zuerst nicht glauben wollte. Mein Vater hatte mir nie davon erzählt. Ich wusste von seinen Problemen mit Schulkameraden in der Schule. Nie erwähnt hatte er jedoch, dass es auch Lehrer gab, die jede Gelegenheit nutzten, um ihren jüdischen Schülern ihren minderwertigen Status einzuhämmern. Man geht davon aus, dass Lehrer gebildete Menschen sind und wissen, was es für dumme Gerüchte gibt. Zum Beispiel, dass alles, was ein Jude anfasst, schmutzig wird bzw. Krankheiten überträgt. Man denkt, dass Lehrer anders handeln als bäuerliche Analphabeten, die keine Schule von innen gesehen hatten. Doch wie ich aus der Geschichte meiner Tante ersah, gab es auch ganz andere Lehrer, die keinen Deut besser waren als das ungebildete Volk.

Sie war noch ein kleines Mädchen. Ihre älteren Brüder Reza, Jacob und mein Vater Shlomo gingen schon zur Schule und waren nicht nur auf derselben Schule, sondern hatten auch dieselben Lehrer. Einen dieser Lehrer sah meine Tante täglich zweimal, öfter als mein Vater oder meine Onkel, die nur ein paar Mal in der Woche Unterricht bei ihm hatten. Dieser Lehrer musste auf seinem Weg zur Schule von der einen Seite der Stadt zur anderen. Dafür hätte er um das Mahle herumlaufen müssen, das relativ zentral lag. Statt diesen Umweg in Kauf zu nehmen, durchquerte er das Mahle. Das wäre jedoch noch nicht das Problem gewesen. Er besaß aber die Unverfrorenheit, statt um die Häuser im Ghetto herumzulaufen, auch dort den kürzesten Weg zu nehmen. Der führte durch ein etwas größeres, zentral gelegenes Haus. Das Haus meiner Großeltern.

In der Mauer des Mahle gab es zwei Tore. In der Mitte des Mahle standen mehrere Häuser nebeneinander. In der Mitte dieser Reihe wiederum befand sich das Haus meiner Großeltern. Es hatte als einziges zwei Türen. Eine Tür ging in Richtung des einen Ghettoeingangs, die andere in Richtung des anderen. Dieser Lehrer durchquerte jeden Tag, einmal am Morgen auf dem Weg zur Schule und einmal am Nachmittag auf dem Weg zurück nach Hause, das Haus meiner Großeltern, was an sich schon schwer vorstellbar ist. Er hatte aber auch überhaupt kein Problem damit, jeden Tag das kleine Mädchen, meine Tante Pnina, zu rufen, damit sie ihm an beiden Eingängen die Vorhänge zur Seite zog. Im Ghetto hatten viele Häuser keine Türen, sondern man hängte Vorhänge vor die Türöffnungen. Der Lehrer war nicht bereit, den Vorhang selbst zur Seite zu ziehen, denn dann hätte er ja die jüdische Wohnungseinrichtung anfassen müssen. Meine Tante musste es für ihn tun, ob sie wollte oder nicht, mehrere Jahre lang. Sie hatte Angst, dass ihre Brüder schlechte Noten bekämen oder womöglich von der Schule geworfen werden würden. So blieb es bei dieser täglichen Demütigung und dem täglichen »Pnina, komm und zieh den Vorhang zur Seite«. Über Jahre hinweg also half sie diesem schrecklichen Menschen jeden Tag dabei, unbehelligt durch das Haus fremder Leute zu stolzieren, und wagte kein Wort zu sagen.

Wie tief verletzt und gedemütigt würde ich mich fühlen, wenn mir das passiert wäre. Wie konnte ein Mensch das jahrelang einem kleinen Mädchen und seiner Familie antun? Nur damit er es täglich ein ganz kleines bisschen bequemer hatte. Nur um zwei Minuten zu sparen. Wie gut verstand ich den Hass meiner Tante. Vermutlich hatte sie mehrere Menschen dieser Sorte kennengelernt. Ich fragte mich, ob nicht auch ich nach solchen Erlebnissen alle Iraner über einen Kamm scheren würde, ein ganzes Volk, eine Rasse oder eine Religionsgemeinschaft in einen Topf werfen würde. Dabei war es ja genau das, was meinem Volk schon viel zu lange angetan wurde.

An der Universität

Das Schicksal der Juden ist es, von uns vernichtet zu werden. Wir haben es auf uns genommen, unsere Pflicht gegenüber der Gesellschaft zu erfüllen und sie zu foltern, denn Folter ist das jüdische Schicksal.

Zitat aus einem Flugblatt der Hamas

Wenn wir Juden sagen, dann werden alle Muslime von einem Schauer erfasst und sie müssen sich zuerst einmal schütteln. Diese Gesellschaft von nicht einmal einigen Millionen Menschen lässt eine Milliarde Muslime Blut spucken. Eine Gesellschaft, die sogar Hitler benutzte, um den Muslimen den Staat Palästina wegzunehmen und ihre eigenen Rassegenossen der Folter überlassen konnte. Hitler sollte die Juden foltern und auch ›einige‹ von ihnen töten, damit die reichen und wohlhabenden Juden ihren Wohnsitz in Europa aufgeben und in das auch in ihrer Religion heilige Land Palästina fliehen mussten.

Ümmet-i-Muhammed
(Die Gemeinde Gottes, Nr.171, 12. Mai 1997)

Noch bevor ich die Bundeswehr hinter mir hatte, musste ich mir klar werden, welche Richtung ich einschlagen wollte. Ich wollte an die Universität. Musste! Und die Fächerwahl würde ausschlaggebend sein für meine Zukunft. Was wollte ich werden? Anwalt, Psychologe, Betriebswirt, Kaufmann, Lehrer? Ich konnte mir beim besten Willen nicht vorstellen, eines Tages als Anwalt in meiner Kanzlei zu sitzen oder mir die psychologischen Probleme irgendwelcher Leute anzuhören, um ihnen dann zu helfen. Hatte ich nicht schon selber genug Probleme? Am allerwenigsten konnte ich mir vorstellen als Arzt in einer Klinik zu arbeiten. Über mehrere Wochen beriet ich mich mit meinen Eltern, mit Freunden im Wedding und in der Armee und mit Janica, aber ich war nicht in der Lage eine Entscheidung zu treffen. Die Zeit wurde langsam knapp, ich musste mich einschreiben, ich musste mich endlich zusammenreißen.

Eines Tages nahm ich mir frei und begab mich zum Campus der Freien Universität in Dahlem, um mir eine Universität mal aus der Nähe anzusehen. Vielleicht würde ich inspiriert werden und auf Ideen kommen. In der Studienberatung empfing mich ein netter Student, der sich wirklich bemühte, mir ein Fach zu empfehlen. Ein Fach, das sich lohnte, das sich in Zukunft auszahlen würde. Doch irgendwie sprach mich nichts an. Bis ich das Vorlesungsverzeichnis des kommenden Semesters in die Hand nahm und mein Blick beim Blättern auf ein Fach fiel, das mir vollkommen unbekannt war. Judaistik. Davon hatte ich noch nie gehört.

Plötzlich erfüllte mich Begeisterung. Das könnte doch mein Fach sein, meine Zukunft. Ich erkundigte mich genauer und stellte fest, es war perfekt. Im Fach Judaistik war es Pflicht den Hebräisch-Sprachkurs zu besuchen. Das wollte ich unbedingt. Es wurden Kurse angeboten, die sich zum einen mit der Entstehungsgeschichte, den Kriegen, der Kultur und Religion Israels befassten, aber auch mit dem »jüdischen Mittelalter« und dem Thema Diaspora an sich. Damit hatte ich mich ja – gezwungenermaßen – schon die ganzen letzten Jahre beschäftigt. Wenn ich das studierte, dann war endlich Schluss damit, dass ich keine sachlichen Argumente bringen und keine intellektuellen Diskussionen mit meinem Umfeld führen konnte. So hoffte ich.

Ich schrieb mich also für Judaistik ein und für noch zwei Nebenfächer, die mich fast noch mehr interessierten und von denen ich bis dahin auch nie gehört hatte, Vorderasiatische Altertumskunde und Altorientalistik. Diese beiden Fächer waren vom Inhalt fast identisch und befassten sich mit der alten Welt des Vorderen Orient, der Urbanisierung, der Archäologie, den alten Imperien und den antiken Sprachen. Eine finanziell besonders rosige Zukunft sah ich nicht für mich, mit einem Diplom in Judaistik, VAA und AO. Doch ich war glücklich, den Anfang gemacht zu haben. Ich konnte ein oder zwei Semester in der Fachrichtung bleiben, mich so gut wie möglich über die Heimat der Juden informieren und Hebräisch pauken, dachte ich mir. Und wenn ich dann das Gefühl hatte, ich wüsste genug, konnte ich immer noch etwas studieren, womit ich später gegebenenfalls auch eine Familie ernähren konnte.

Das Umfeld an der Universität war so völlig anders als das, was ich gewohnt war. Im Wedding war es mir gelungen, mich anzupassen. Da war mir zunächst auch mein Aussehen zugute gekommen. Auch in der Bundeswehr war es kein Problem gewesen, mit den Leuten auszukommen. Wir hatten alle dieselbe Uniform an und kamen uns durch das Zusammenleben während der Woche im selben Haus und sogar im selben Zimmer schnell näher. Nicht so an der Uni. Die ersten Wochen waren schrecklich. Die meisten Studenten in meinen Kursen waren schon älter. Nicht wenige gingen auf die 30 zu. Jeder abeitete für sich und hatte die Augen nur auf seine Bücher gerichtet. Man begrüßte sich kaum, geschweige denn, dass man sich verabschiedete.

Die meisten Kurse fanden höchstens zwei Mal die Woche statt und waren normalerweise sehr schwach besucht. Der Hebräisch- Sprachkurs dagegen war bis auf den letzten Platz ausgebucht. Unter den 40 Studenten und Studentinnen waren zu meinem Erstaunen Leute unterschiedlichster Art. Es gab blonde und rothaarige, koreanische, farbige und sogar arabische Studenten. Die ganze Welt war vertreten in meinem Hebräischkurs. Aus den Namen und dem Aussehen meiner Kommilitonen schloss ich, dass ich wohl der einzige Jude war. Aber mich hätte ja auch keiner für einen Juden gehalten. Ein »Schwarzkopf« in Berlin. Ein Schwarzkopf namens Sharuz aus dem Wedding.

Mir war nicht ganz klar, was all die anderen in diesem Kurs zu suchen hatten. Drei Mal die Woche quetschten sie sich in einen überfüllten Raum, um eine Sprache zu lernen, die für sie eigentlich keine große Bedeutung haben konnte. So wie für mich Japanisch. Eine Sprache aus einer anderen Welt. Einer Welt, die ganz weit entfernt war von meiner kleinen Blase. Ich erkundigte mich bei einigen, weshalb sie sich die Mühe machten, Hebräisch zu lernen. Die einen sagten, sie hätten Lust eine exotische Sprache zu lernen. Andere erzählten mir, sie seien fasziniert vom Land Israel und wollten bei ihrem nächsten Besuch gerne die Sprache sprechen. Wieder andere hatten als Hauptfach Iranistik, Turkologie oder Islamwissenschaften belegt und meinten, es würde sich ziemlich gut machen, neben dem Persischen, Türkischen oder Arabischen auch Hebräisch zu können. In den Studienrichtungen war es Pflicht zwei Orientsprachen zu beherrschen. Ein einziger Student, den ich ebenfalls für einen ganz normalen Deutschen gehalten hatte, gab mir eine andere Antwort. Er hieß Dani. Er sagte: »Hebräisch ist meine Muttersprache. Ich will die Sprache meines Volkes sprechen und deshalb lerne ich hier. Und welchen Grund hast du?«

So wie ich dachte, er sei ein stinknormaler Deutscher, dachte er, ich sei ein stinknormaler Türke oder Araber, der womöglich versuchte die Sprache seines Feindes zu lernen.

Während Dani auf meine Antwort wartete, zog er mehrere Goldketten unter seinem T-Shirt hervor. An einem Anhänger hatte er eine Goldplakette mit den Zehn Geboten und an der zweiten Kette hing ein riesiger goldener Davidstern. Es war der größte Davidstern-Anhänger, den ich je gesehen hatte. Es war ein wunderschöner Anhänger. Ich wunderte mich, dass sein Besitzer ihn mir ohne jegliche Scheu zeigte.

»Ich bin auch Jude, persischer Jude, und will, wie du, die Sprache meines Volkes sprechen und verstehen können«, antwortete ich. Wir umarmten uns. Im Hebräischkurs saßen wir von nun an am selben Tisch und auch in den Pausen waren wir zusammen, in der Mensa oder auf dem Campusrasen, wenn es das Wetter zuließ. Oft saßen wir zusammen und erzählten uns, was wir erlebt hatten als Juden in Berlin. Dani hatte ganz andere Erfahrungen gemacht als ich. Er war ein hellhäutiger Deutscher und kein dunkelhäutiger Perser. Er war in einer sehr wohlhabenden, ausschließlich von Deutschen bewohnten Gegend Berlins aufgewachsen. Er hatte sein ganzes Leben in der anderen Hälfte Berlins verbracht. Den Wedding kannte er nicht.

Schnell merkte ich, dass er viel religiöser und auch nationalistischer eingestellt war als ich. Zudem hatte er viele Vorurteile, vor allem gegen Deutsche, gegen Araber und Türken bzw. Muslime. Seiner Meinung nach war es immer noch »anormal«, Jude in Deutschland zu sein, auch wenn der Holocaust mehr als ein halbes Jahrhundert zurücklag. Man wurde immer noch als Exot betrachtet. In Deutschland, sagte Dani, hätte sich in Sachen Rassismus nichts geändert. Jedenfalls fast nichts, denn genauso, wie man einst die Juden als Minderheit schikanierte und fertigmachte, habe man es jetzt wohl auf die Türken abgesehen. Einen Juden öffentlich verächtlich zu behandeln, sei noch tabu in Deutschland, obwohl es im Osten des Öfteren Neonaziaufmärsche gab, bei denen nicht nur gegen Ausländer gehetzt wurde, sondern auch gegen die Juden. Wegen seiner Erfahrungen dachte er über eine Auswanderung und ein neues Leben in den USA oder Kanada nach. Die Jüdische Gemeinde sei in Berlin nicht fortgeschritten, wie die Gemeinden in Nordamerika.

Er habe Menschen gegenüber, die er kennenlernte, oft seinen Glauben verschwiegen, weil er die Blicke hasste, die sie ihm zuwarfen, wenn er sich als Jude »geoutet« hatte. Eindeutige Blicke. Seine Familienmitglieder, sagte er, bekämen auch nicht selten zu spüren, dass sie anders waren als andere. Er hatte Dinge zu hören bekommen, die mir nie vorgeworfen worden waren, z. B. dass es eine jüdische Weltverschwörung gebe oder dass er ein »Untermensch« sei. Ich fragte ihn, was er fühlte, wenn er Untermensch genannt wurde. Er sagte, diese Art von Schmähung grabe sich für immer und ewig in Kopf und Herz. Beleidigungen wie diese hätten er und sein älterer Bruder Raphael nicht selten erlebt. Raphael, der Journalist war, habe vor 20 Jahren in der Schule bei der Herausgabe einer Klausur von seinem Lehrer zu hören bekommen: »Ich wusste nicht, dass ein Angehöriger einer minderen Rasse fähig ist, eine solche Arbeit zu schreiben!«

»Angehöriger einer minderen Rasse nannte der meinen Bruder! Was hat sich verändert in Deutschland, wenn es immer noch Deutsche, ja sogar Lehrer gibt, die wie Hitler reden und sich weder schämen noch dafür bestraft werden? Als ich 13 war und neu auf der Oberschule, wurde ich von zwei Mitschülern, einem Bulgaren und einem Deutschen, oftmals vor der gesamten Klasse Jude gerufen und deswegen ausgelacht. Eines Tages schrieben sie mir mit einem schwarzen Edding in großen Druckbuchstaben ›Jude‹ auf meinen Tisch. Ich habe mich bei der Direktorin beschwert. Daraufhin wurden unsere Eltern zum Gespräch in das Büro der Direktorin eingeladen. Die Eltern des Bulgaren und des

Deutschen wurden gefragt, was sie denn davon hielten, dass ihre Kinder so etwas auf den Tisch schreiben. Man war sichtlich amüsiert über das Geschehene und ließ die Direktorin wissen, es sei doch nur ein ›harmloser Spaß‹ von zwei noch etwas unreifen Jugendlichen gewesen und man sollte von einer Bestrafung absehen. Meine Eltern wollten das Ganze nicht noch komplizierter machen und hielten es für das Richtige, dass ich die Schule wechselte.«

»Hört sich eher an wie eine Szene kurz vor dem Zweiten Weltkrieg. Fast schon wie im Film! Anscheinend gibt es noch genügend Nazis im heutigen Deutschland«, sagte ich und fragte ihn, ob er denn sonst oft beleidigt wurde oder ob ihm persönlich etwas widerfahren war, wegen seiner Religion, das ihn innerlich noch schmerzte. Dani meinte, das käme häufig vor. Er rege sich schon gar nicht mehr über jede dumme Bemerkung auf, er schlucke das und gebe seine Kränkung nicht zu erkennen. Ein Erlebnis habe ihm allerdings besonders zu schaffen gemacht. Vor einigen Jahren hatte er sich in eine Türkin verliebt. Irgendwann hatte er ihr erzählt, dass er Jude war. Man war sich mittlerweile näher gekommen. Ernsthafte Gefühle entwickelten sich. Da hatte die Türkin plötzlich keine Zeit mehr für ihn und wich ihm ständig aus. Als er sie zur Rede stellte, sagte sie ihm: »Es tut mir leid, doch ich darf dich nicht mehr treffen, die Leute fangen an darüber zu reden, du weißt schon ... dass ich mit einem Juden ausgehe ... nicht, dass ich etwas gegen Juden hätte, doch ich bin nicht bereit für so etwas.« »Man kommt darüber hinweg, Dani, glaub mir«, versuchte ich ihn zu trösten. Er antwortete: »Ich weiß. Ich bin schon darüber hinweg. Aber ein Quäntchen Schmerz bleibt für immer.« Er hatte Recht.

Nach der ersten Eingewöhnung lief es an der Uni ganz gut. Ich freundete mich mit einigen Studenten und Studentinnen an, und da ich viel über den Nahen Osten las und immer gut vorbereitet war, fiel ich in vielen Kursen positiv auf. Oft wurde ich in den Pausen nach meiner Meinung über den israelisch-arabischen Konflikt gefragt, um danach als rechter Jude abgestempelt zu werden. Oftmals musste ich mir anhören, dass ich mit meiner rechten jüdischen Einstellung keinen Frieden erreichen könne bzw. dem Frieden keine Chance gäbe. Aber viele muslimische und christliche Studenten diskutierten trotzdem gerne mit mir. Mit einem Juden. Das machte die Diskussion interessanter für sie. Farbiger. Irgendwie waren wir nie einer Meinung, aber im Allgemeinen verliefen diese Gespräche immer sehr friedlich. Schließlich fanden sie auf dem Campus statt und nicht auf den Straßen.

Einmal kam es jedoch zu einer etwas anderen Begegnung. Ich saß wie auch an jedem anderen Uni-Tag mit Dani in der Mensa. Eine gutaussehende junge Studentin gesellte sich zu uns, wie sich herausstellte, in erster Linie, um mich kennenzulernen. Sie hieß Fatima und hatte von einem meiner Bekannten erfahren, dass ich Jude bin und pro Israel eingestellt. Nachdem wir uns bekannt gemacht hatten, kam sie auch sofort zum Thema. Sie erzählte mir, dass sie im Libanon geboren und als Kind nach Berlin gezogen sei. Ihre Eltern waren Palästinenser, die noch vor ihrer Geburt aus Israel in den Süden des Libanon ausgewandert waren. »Ich hasse Israelis«, stieß sie plötzlich hervor »dafür, dass sie meine Eltern in ihrem Heimatland wie Dreck behandelt haben und sie dazu zwangen auszuwandern.« Israelis seien brutal und würden ausschließlich Unschuldigen wehtun.

Dani mischte sich ein und sagte, die Israelis müssten sich verteidigen. »Nicht die Israelis, sondern die Araber sind brutal. Sie sind diejenigen, die absichtlich Unschuldige angreifen. Hier in Berlin benehmen die sich doch nicht anders. Meine jüngere Schwester Shirani wurde auch von irgendwelchen Arabern krankenhausreif geschlagen und mit Gas beschossen. Als Racheakt, weil Israelis als Antwort auf Selbstmordanschläge in Israel ein palästinensisches Flüchtlingslager im Südlibanon beschossen hatten. Was hat meine Schwester damit zu tun? Ist meine Schwester etwa schuld an dem Konflikt im Nahen Osten? Ist meine Schwester brutal oder was?«, fragte Dani zornig.

»Das passiert! Das sind Ausnahmen!«, stotterte Fatima.

Ich hatte viele Beispiele für sie parat, um zu zeigen, dass die Schuld bei der antisemitisch-antiisraelisch orientierten Presse der arabischen Länder, muslimischen Terrororganisationen und den radikalen Auslegungen sunnitischer und schiitischer Geistlicher zu suchen sei, die alle ihren Teil dazu beitragen, dass unsere verwandten Völker höchstwahrscheinlich noch viele Tote zu Grabe tragen werden, bevor sie, ob miteinander oder nebeneinander, in Frieden leben können. Sie konnte uns nicht davon überzeugen, dass Israel der Bösewicht war im Nahost-Konflikt. Das sah sie schließlich ein. Sie stand auf und ging weg, ohne sich von uns zu verabschieden. Ab und zu liefen wir uns in der Mensa oder auf dem Campus über den Weg. Entweder bemerkte sie mich nicht oder sie wollte mich einfach nicht sehen. Zu einem zweiten Gespräch kam es nicht mehr.

Über Dani kam ich in Kontakt mit dem Jüdischen Studentenverband, der ›Jüdischen Allgemeinen Zeitung‹ und anderen jüdischen Berlinern. Plötzlich drehte sich mein Leben wieder ganz um meine jüdische Identität. Wie schon während meiner Jugendjahre, doch um 180 Grad gewendet. Ich begann mich für die Geschichte des jüdischen Untergrundes vor der Staatsgründung Israels zu interessieren und las viel über jüdische »Kämpfer« wie Abraham Stern, Menachem

Begin, Ze'ev Vladimir Jabotinsky und Yitzhak Shamir. Menschen, Juden, die ihr Leben aufs Spiel gesetzt hatten, um ihren Traum zur Wahrheit zu machen. Menschen, die bereit waren alles zu opfern, um endlich den jüdischen Staat aus einem fast 2000-jährigen Dornröschenschlaf zu erwecken. Das historische Erbe wiederherzustellen. Israel zu gründen. Ich fing an mir Gedanken zu machen, ernsthafte Gedanken über eine baldige Einwanderung nach Israel. Mein Heimatland!

Die Jüdische Gemeinde Berlins

Wir sind von einem Volk, von einer Familie gekommen.

Yitzhak Rabin (Washington, 13. September 1993)

Es ist eine oft übersehene Tatsache, dass auch Juden antisemitische Instinkte haben können.

Joseph Roth (Juden auf Wanderschaft, 1927)

Kontakt zum »jüdischen Leben« in Berlin und zur Gemeinde in der Joachimstaler Straße am Ku-Damm hatte ich schon mal gehabt. Als kleiner Junge freute ich mich darüber, zweimal Fasching feiern zu können. Einmal in der Schule und dann noch Purim in der Gemeinde. Die Gemeinde bot auch Kurse an, unter anderem einen Selbstverteidigungskurs, an dem ich über ein halbes Jahr teilnahm. Und bei Makkabi Berlin hatte ich ebenfalls gespielt, wenn auch nur für kurze Zeit.

Dani war schon beim Jüdischen Studentenverband eingeschrieben. Seiner Meinung nach war es meine Pflicht, mich auch einzuschreiben und ein aktiveres jüdisches Leben in Berlin zu führen. Ich ließ mich von ihm überreden. Doch außer einmal im Monat Post zu erhalten und abgesehen von zwei Besuchen im Studentenkeller in der Joachimstaler Straße hatte ich nichts mit anderen jüdischen Studenten zu tun. Ich versuchte nicht einmal Bekanntschaften mit gleichaltrigen Juden in Berlin zu schließen. Ich wollte vermeiden, dass ich von jüdischer Seite enttäuscht wurde. So wie ich zuvor von meinen »Freunden« im Wedding enttäuscht worden war. Denn dass die Jüdische Gemeinde zu Berlin nicht ganz so unkompliziert war, wusste ich, von meinen Eltern.

Für sie war der Neuanfang in Berlin nicht einfach gewesen. Auch wenn sie mich eigentlich nicht jüdisch erziehen wollten, so dachten sie doch, es wäre sicherer und angenehmer für mich und für sie, wenn ich vor der Schule in einen jüdischen Kindergarten kam. Sie hatten also versucht, mich im jüdischen Kindergarten unterzubringen. Das war ihnen nicht gelungen. Ständig hieß es, »es gibt leider keinen Platz mehr, um Ihren Sohn bei uns aufzunehmen«. Damals, Anfang der 80er-Jahre, gab es fast nur hellhäutige deutsche Juden im Kindergarten. Ein schwarzhaariger, dunkelhäutiger »Iraner«, auch wenn er erwiesenermaßen jüdisch war, der zu allem Übel auch noch zu Hause mit seinen Eltern Farsi redete, der hätte das schöne »europäische« Bild kaputt gemacht.

Ich war lange der Ansicht gewesen, dass der Großteil der Gemeinde aus deutschen Juden besteht. Doch als ich im Alter von 16 anfing, im jüdischen Volleyballverein Makkabi Berlin zu trainieren, stellte ich sehr schnell fest, dass es in Berlin eine zweite Gruppe von Juden gibt, mit denen ich auch nicht zurechtkommen sollte, die russischsprachigen Juden. Nicht nur, dass die gesamte Mannschaft aus »Russen« bestand, ausschließlich Russen, nein, sogar der Trainer war Russe. Welche Sprache sprach man also? Richtig, Russisch. Glücklicherweise hatte ich die Bekanntschaft mit einem sehr netten Jungen gemacht, der sich bemühte, mir hin und wieder einiges zu übersetzen, was der Trainer von uns wollte. Den Rest musste ich mir zusammenreimen. Unser Trainer konnte entweder kein Deutsch oder wollte sich einfach nicht die Mühe machen, jedes Wort nur für einen Spieler auf Deutsch zu wiederholen. Ich stellte fest, dass auch viele meiner Mitspieler kaum Deutsch sprechen konnten.

Sie lebten erst seit kurzer Zeit in Berlin. Sie waren alle aus dem ehemaligen Ostblock, aus der Ukraine, aus Moldawien, aus Russland, aus Kasachstan, zugewandert. Ich stellte auch fest, dass nicht wenige von meinen Mitspielern, obwohl sie sich formell als Juden ausgegeben hatten, um ihren Umzug nach Deutschland und die finanzielle Unterstützung bewilligt zu bekommen, gar keine Juden waren. Kaum einer war beschnitten. Viele von ihnen trugen entweder ein Christenkreuz um den Hals oder ein Bild Marias. Sie hatten überhaupt keinen Bezug zu Israel oder zum Judentum. Nach ein paar Wochen ließ ich mich nicht mehr blicken beim einzigen »jüdischen« Sportverein Berlins.

Schon zur Abiturzeit war ich oft in der Jüdischen Bibliothek in der Fasanenstraße in der Nähe des Bahnhofs Zoo gewesen. Eine so reiche Auswahl an Büchern über den Nahost-Konflikt gab es kaum irgendwo sonst in Berlin. Auch während meines Studiums ging ich häufiger dorthin. Am Eingang zur Bibliothek war ein Detektor installiert und meistens standen mehrere Aufpasser bzw. Sicherheitsangestellte der Gemeinde davor und bewachten das Haus, das der Jüdischen Gemeinde zu Berlin gehörte. Jedes Mal wenn ich am Horizont auftauchte, standen alle parat und fingen an mich wie bei der Polizei zu verhören. Wie einen Terroristen. Ich kam mir vor wie Staatsfeind Nummer 1. Am Anfang konnte ich es nachvollziehen. Man kannte mich nicht, und wie jeden anderen Besucher einer jüdischen Institution mussten sie mich kontrollieren. Je schärfer die Kontrolle, desto besser, dachte ich mir zumindest beim ersten, zweiten, vielleicht auch noch beim dritten Besuch. Irgendwann würde das endlose Ausfragen ein Ende haben. Denkste! Obwohl man mich dort fast wöchentlich sah, und manchmal sogar mehrmals in einer Woche, wurde ich immer zur Seite gezogen, um Fragen zu beantworten. Das konnte minutenlang dauern. Komischerweise konnten andere Menschen gemütlich an mir vorbei in die Bibliothek hineinspazieren. Ganz ohne jegliche Kontrollen und Befragungen. Sie hatten ja ihren Verdächtigen. Bin Laden war tatsächlich in Berlin angekommen! Wieder und wieder zeigte ich ihnen entweder meinen Davidstern-Anhänger oder sprach sie auf Hebräisch an. Mit den paar Brocken, die ich kannte. Vielleicht machte mich das umso verdächtiger, fiel mir später ein, doch das werde ich wohl nie wissen. Irgendwann platzte mir der Kragen und ich schrie die Türsteher an, ob sie mich veräppeln wollten mit ihren albernen Kontrollgesprächen.

»Das sind Sicherheitsmaßnahmen! Das ist meine Arbeit«, antwortete einer der Sicherheitsbeamten. Ich fragte: »Wie kommt es dann, dass außer mir jeder reinläuft, ohne vollgequatscht zu werden?«

Seine Antwort machte mich noch zorniger: »Das sind uns bekannte Gesichter. Die brauchen wir nicht mehr zu kontrollieren. Viele von ihnen sind jüdische Bekannte!« Und was war ich, etwa kein bekanntes Gesicht? Mindestens einmal wöchentlich hier aufzutauchen war wohl nicht bekannt genug.

Regelmäßig ärgerte ich mich auch darüber, dass ich mit meinem Auto nicht auf den Besucherparkplatz der Bibliothek gelassen wurde. Durch die Sprechanlage sprach ich mit dem Parkplatzwächter und erklärte ihm, dass ich Gemeindemitglied sei und er mir doch bitte das Tor aufmachen möchte, sodass ich mir einen von den vielen freien Parkplätzen schnappen konnte. Von zwanzig Parkplätzen waren fast nie mehr als fünf besetzt und trotzdem bekam ich keine Erlaubnis. Angeblich waren alle anderen Parkplätze reserviert. So konnte ich auf dem Ku-Damm nach einem Parkplatz suchen, was kein einfaches Vorhaben war. Zudem musste ich auch noch für den Parkplatz bezahlen und den Hin- und Rückweg vom Parkplatz zur Bibliothek in Kauf nehmen. Anscheinend reichte es nicht aus, dass man Gemeindemitglied war. Ich war ja ein unbekanntes Gesicht! Haben wir es nicht alle schwer genug? Sollten nicht wenigstens die Mitglieder dieser kleinen Gemeinde zusammenhalten und nett zueinander sein?

Auf das Gemeinde-Blatt ›Jüdisches Berlin‹, das jedem Mitglied der Jüdischen Gemeinde einmal im Monat kostenlos zugeschickt wird, war ich immer sehr gespannt. Neben Geschichten und Interviews auf Deutsch und Russisch gab es unter vielem anderen auch Jobanzeigen und Kurse, die einem für wenig Geld angeboten wurden. An einem dieser Kurse waren meine Geschwister und ich besonders interessiert, dem Hebräisch-Sprachkurs für Anfänger. So riefen wir an und wollten uns informieren, wann und wo das denn stattfinden würde. Doch entweder wurden wir am Telefon abgewiesen, weil der Ansprechpartner nicht da war, oder uns wurde geraten, es noch mal zwei Wochen später zu probieren. Nach diversen Anrufen mussten wir hören, dass der Kurs nicht stattfand, aufgrund mangelnden Interesses. Außer uns gab es nur drei weitere Interessenten und für gerade mal sechs Leute würde man keinen Kurs anbieten. In der Zeitung hatte nichts von einer Mindestteilnehmerzahl gestanden.

Meiner Meinung nach sollte man einen Hebräisch-Anfängerkurs kostenlos und ohne weitere Vorgaben anbieten. Es gehört zur Aufgabe und zu den Pflichten einer jeden Jüdischen Gemeinde dafür zu sorgen, dass jeder Jude, der an der Sprache seines Volkes interessiert ist und sie gerne lernen möchte, vonseiten der Gemeinde die Gelegenheit dazu bekommt. Zumindest die Basis, ein wenig Lesen und Schreiben und die »Basarsprache«. Noch mehr als ich war meine fünf Jahre jüngere Schwester Leital Shabnam enttäuscht, die unbedingt ihr Hebräisch verbessern wollte. Sie hatte in der siebten Klasse auf dem Jüdischen Gymnasium am Hackeschen Markt in Berlin-Mitte einen Einführungskurs belegt, der ihr eine gewisse Idee gab, was die hebräische Sprache bedeutet. Mittlerweile war sie jedoch in die Oberstufe aufgestiegen und musste ihre Leistungskurse wählen. Viele Kurse standen zur Auswahl, wie auch auf anderen Oberschulen, Englisch, Mathe, Physik, Kunst. Doch weil sie auf dem Jüdischen Gymnasium war, gab es einen sehr grundlegenden Unterschied. Man hatte die Möglichkeit eine weitere Sprache als Leistungsfach zu wählen, die nicht an jedem herkömmlichen Gymnasium angeboten wird. Zu ihrem Erstaunen jedoch wurde anstelle von Hebräisch Russisch angeboten. Leital Shabnam wandte sich an die Schulleitung und forderte, wenn nicht einen Hebräisch-Leistungskurs, dann zumindest einen einfachen Hebräisch-Kurs. Doch man erklärte ihr, es gebe zu wenig Interessenten, und da über 85 Prozent der Schüler russischer Abstammung seien, biete man lieber einen Russischkurs an. Wenn über 85 Prozent der Schüler auf dem Jüdischen Gymnasium beispielsweise Chinesen gewesen wären, hätte es dann einen Chinesisch-Leistungskurs gegeben?

Meine Schwester war sehr enttäuscht von ihrer Jüdischen Oberschule. Sie wollte sogar die Schule wechseln. Denn sie hatte das Gefühl, auf einer russischen Oberschule zu sein. Außer den Schülern war auch der Großteil der Lehrer russischsprachig. So sprach man oft auch im Unterricht russisch. Meine Schwester wurde des Öfteren Araberin gerufen. Sie war das einzige schwarzhaarige und orientalisch aussehende Mädchen auf dem Schulhof, den sich das Jüdische Gymnasium und die Jüdische Realschule teilten. Somit waren wir schon zwei, die das Gefühl hatten, dass die Jüdische Gemeinde Berlins nicht unsere Gemeinde war. Denn statt Jüdischem gab es Russisches, und das gab uns nicht im Entferntesten ein Zugehörigkeitsgefühl.

Manchmal dachte ich, dass ich gerne mit einer Jüdin ausgehen würde. Nicht dass ich mit Janica nicht glücklich war. Aber so viel Verständnis sie auch für mich und meine Situation hatte: Sie war keine Jüdin. Sie konnte das Ganze nun mal nur als Außenstehende betrachten und bewerten. Mein Problem war, dass ich fast gar keinen Kontakt zu Jüdinnen hatte. Wie auch, im Wedding gab es keine Jüdinnen, und andere Bezirke kannte ich nicht wirklich. Die einzige Jüdin, die ich beim Kickboxen einige Jahre zuvor in der Gemeinde kennen gelernt hatte, Magdalena, hatte ich lange nicht gesehen. Ich hatte auch keine Telefonnummer von ihr.

Als das jährliche jüdische Straßenfest nahte, beschloss ich, mit meinem Bruder Richard vorbeizuschauen. Vielleicht traf ich durch Zufall dort Magdalena. Und tatsächlich, sie stand hinter einem Stand und machte Werbung für irgendetwas. Sie hatte sich kaum verändert. Lange glatte tiefbraune Haare, große Augen, das gleiche nette Lächeln. Nur etwas zugenommen hatte sie seitdem. Ich sprach sie an, sie erkannte mich auch sofort wieder und umarmte mich. Sie gab mir ihre Telefonnummer. Zum Reden hatte sie keine Zeit, denn sie war für ihren Stand verantwortlich. Wir verabredeten uns für das folgende Wochenende in der Oranienburger Straße/Ecke Tucholskystraße, im sogenannten Scheunenviertel, vor der Naziherrschaft ein dicht besiedeltes jüdisches Viertel, um einen Kaffee zu trinken. Ich war ja in festen Händen, aber plötzlich freute ich mich darauf mit einem jüdischen Mädchen auszugehen. Plötzlich kamen alle möglichen Gedanken in mir auf. Was wäre, wenn irgendwann einmal Schluss wäre zwischen mir und Janica? Vielleicht würde Magdalena in ihre Fußstapfen treten können. Na ja, zumindest war sie Jüdin. Ein guter Anfang.

Bei unserem Treffen unterhielten wir uns über alte und neue Zeiten. Sie war sehr nett und lachte viel. Sie war wahrscheinlich genauso aufgeregt wie ich. An ihrem rechten Ringfinger entdeckte ich einen Silberring, in den ein blauer Davidstern eingraviert war. Sie trug einen Anhänger mit den hebräischen Buchstaben Chet und Jud, die gemeinsam das hebräische Zeichen Chaim, Leben, darstellen. Magdalena war also eine stolze Jüdin. So etwas hatte ich in Berlin vorher noch nicht zu Gesicht bekommen. Das gefiel mir. Sogar sehr! Ich fragte sie, ob sie denn keine Probleme hätte, wenn Leute den Davidstern an ihrer Hand sahen.

»Außer komischen Blicken, die mir manchmal zugeworfen werden, eigentlich überhaupt nicht, und wegen komischen Blicken mache ich kein Theater«, antwortete sie selbstbewusst und mit einem breiten Lächeln. Was für ein Glück sie doch hatte, dass sie nicht im Wedding wohnte, wo man ihr den Finger abgehackt hätte. Mir war klar, dass Magdalena wahrscheinlich überhaupt keinen Bezug zu Arabern hatte. Sie wohnte in einer eher deutschen Ecke Berlins, in Steglitz, wo es nur wenige Ausländer gab. Zumindest damals.

»Magdalena, du hast wirklich Glück, dass du nichts weiter mit Palästinensern oder Libanesen zu tun hast, die würden dir bestimmt nicht nur komische Blicke zuwerfen, sondern dich beschimpfen und anspucken. Also pass gut auf, wo du den Ring sehen lässt und wo nicht!« Ich kam mir sehr schlau vor. Wie der große Bruder, der seine kleine naive Schwester aufklären und beschützen will. Allerdings machte ich mich eher zum Idioten.

»Mit Arabern habe ich überhaupt keine Probleme. Ich weiß gar nicht, was du meinst! Mein Ex-Freund, mit dem ich über ein halbes Jahr zusammen war, ist Palästinenser. Ein Palästinenser aus deinem Bezirk, aus dem Wedding. Vielleicht kennst du ihn sogar, er wird Jim genannt«, sagte sie in einem stolzen Ton. Mir wurde plötzlich ganz übel. Ihr Ex-Freund Jim war mir gut bekannt. Er war derjenige, der mir vor mehreren Jahren am U-Bahn-Ausgang Pankstraße die demütigendste Ohrfeige meines Lebens verpasst hatte. Er war derjenige, der mir damals zugerufen hatte, ich solle mich schämen, Jude zu sein. Er war derjenige, der mir seitdem hasserfüllte Blicke zugeworfen hatte. Blicke, scharf wie Messerstiche. Einer der schlimmsten Judenhasser, die ich kennengelernt hatte. Das war der Ex von Magdalena, einer anscheinend so stolzen Jüdin.

»Und wie ich ihn kenne! Er verpasste mir vor ungefähr fünf Jahren im Beisein von zehn seiner arabischen Freunde eine steinharte Backpfeife und sagte, dass ich mich schämen solle Jude zu sein. Das war dein Ex-Freund! Wusste er überhaupt, dass du Jüdin bist?«, fragte ich sie. »Natürlich wusste er, dass ich Jüdin bin, und er hat auch nie irgendetwas dagegen gesagt. Wahrscheinlich war er damals noch etwas kindisch und beeinflusst von seinen Freunden. Heute ist er ein so lieber Mensch. Wirklich, du solltest dich mit ihm treffen, ihr würdet euch bestimmt gut verstehen«, schlug sie mir vor und war sich ihrer Sache sehr sicher. Ich hatte definitiv kein Interesse daran, Jim auch nur aus der Ferne wiederzusehen, geschweige denn, ein »nettes Gespräch« mit ihm zu führen. Kurz darauf verabschiedete ich mich, umarmte Magdalena zum Abschied und sagte, dass ich mich bei ihr melden würde. Das tat ich nie. Das Thema »jüdisches Mädchen« in Berlin war damit erledigt.

Bald darauf geschahen Dinge, die mit den Ausschlag dafür gaben, dass ich mich von der Jüdischen Gemeinde Berlins abwendete. An einem Sonntag sollte von der Gemeinde gegen einen bevorstehenden Besuch des damaligen iranischen Ministerpräsidenten Chatami in Deutschland demonstriert werden. Da Juden zu Unrecht in iranischen Gefängnissen festgehalten wurden, rief die jüdische Führung Deutschlands zum Protest gegen Chatamis Besuch auf. Über Dani hörte ich von der Demonstration, die auf dem Gelände der Jüdischen Gemeinde in der Fasanenstraße stattfinden sollte. Ich wollte sehen, was die Jüdische Gemeinde zu Berlin bei solch einer Demo zu bieten hatte, und beschloss, auch daran teilzunehmen. Ich packte eine riesige Israel-Flagge in die Tasche und fuhr zur Fasanenstraße. Schon von Weitem sah ich, dass an jeder Ecke Sicherheitsbeamte und Polizisten standen. Für Sicherheit war also gesorgt. Keine Frage. Es war klar, dass man jeden Verdächtigen sofort davon abhalten würde in die Nähe der Demonstranten zu gelangen. Nicht klar war mir jedoch, dass ich und kein anderer der Verdächtige war. Noch weit entfernt vom Schauplatz wurde ich zum ersten Mal angehalten und gefragt, wo ich denn hinwolle? Daraufhin wurde ich fast alle fünf Meter angehalten, um mich auszuweisen, mal von israelischen Sicherheitsbeamten, mal von deutschen Polizisten, mal von Mitarbeitern der Jüdischen Gemeinde. Am Eingang zur Bibliothek in der Fasanenstraße, wo die Kundgebung stattfand, die schon in vollem Gange war, stand nochmals eine ganze Reihe von Sicherheitsbeamten, die mich alle musterten. Beim Eingangstor war ein Detektor aufgestellt. Man bat mich hindurchzugehen. Ich hatte das Pech, dass der Detektor anfing zu piepen, als ich das tat. Also schickte man mich zurück und bat mich, alles zu zeigen, was ich in den Taschen hatte. Man fragte mich mehrere Minuten lang aus. Wer ich sei, was ich wolle und wie ich von der Demo gehört hätte. Währenddessen konnte ich sehen, wie mehrere Leute durchs Tor gingen, ohne ausgefragt zu werden und sogar ohne durch den Detektor laufen zu müssen. Ich schaute links, ich schaute rechts und ich sah mindestens fünf mir bekannte Gesichter. Die Klassenlehrerin meiner Schwester, eine Angestellte von der Jewish Agency, Jugendliche von der Gemeinde und Studenten, die mich im Studentenkeller gesehen hatten. Doch niemand kam auf mich zu, um mir Hallo zu sagen und den Sicherheitsbeamten zu erklären, dass ich Mitglied der Gemeinde bin. Ein Jude und kein Selbstmordattentäter.

Ich protestierte gegen die beleidigende Behandlung. Ich schrie die Sicherheitsbeamten an, wenn jemand ein wahrer Jude sei, dann ich, und ich hätte es nicht verdient, wie ein Terrorist verhört zu werden. Auf den Lärm hin drehten sich viele der an die 100 Demonstranten in unsere Richtung um. Sie warfen mir Blicke zu, als ob ich ein Chatami-Anhänger wäre, der gekommen war, um Chatami-Gegnern mit einem Baseballschläger eins über den Kopf zu ziehen. Total entmutigt beschloss ich, das Ganze sein zu lassen und mich auf den Heimweg zu begeben. Plötzlich trat die Lehrerin meiner Schwester heran und fragte mich, ob ich denn nicht Shabnams großer Bruder sei. Ich antwortete zornig: »Hilft das denn? Bin ich deshalb plötzlich doch auf jüdischer Seite?«

Sie erklärte den Polizisten, dass ich persischer Jude sei und dass sie meine jüngere Schwester kenne, eine ihrer Schülerinnen auf dem Jüdischen Gymnasium. Ich bedankte mich für ihren Versuch mir zu helfen, kehrte der Demo den Rücken und ging denselben Weg wieder zurück, den ich vor einer Viertelstunde gekommen war. Ich fühlte mich unglaublich verletzt. Viele der Demonstranten dort kannten mich. Doch keiner hatte den Mund aufgemacht, als ich in die Mangel genommen wurde. Dachten die alle, ich sei zum Araber geworden, nur weil ich im Wedding lebte? Zweifelte man an meiner jüdischen Identität und sah plötzlich nur noch den dunklen Typen vor sich, der um Einlass bat, jedoch so »unjüdisch« aussah. So anders als die anderen aus der Gemeinde! Ich fuhr nach Hause und erzählte meinen Eltern beim Abendessen wütend davon. Meine Eltern waren offensichtlich amüsiert, denn sie fingen an zu lachen. Meine Mutter fragte mich, was ich überhaupt dort zu suchen hatte, ob mir nicht klar gewesen sei, dass diese Demo von deutsch-russischen Juden organisiert und durchgeführt wurde und dass ich da nicht hinpasste. Ich sei nun mal keiner von ihnen. Das war den Sicherheitsbeamten von weitem aufgefallen. Sie hatte wohl Recht. Allem Anschein nach hatte nicht jedes Mitglied der Jüdischen Gemeinde Berlins denselben Status. Wie dumm mir das Ganze erschien!

Am 1. und 2. Mai 2000, am sogenannten Holocaust-Gedenktag, Jom HaSchoa, ging das letzte bisschen Zugehörigkeitsgefühl, das ich gegenüber der Jüdischen Gemeinde noch empfunden hatte, endgültig verloren. Zwischen 18 Uhr am 1. Mai und dem Abend des 2. Mai wurden die Namen der 55 696 Berliner Juden vorgelesen, die während der Jahre der Naziherrschaft ermordet worden waren. Kurz nach 18 Uhr begab ich mich mit Janica zu der Gedenktafel an den Ort des heutigen Mahnmals für die ermordeten Juden Europas in der Ebertstraße/Behrenstraße, direkt hinter dem Brandenburger Tor. Wir standen an die vier Stunden bei der Namenslesung. Die endlos erscheinende Liste der Opfer des »Hitlerismus« wurde ohne Unterbrechung von Freiwilligen gelesen. Währenddessen kamen und gingen Leute. Abgesehen von uns beiden waren es aber die ganze Zeit nie mehr als 30 andere mittrauernde Menschen.

Vor Beginn der Namenslesung traten der Gemeindevorstand und der Rabbiner ans Pult und hielten eine Ansprache von etwa zwei Minuten. Danach zogen sie sich in eine entfernte Ecke zurück, in der sie mit einigen anderen Veranstaltern etwa eine Viertelstunde herumstanden und sich munter unterhielten, sogar laut lachten. Dann kam ein Mercedes vorgefahren und der Gemeindevorstand und der Berliner Hauptrabbiner stiegen ein und fuhren davon. Zwei respektierte Personen im jüdischen Leben Berlins zeigten sich meiner Meinung nach völlig verantwortungslos. Sie benahmen sich ganz unpassend für »Führungspersönlichkeiten«. Das fand auch Janica.

Das Ganze löste ein großes Unbehagen bei mir aus. Ich wurde sehr nachdenklich. Es war ja nicht nur so, dass ich von den Ausländern, den Muslimen in Berlin, nicht akzeptiert wurde als der, der ich war. Mir wurde klar, dass ich mich auch nicht glücklich fühlte als Mitglied dieser Gemeinde, der Jüdischen Gemeinde Berlins. Ich fühlte mich zu nichts und niemandem zugehörig. Zu keiner Religionsrichtung, zu keinem Revier, zu keiner Clique, nicht einmal zu meinem eigenen Volk, meinem eigenen Fleisch und Blut! Das machte mir sehr zu schaffen.

Ich fing an mir Gedanken über meine Zukunft zu machen. In jenen Momenten sah ich überhaupt keine Zukunft für mich in Berlin. Ich fühlte mich wie ein Außenseiter, überall ausgestoßen, von Deutschen, Arabern, Juden. Nirgendwo passte ich wirklich dazu, mit keiner Gruppe konnte ich mich identifizieren. Ich konnte mir überhaupt nicht mehr vorstellen, dass die Kinder, die ich vielleicht einmal haben würde, in solch einem Umfeld aufwuchsen. Es war Zeit, etwas zu unternehmen. Ich fühlte, dass ich mein Leben auf den Kopf stellen musste, dass ich Berlin verlassen musste, um mein Glück woanders zu suchen. Ich beschloss, in einen Kibbuz nach Israel zu gehen.

Kibbuz Palmachim

Meist hat das Bekenntnis zum Judentum jedoch wenig mit der Religion im Sinne von Religio (Glaube) zu tun, sondern mit dem Gefühl, sich nicht aus der kollektiven Erfahrungs- und Leidensgeschichte davonstehlen zu können.

Arthur Herzberg, Wer ist Jude (2000)

Ich schrieb mich bei der Jewish Agency für einen fünfmonatigen Kibbuzaufenthalt in Israel ein. Der Kibbuz, den ich wählte, hieß Palmachim. Er war 1949 von ehemaligen Untergrundkämpfern der Palmach gegründet worden und lag in der Nähe von Rischon LeZion der viertgrößten Stadt Israels, nahe am Meer. Wie man in einem Kibbuz lebte und ob ich geeignet für ein solches Leben war, das wusste ich nicht. Doch ich wollte auf jeden Fall weg aus Berlin. Ich wollte meinen Horizont erweitern und Israel besser kennenlernen. Bei der Jewish Agency erzählte man mir, dass ich dort vielen jungen Leuten aus aller Welt begegnen würde. Man versicherte mir, ich würde es nicht bereuen, ein halbes Jahr in einem Kibbuz verbracht zu haben. Ich war sehr erfreut darüber, dass ich im Lauf dieser Zeit jeden Tag mehrere Stunden an einem Hebräisch-Intensivkurs, einem Ulpan, teilnehmen würde. Das war Pflicht. Da konnte ich mein Hebräisch verbessern. Das war mir sehr wichtig.

Meinen Eltern gefiel mein Plan ziemlich gut, auch wenn meine Mutter traurig darüber war, dass ich so lange weg war. Aber sie hatten gemerkt, dass mich mein Studium an der

Freien Universität nicht zufriedenstellte und dass ich nicht glücklich war. An der Uni teilte ich mit, dass ich ein Semester Auszeit nehmen würde, um mein Hebräisch in Israel zu verbessern und um mir klar zu werden, ob ich nach Israel aus- bzw. einwandern möchte. Meinen engsten Freunden erzählte ich, dass mich alles in Berlin nur noch »ankotzte«. Und dass ich eine Pause nötig hatte, um über alles nachzudenken.

Einen riesigen Berg von Papierkram hatte ich abzuarbeiten, bevor ich endlich aufbrechen konnte. Krankenkasse, Polizei, BAföG-Amt, Universität, McDonald's (hier jobbte ich nebenher), Jüdische Zeitung und noch viele andere Institutionen schickten mit Post. Die letzten beiden Monate vor meinem Abflug waren sehr anstrengend. Es gab Probleme mit der Polizei und mit dem BAföG-Amt, die mir zunächst kaum lösbar erschienen. Aber ich konnte alles regeln und hätte schließlich fast einen freien Kopf gehabt, wäre da nicht eine Person gewesen, die mir äußerst wichtig war. Tagelang dachte ich darüber nach, wie ich es Janica beibringen sollte, dass ich über ein halbes Jahr weg sein würde. Es vergingen mehrere Wochen, bis ich ihr endlich von meinen längst beschlossenen Plänen erzählte. Ich wollte sie unter gar keinen Umständen weinen sehen. Ich dachte an jenen schönen Sommertag zurück, als wir im Humboldthain spazieren gingen und ich ihr sagte, dass ich zur israelischen Armee gehen wollte. Damals hatte ich meinen Plan aufgegeben. Seitdem waren einige Jahre vergangen und alles war anders geworden. Es war ernst geworden, sehr ernst.

Schließlich überwand ich mich und erzählte ihr alles. Ihre Reaktion überraschte mich. Sie sagte, mein Vorhaben sei für sie persönlich und für unsere Beziehung nicht gut, aber es sei vielleicht doch das Beste für mich. Sie spüre schon länger, wie unzufrieden ich sei und dass ich mir Sorgen über meine Zukunft mache. Sie respektiere meine Pläne, auch wenn für sie zunächst kein Platz darin sei. Ich liebte Janica, ich verehrte sie. Sie war lange der wichtigste Mensch in meinem Leben gewesen. Und nun wollte ich mich allen Ernstes von ihr trennen. Das tat sehr weh. Natürlich fragte ich mich selbst auch, ob ich denn den Verstand verloren hatte. War das nicht einfach nur widersprüchlich und dumm?

Auf der anderen Seite war vollkommen klar, dass wir eines Tages heiraten würden, wenn alles so weiterging wie gehabt. Dann würden unsere Kinder in Deutschland zur Welt kommen. Und gleichgültig ob ihr Vater der größte Zionist auf Erden oder gar ein Rabbiner war, sie wären nicht jüdisch. Denn nach jüdischem Gesetz muss die Mutter Jüdin sein, damit die Kinder als vollwertige Juden anerkannt werden. Es war mir inzwischen wichtiger geworden als meine Liebe zu Janica, dass meine Kinder als Juden zur Welt kamen. Dann würden sie Juden bleiben, genauso wie ich, ob sie es wollten oder nicht. Genauso wie ich. Janica wusste, dass ich eine Jüdin zur Frau nehmen wollte, und dachte sogar darüber nach, zu konvertieren. Doch es wäre nicht dasselbe gewesen. Und wäre sie damit wirklich glücklich geworden? Wäre sie wegen mir konvertiert oder weil sie selbst Jüdin sein wollte? Solche Entscheidungen bleiben, auch wenn die Liebe vergeht.

Wir beschlossen, mindestens ein Mal im Monat zu telefonieren und uns alles zu erzählen, auch wenn es wehtat. Wir wollten in dieser Zeit beide für uns herausfinden, ob wir wirklich füreinander geschaffen waren oder ob es vielleicht doch besser war, wenn jeder in Zukunft seinen eigenen Weg ging. Viele Tränen flossen. Und nicht nur bei diesem Abschied. Ich musste mich von einigen Menschen verabschieden, an denen mir viel lag. Es war keine leichte Zeit.

Mit einem Mal fand ich mich im Flugzeug nach Israel wieder und schon saß ich im Büro des Kibbuz Palmachim und bekam die erste Einführung in das Kibbuzleben. Ich bekam den Schlüssel für mein Zimmer und machte mich mit meinen zahlreichen Koffern und Taschen auf den Weg dorthin. Der Weg führte durch den halben Kibbuz und ich war beeindruckt. Es war alles so grün und blau und gelb, so lebendig. Alles blühte und war wunderschön. Ein wahres Paradies auf Erden.

In meinem Zimmer traf ich bereits einen meiner zwei Mitbewohner an, Adi aus Toronto, der mich sehr herzlich begrüßte. Er war etwas jünger als ich, offenbar gerade erst mit der Schule fertig, eine ziemlich groß gewachsene Bohnenstange. Wir verständigten uns auf Englisch, denn außer »Shalom« und »Ma nishma« (wie geht's) mit einem sehr lustigen Akzent konnte er kein Hebräisch. Er schien unterhaltsam zu sein, war heiß auf alles Weibliche und hörte Hip-Hop. Der zweite Mitbewohner traf kurze Zeit danach ein. Er war ganz anders als Adi. Yossi kam von den Kanarischen Inseln, war ebenfalls etwas jünger als ich, eher schüchterner Natur, weniger unterhaltsam und religiöser. Er trug eine Kippa auf dem Kopf und stellte sich auf Hebräisch vor. Sein Lächeln war nett, und er hatte leuchtend blaue Augen. Er sprach so gut wie kein Englisch. Er hatte es nicht gelernt. Sein Hebräisch hingegen war schon sehr flüssig, da er mit seinem Vater, einem Israeli, Hebräisch redete. Wir mussten also auch Hebräisch miteinander sprechen, was mir am Anfang nicht leicht fiel.

Meine zwei Mitbewohner konnten sich nicht direkt miteinander unterhalten. Ich musste den Übersetzer spielen, zumindest in den ersten Tagen und Wochen. Alles, was Adi von Yossi wollte, musste ich auf Hebräisch übersetzen, und ich musste zusehen, dass ich Yossis Hebräisch ausreichend gut verstand, damit ich Adi erklären konnte, was Yossi von ihm wollte. Durch diese Dolmetscheraufgabe bekam ich viel Übung, aber es war auch recht anstrengend, von zwei Seiten »zugequatscht« zu werden. Nach ein paar Wochen wollten die beiden allerdings nichts mehr voneinander wissen. Das machte mir das Leben leichter, obwohl ich immer wieder versuchte, sie einander wieder näherzubringen. Aber Adi hatte kein Verständnis dafür, dass Yossi kein Englisch sprach, wo das doch die Weltsprache war. Yossi wiederum interessierte sich nicht besonders für Englisch, sondern war der Ansicht, jeder Jude müsse Hebräisch können, und es sei peinlich, wenn das nicht der Fall war. Man müsse sich dann schon fragen, ob das überhaupt ein richtiger Jude sei.

Yossi war Zionist. Das nahm ich für mich auch in Anspruch. Aber ich war ein säkularer Zionist und er ein religiöser. Nach Yossis Ansicht konnte kein Jude ein wahrer Jude sein, wenn er nicht religiös war. Ein wahrer Jude darf kein Schwein essen und er muss die Kaschrutvorschriften einhalten. Das heißt, er darf beim Essen Fleischprodukte nicht mit Milchprodukten mischen. Er muss den Sabbat halten, d.h. kein Fernsehen, kein Radio, kein Handy, kein Fahrstuhl, keine Arbeit, kein Autofahren, kein Kochen, kein Telefon an diesem Tag. Außerdem legt er zum täglichen Morgengebet die Teffilin, die Gebetsriemen an.

Yossi hielt auch mich für nichts Ganzes und nichts Halbes. Ich hatte keine Bar-Mitzwa gehabt, ich hielt mich weder an die Kaschrut noch an den Sabbat und ich legte am Morgen keine Teffillin an. Trotzdem mochte er mich. Wie er aus meinen Erzählungen entnahm, war auch ich nicht gut auf die Araber zu sprechen. »Sie sind zu fanatisch, zu extremistisch, zu ungelehrt bzw. fehlgelehrt, zu zurückgeblieben«, sagte er. Wir waren uns rasch einig darüber, dass wir es niemals auf einen gemeinsamen Nenner bringen würden mit der arabischen Welt. Adi hatte mit Religion überhaupt nichts am Hut. Er interessierte sich für die Kaschrut und das Sabbathalten noch weniger als ich. Insoweit stimmte ich eher mit ihm als mit Yossi überein. Aber Adi sah auch keinen Grund dafür, Araber zu hassen, oder für das Gefühl, man könne einfach nicht mit ihnen zurechtkommen. In seinem jüdischen Viertel in Toronto war er nie einem Araber begegnet. Und von Geschichte hatte er ohnehin keine Ahnung. Ich musste also rasch feststellen, dass wir drei, die wir gemeinsam ein Zimmer bewohnten, nicht auf einer Wellenlänge waren.

In den folgenden Wochen und Monaten begegnete ich noch vielen anderen jungen Juden. Ich war für den Hebräisch-Kurs in die Klasse eingeteilt, in der ein Grundwissen der hebräischen Sprache vorausgesetzt wurde. Man musste bereits ein paar Sätze für einen »Small Talk« formulieren können. Yossi wurde auch in meine Klasse eingeteilt und langweilte sich meistens. Er amüsierte sich über mein simples Hebräisch. Adi dagegen war im Anfängerkurs, wo man erst einmal das hebräische Alphabet lernte. Wir sahen uns nur im Chadar HaOchel (Speisesaal). Wenn seine Klasse studierte, arbeitete meine Klasse, und wenn ich studierte, dann war er bei der Arbeit. An dem Ulpan-Programm nahmen etwa 50 Leute teil. Die meisten Ulpan-Teilnehmer, junge Leute, die wie ich entweder als Touristen oder als Olim Chadaschim (Neueinwanderer) in den Kibbuz gekommen waren, arbeiteten in einer Betonfabrik. Sie lag außerhalb des Kibbuz. Man traf dort viele Israelis, mit denen man sich auf Hebräisch unterhalten konnte. So konnte ich mein Hebräisch auch außerhalb des Klassenzimmers anwenden.

Nach und nach lernte ich die meisten Kursteilnehmer kennen. Über die Hälfte aller jugendlichen Neueinwanderer stammte aus der ehemaligen UdSSR (Russland, Ukraine, Litauen, Usbekistan, Kasachstan) oder aus Lateinamerika

(Argentinien, Bolivien, Brasilien, Kolumbien). Einige wenige kamen nach Israel, um ihren Wehrdienst in der israelischen Armee zu absolvieren. Der Rest war aus allen möglichen Gründen im Kibbuz: Urlaub, Sprache lernen, einen israelischen bzw. jüdischen Partner für die Zukunft finden, eine Auszeit nehmen oder überprüfen, ob dieses atemberaubende Land nicht doch die wahre Heimat ist, zu der man »aufsteigen« sollte.

Zu dieser Gruppe von jungen Menschen hatte ich am meisten Kontakt. Die russischsprachigen Neueinwanderer blieben unter sich. Abgesehen von ein paar Ausnahmen. Und auch die spanisch sprechenden Juden bevorzugten den Umgang mit ihresgleichen, ebenso diejenigen, die zum Militärdienst gekommen waren. Die jungen Leute aus »meiner Gruppe« kamen aus allen möglichen Ländern. Unter anderem aus Belgien, Frankreich, England, den USA, Kanada, Südafrika, Indien, Australien, Holland, Ungarn. Mit einigen freundete ich mich an, mit Shiran, Linda und Caroline, drei Freundinnen aus Belgien, die gemeinsam in den Kibbuz gekommen waren, mit einigen Pariser Juden, Gregory, Michelle und Monique, zwei indischen Jungs, Binjamin und Absalom, sowie Ben aus den USA. Die meisten waren Studenten oder wollten studieren oder hatten ihr Studium gerade beendet und sich für das Kibbuz-Abenteuer entschlossen.

Im Kibbuz konnte man abends nicht viel unternehmen, wenn nicht gerade eine Party lief. Man saß zusammen, hörte Musik, kochte gemeinsam und erzählte einander vom Leben und den Menschen in dem Land, aus dem man kam. Viele meiner neuen Freunde waren sehr erstaunt über meine Weddinger Geschichten und das Umfeld, in dem ich aufgewachsen war. Bis auf die Franzosen hatten die meisten von ihnen überhaupt keinen Bezug zu Muslimen und zum Teil auch keine Ahnung, dass Türken und Perser keine Araber sind und es im Islam verschiedene Glaubensrichtungen gibt. Ich verstand mich auf Anhieb mit Gregory, der aus der Banlieue, den Vororten rund um Paris, stammte und wie ich als einziger Jude bzw. einer von wenigen Juden in einem Viertel gelebt hatte, das vor allem von Menschen aus Afrika, besonders aus dem Maghreb, bewohnt wurde. Gregory war ebenfalls ein Ex-Writer (Graffiti-Sprüher), Gang-Mitglied und Kleinkrimineller, der mit hineingezogen wurde in die Unterwelt. Wir verstanden uns auf Anhieb.

Michelle, ein jüdisches Mädchen marokkanischer Abstammung, hasste Deutschland und die Deutschen. Sie ging davon aus, dass ich viele Probleme hatte als Jude in Deutschland. Nicht mit anderen »Nicht-wirklich-Deutschen«, sondern mit den Deutschen selbst. Die waren für sie immer noch dieselben wie diejenigen, die davon besessen gewesen waren, die Juden als Volksgruppe gänzlich auszurotten. Sie konnte es einfach nicht glauben, dass es Juden gab, die wirklich, allen Ernstes, in Deutschland leben wollten und nirgendwo anders, ausgerechnet in Deutschland. Das hielt sie für verrückt. Blind mussten diese Juden ihrer Meinung nach sein. Plötzlich fühlte ich mich bemüßigt, Deutschland und meine deutschen Freunde zu verteidigen. Tim, Max, Markus, Deutsche, die niemals etwas Negatives über die Juden oder Israel geäußert hatten. Für Michelle war auf den ersten Blick alles klar: Für sie war ich ein assimilierter Jude in Deutschland, der nichts Jüdisches mehr in und an sich hatte. Sie konnte jedoch bald feststellen, dass sie sich getäuscht hatte. Denn es war bei jeder Gelegenheit, ob im Unterricht oder bei privaten Diskussionen zu erkennen, wie viel mir am Gelobten Land lag.

Eine gute Freundin sollte auch Shiran aus Lüttich werden.

Sie war etwas jünger als ich und hatte vor, in Brüssel Internationale Politik zu studieren. Shiran war Mitglied einer linken jüdischen Jugendbewegung (HaShomer HaZa'ir) und hielt nichts von religiösen Vorschriften und Aliya (Einwanderung nach Israel). Mich hielt sie für einen eher rechts eingestellten Zionisten, der starke anti-arabische Gefühle hatte und bereit war, sein Leben für sein Vaterland zu opfern. Für die eine war ich also ein assimilierter Jude in Deutschland, für die andere eine rechter Zionist. Jeder im Kibbuz hatte seine eigenen Einstellungen und Erfahrungen. Das Leben dort war wie eine Weltreise. Plötzlich konnte man sich vorstellen, wie das Leben in Neuseeland, Kanada und Kolumbien ist. Alles schien so nah zu sein.

Nachts lag ich manchmal da und konnte nicht einschlafen. Wer waren all diese neuen Menschen in meinem Leben? Was hatte ich mit ihnen zu tun? Und hatten sie wirklich das Recht, mich abzustempeln, wie auch immer es ihnen gefiel, als fast Nicht-Juden (Yossi), als assimilierten deutschen Juden (Michelle), als rechten Zionisten (Shiran)? Sie hatten doch keine Ahnung, wer ich wirklich war. Die Einzige, die mich immer verstanden hatte, war Janica. Sie fehlte mir.

An Wochenenden fuhr ich sehr gerne zu meinen Cousins und Cousinen nach Aschdod, Holon, Rischon LeZion, Tel-Aviv oder Kfar-Saba. Ich war stets willkommen, fast wie bei meiner Mutter zu Hause. Der Duft, der aus der Küche kam, wenn meine Tanten kochten, ließ mein Herz höher schlagen. Meine Familie freute sich darüber, dass ich mich entschlossen hatte, für eine etwas längere Zeit nach Israel zu kommen, um mein jüdisches Selbstbewusstsein zu stärken und Israel kennenzulernen. Sehr bald schon wurde häufig darüber geredet, ob ich denn nicht gerne einwandern würde nach Israel. Meine Eltern und Geschwister sollte ich dann bitte gleich mitbringen, im Schlepptau. Ich lächelte, aber ich hatte keine Antwort parat. »Wer weiß? Elohim Gadol« (Gott ist groß, geläufige Redewendung, wenn man nicht weiß, was sein wird), sagte ich dann immer und versuchte das Thema zu wechseln.

Im Kibbuz gab es einige, die fanden, dass ich sehr gut nach Israel passte. Manche wollten es gar nicht glauben, dass ich vorher nicht in Israel gelebt hatte. Sie fanden, ich sähe nicht nur aus wie ein Israeli, sondern benähme mich auch so. Wer mich noch nicht kannte, nahm immer an, ich sei ein 100-prozentiger Sabre (ein in Israel geborener Jude). Wenn ich den Mund aufmachte und mein stark europäischer Akzent zu hören war, blickte man mich verwundert an, denn jetzt war klar, dass ich entweder ein Tourist war oder ein Neueinwanderer, der erst kurze Zeit in Israel lebte.

Verdrehte Welt! In Deutschland war ich schon von Weitem als Nicht-Deutscher identifiziert worden. Wegen meiner dunklen Haut, meiner braunen Augen und meinem schwarzen Haar. Auch wenn mein Deutsch besser war als das vieler Deutscher. In Israel hingegen hielt man mich auch aus nächster Nähe ohne Weiteres für einen Israeli, bis ich den Mund aufmachte und durch meinen Akzent zum »Fremden« wurde. Darüber war ich manchmal traurig. Insgesamt gefiel mir meine Lage in Israel jedoch um einiges besser. Ich musste nur noch perfekt Hebräisch lernen. Dann konnte ich für immer Teil dieser Gesellschaft sein. Ich bräuchte mir nie wieder Gedanken darüber zu machen, wo ich hingehörte. Wer oder was ich eigentlich sei. Ich wäre Israeli, jüdischer Israeli. Ich könnte mich zum ersten Mal akzeptiert fühlen.

Mein Hebräisch wurde immer besser. Ich genoss es, mich auf Hebräisch zu unterhalten. Mein Ehrgeiz war groß. Ich wollte meinem Umfeld und vor allem mir selbst beweisen, dass ich in der Lage war, innerhalb weniger Monate ein mehr oder weniger fließendes Hebräisch zu sprechen. Das gelang mir auch. Aber ich identifizierte mich nicht nur mehr und mehr mit Israel. Ich fing auch an, mich immer stärker für die jüdische Kultur und Tradition zu interessieren. Ich wollte unbedingt wissen, welches die jüdischen Festtage sind, wann man aus welchem Grund fastet, welche Gebete wann gesprochen werden, was die Bedeutung des Sabbats ist. Ich wollte mehr wissen über Kaschrut, Kadosch und Kiddusch.

Ich dachte daran zurück, wie meine Großmutter während der Ferien in Israel immer zornig geworden war, wenn sie sah, dass meine Geschwister und ich das Pitabrot mit Wurst- und Käsescheiben belegten. »Das ist nicht koscher«, hieß es dann. Doch uns interessierte das nicht. Wer in aller Welt sollte uns verbieten, Wurst und Käse zusammen zu essen? Damals hatte ich überhaupt kein Verständnis dafür gehabt, dass meine Großeltern an solch einen »Quatsch« glaubten. An irgendwo niedergeschriebene, altertümliche Essensvorschriften, die für das heutige Leben keine Rolle mehr spielen sollten. Wieso sollte ich Fleisch- und Milchprodukte trennen? Kein einziger meiner Freunde in Berlin machte das. Wahrscheinlich würden sie sich darüber totlachen.

Seitdem hatte sich viel geändert. Nun fing ich an, die Kaschrutvorschriften einzuhalten. Das bedeutete, die Finger vom Schweinefleisch zu lassen und zwischen dem Verspeisen von Milch- oder Fleischprodukten einen zeitlichen Abstand einzuhalten. Bestimmte Arten von Fisch und Meeresfrüchten kamen nicht mehr infrage. Lamm und Huhn schmeckten mir ohnehin besser als Schwein. Fisch hatte ich noch nie besonders gemocht. Schwerer fiel es mir, Milch- und Fleischprodukte getrennt zu halten. Ich konnte keine Cheeseburger mehr bei McDonald's bestellen. Von nun an musste ich mich entscheiden, ob ich mein morgendliches

Brötchen lieber mit Wurst oder lieber mit Käse aß. Beides zusammen ging nicht mehr.

Mein Interesse an den jüdischen Feiertagen wuchs. Zu Pessach oder zu Jom Kippur, Rosch ha-Schana oder Lag ba-Omer wollte ich, wie alle anderen Familienangehörigen, zur Synagoge gehen und das essen, was man als Jude essen sollte. Und wenn man fasten musste, dann wollte auch ich fasten. Der Freitagabend, der Sabbateingang, war für mich auch kein normaler Abend mehr. Es war Festtagsstimmung angesagt. Ich zog mein weißestes Hemd an, setzte die Kippa auf und sprach die Segenssprüche für Wein und Brot.

Bei meinen Gesprächen mit Janica aber wurde mir immer das Herz ganz schwer. Jedes Mal, wenn ich ihre zarte Stimme hörte, jedes Mal, wenn sie mich bat, wieder zurückzukehren nach Berlin, jedes Mal, wenn sie am Telefon anfing zu weinen, kamen auch mir die Tränen und es wurde mir erneut bewusst, wie sehr sie mir fehlte. Das gab ich natürlich nicht zu, sondern ich spielte den harten Mann, der eine Entscheidung für seine Zukunft getroffen hatte. Und so war es auch. Ich hatte vor, ein neues Leben aufzubauen. In Israel. Ich wollte nach Israel einwandern. Wedding und Berlin und Deutschland sollten der Vergangenheit angehören. Ich wollte meine Kinder in ihrem wahren Vaterland aufwachsen sehen. Wenn ich noch einmal nach Deutschland zurückkehrte, dann nur, um meine Angelegenheiten dort endgültig zu regeln.

Die letzten Wochen meines Aufenthaltes in Israel vergingen schnell. Ehe ich mich versah, hielt ich auch schon mein Kibbuz-Ulpan-Diplom in Händen, das bestätigte, dass ich fünf Monate täglich am Hebräischunterricht teilgenommen und gute Grundkentnisse in der hebräischen Sprache hatte. Ich stellte fest, dass außer mir noch eine Reihe anderer junger Leute beschlossen hatte, in den kommenden Jahren nach Israel einzuwandern. Meine besten Freunde Shiran und Adi gehörten leider nicht dazu.

Der Großteil der Einwanderer kam aus russischsprachigen Ländern. Sie sprachen fast ausschließlich Russisch und einige waren der Ansicht, fast die Hälfte der jüdischen Bevölkerung Israels sei ohnehin russischsprachig oder hätte zumindest ihren Ursprung in den russischsprachigen Ländern. Das war gar nicht so falsch. Seit dem Zusammenbruch der Sowjetunion und der Öffnung ihrer Grenzen im Jahre 1989 wanderten mehr als eine Million Menschen aus diesem Teil der Welt nach Israel ein. Viele blieben unter sich, hatten eigene Sportklubs, Restaurants, Buchhandlungen, Diskos und Freizeitvereine, in denen Russisch gesprochen wurde. Wie ein Staat im Staate erschien mir das. So wie die Koloniestraße in Berlin-Wedding auch nicht wirklich Deutschland war. Und vielen dieser Neueinwanderer, besonders aus Russland, Weißrussland und der Ukraine, war das Judentum sehr fremd geworden. Einige erklärten mir, während der Jahre des Kommunismus sei ihnen verboten worden, ihr Judentum offen zu zeigen. Die Staatsideologie forderte Gleichheit und duldete keine Sonderstellung für Religionen. Es gab auch die Angst vor Pogromen. Kaum einer von ihnen hielt den Sabbat ein, wusste, was die Kaschrutvorschriften bedeuteten oder hielt sie gar ein. Das jüdische Neujahrsfest hatte man nie gefeiert, und beschnitten waren, so wurde mir erzählt, nur wenige der Männer, die aus der Ex-Sowjetunion nach Israel eingewandert waren, um einen neuen Anfang zu machen.

Ich sprach meine russischsprachigen Bekannten darauf an, wieso sie denn nicht beschnitten waren oder wieso sie rein gar nichts über das Judentum und den Staat Israel wussten. Ich bekam von einigen die Antwort, dass sie sich kaum jüdisch fühlten. Ihre Eltern hatten sie nicht jüdisch erzogen. Das war ja bei mir ganz ähnlich gewesen. Viele erzählten mir, dass der einzige echte Jude in ihrer Familie jemand aus der Generation der Großeltern gewesen war, der oder die manchmal auch schon nicht mehr lebte. Aufgrund dieser jüdischen Abstammung waren sie auf der Basis des Rückkehrgesetzes berechtigt, nach Israel einzuwandern. Sie taten das, um den ärmlichen Verhältnissen in Russland oder der Ukraine zu entkommen und in »Klein-Russland« am Mittelmeer ihr Glück zu suchen.

Ich konnte das durchaus nachvollziehen. Aber es gab auch einige, die meiner Meinung nach am falschen Ort waren. Ich war mir nicht ganz sicher, ob Igor, der neben mir im Hebräisch-Kurs saß und einen dicken Anhänger mit Maria und Jesus an seiner Goldkette hängen hatte, wirklich nach Israel gehörte. Es gab ein verheiratetes junges Ehepaar aus der Ukraine, Nathalia und Vaslav, die zu Weihnachten einen Weihnachtsbaum in einem unserer Gemeinschaftsräume aufstellten, ihn schmückten und Lichterketten anbrachten. Musste das denn sein? Ich war ziemlich empört darüber. Meiner Meinung nach hatten sie nicht das Recht, aufgrund ihrer jüdischen Abstammung die Hilfe des israelischen Staates bei ihrer Auswanderung in Anspruch zu nehmen und dann in Israel Weihnachtsbäume aufzustellen. Und gegebenenfalls, wenn es ihnen nicht mehr passte, weiterzuziehen nach Europa oder Nordamerika. Ich fühlte mich fast persönlich angegriffen dadurch.

Ich sprach mit meinem Vater am Telefon darüber. Er war nicht der Ansicht, dass man sich darüber empören müsse. Er sagte, diese Einwanderungswelle von »säkularen« Juden trage zur Modernisierung des Staates Israel bei. Dadurch würden den ultraorthodoxen Juden Grenzen gesetzt. Er und auch meine Mutter wollten einen säkularen, demokratischen, modernen Staat Israel und keinen Staat, der von religiösen Fanatikern geprägt war, die kein Interesse am Fortschritt der Menschheit hatten. Das wollte ich auch. Ich beruhigte mich wieder.

Ich freundete mich bewusst mit vielen Russischsprachlern an, damit ich sie besser verstand, und auch, um mir einen Freundeskreis aufzubauen, auf den ich zurückgreifen konnte, wenn ich in Israel lebte. Schließlich hatten wir vieles gemeinsam, vor allem die absolut nicht-jüdische Erziehung. Dasha, die mit ihrem Zwillingsbruder Vladimir aus Moskau eingewandert war, brachte mir sogar das kyrillische Alphabet bei. Zwar konnte ich nie mithalten, wenn sich die »Russen« abends zum Wodka trafen und russische Volkslieder sangen, aber ich fühlte mich schließlich doch sehr wohl bei ihnen.

Mein letzter Tag war gekommen. Adi, Shiran, Linda und Caroline begleiteten mich zum Ben-Gurion-Flughafen. Wir waren alle sehr traurig. Keinen von ihnen würde ich bei meiner Wiederkehr antreffen. Ob ich Adi, der einen Monat nach mir nach Kanada zurückkehrte, je wiedersah, stand in den Sternen. Als ich dann im Fluzeug saß, konnte ich mich gleich wieder in meinem Entschluss bestätigt fühlen. Ich geriet mitten in eine christliche Touristengruppe mit älteren, blonden Österreichern, die mich alle misstrauisch musterten. Wahrscheinlich hielten sie mich für einen Türken, auf jeden Fall für fremd. Das Gefühl kannte ich ja. Ich wollte so schnell wie möglich wieder nach Israel zurück.

Zurück in Berlin

Das Leben ist nur eine Sekunde!

Mein Freund Sahin

Das Leben ist stets auf die Zukunft gerichtet, das Verständnis immer auf die Vergangenheit.

Sören Kierkegaard

Als ich in Berlin das Flugzeug verließ, hatte ich nicht das Gefühl, dass ich nach Hause kam. Ich kam mir vor wie ein Tourist. Zuerst begegnete ich der ewigen Kälte Deutschlands. Die hatte ich in Israel nicht vermisst. Meine Laune war schlecht. Sie wurde durch den Polizisten, der meinen deutschen Pass kontrollierte, noch schlechter. Er nahm den Pass, blätterte darin, musterte mein Gesicht, verglich es mit dem Passfoto, drehte den Pass nach rechts und links, sah mich grimmig an und gab ihn mir dann schließlich zurück. In den paar Sekunden, die das dauerte, gingen mir so viele Gedanken durch den Kopf. Dachte er, ich wäre ein Tourist oder ein Asylant, der den Pass gefälscht hatte? Fragte er sich, wieso ein Türke aus Israel eingeflogen kam? Was auch immer in ihm vorging, es waren keine freundlichen Gedanken. Die Pässe der Leute neben mir und vor mir wurden kurz aufgeschlagen und dann wieder ausgehändigt. Den grimmigen Blick bekam nur ich ab.

Ich holte mir meinen Koffer und ging hinaus, um meine Eltern und Geschwister zu begrüßen, die mich abholen wollten. Doch nicht nur meine Familie, sondern Freunde und Freundinnen, allen voran Janica, waren da. Ich umarmte meine Mutter und meinen Vater, dann meine Geschwister. Und dann bekam ich noch eine viel innigere und längere Umarmung von Janica, die vor Freude weinte. Ich begrüßte all die anderen, die da waren. Ich fuhr überglücklich mit meiner Familie nach Hause. Ich fühlte mich nicht mehr wie ein Tourist.

Doch dabei blieb es nicht lange. Sehr schnell wurde ich von meiner Mutter in die Wirklichkeit zurückgeholt. Sie erzählte mir von mehreren Schlägereien, in die mein Bruder während meiner Abwesenheit verwickelt gewesen war. Und Richard erzählte mir schon beim ersten gemeinsamen Abendessen von den Problemen, die er mit den Jungs aus dem Viertel hatte. Mehrmals hatten Arabercliquen vor der Schule auf ihn gewartet, um ihn fertigzumachen. Einmal rannten sie sogar mit aufgeklappten Springmessern hinter ihm her. Ein anderes Mal stürzten sie sich im Bus zu fünft auf meinen Bruder und seinen Freund. Mein Bruder war noch keine 16 und musste genau dasselbe erleben wie ich, obwohl er im Wedding groß geworden war und nicht wie ich erst mit 14 dorthin kam. Er wurde von kleinen Jungs mit Messern verfolgt, weil er Jude war. Musste meine Mutter das Ganze nun noch einmal durchmachen? Wie lange musste sie noch leiden? Wie viel Angst hatte sie verspürt, wenn ich damals zu spät nach Hause kam? Wie viel Angst verspürte sie jetzt, wenn es bei meinem Bruder genauso war? Natürlich wollte ich wissen, warum ich davon nichts erfahren hatte, wenn ich von Israel aus mit meinen Eltern telefonierte. Sie wollten nicht, dass ich mir Sorgen machte oder womöglich Hals über Kopf meine Koffer packte, um meinem Bruder im Wedding beizustehen. Sie wollten vermeiden, dass ich meine eigenen Pläne umstieß.

Richard schien sich mit der Situation relativ gut abgefunden zu haben. Genau so wie ich über Jahre hinweg damit zurechtgekommen war. Ich konnte ihm nur raten, sich nie alleine in die entsprechenden Gegenden zu begeben, sondern nur mit Freunden, die versuchen konnten, die Lage zu schlichten oder ihm bei einem Schlagabtausch im Notfall zu helfen. Und er sollte immer einen Schlagstock bei sich tragen, damit er in der Lage war, sich gegen mehrere Angreifer zu verteidigen.

Alles war haargenau so wie früher. Sahin machte immer noch dieselben Sprüche und meine Graffiti-Freunde waren immer noch am »writen«, »bomben«, »taggen«, »malen« und Quatsch machen. Im Wedding liefen noch dieselben »Fratzen« umher und schneller, als mir lieb war, traf ich einige von ihnen auf der Straße. Viele fragten mich, wo ich denn so lange gewesen sei. Manchmal sagte ich, ich sei in Los Angeles gewesen, manchmal auch einfach: im Knast. Ich wollte nicht, dass sich mein Israel-Aufenthalt herumsprach. Das hätte Folgen gehabt. Für mich und höchstwahrscheinlich auch für meinen Bruder. Denn auch er hatte sich einen Ruf gemacht, als Arons kleiner Bruder. Noch ein Jude im Viertel! Den Leuten von früher versuchte ich aus dem Weg zu gehen, doch ab und zu ließ sich eine Begegnung nicht vermeiden. Dann kam es zu unerfreulichen Blickwechseln und Gesprächen. An eines kann ich mich sehr gut erinnern. Es war ein libanesischer Kurde namens Habib, der mich spöttisch fragte: »Du warst in Palästina, nicht wahr?« Als ich Janica von meinen »Wiedersehensgesprächen« erzählte, wunderte sie sich nicht besonders darüber. Auch sie hatte sich während meiner Abwesenheit regelmäßig dumme Sprüche anhören müssen, wie z. B. »Wo ist denn dein jüdischer Freund?« oder »Schämst du dich nicht mit diesem dreckigen Juden auszugehen?«. Nichts, aber auch gar nichts hatte sich verändert. Wieso auch?

Ich bewarb mich wieder um einen Teilzeit-Job bei McDonald's, wo ich früher schon gearbeitet hatte. Mein alter Chef nahm mich sofort auf. Er wollte, dass ich in der neuen McDonald's-Filiale in der Kurfürstenstraße aushalf. Nun brauchte ich mich nur noch an meiner alten Universität für das nächste Semester einzuschreiben, dann war endgültig alles wie gehabt. Ich war mir sehr sicher, dass ich dort keinen Abschluss machen würde. Eher aus Jux meldete ich mich noch für einige Kurse am Institut für Islamwissenschaften an und belegte zwei Sprachkurse. Einen Russisch-Sprachkurs für Anfänger und einen Türkisch-Sprachkurs für Anfänger. Beide Sprachen verstand ich ja schon ein bisschen.

Eines hatte sich aber doch verändert, mein Verhältnis zur jüdischen Kultur und Tradition. Jeden Freitagvormittag begab ich mich in die Nürnberger Straße im Zentrum und kaufte zwei große Sabbat-Brote, für den Segensspruch am Sabbat-Eingang. Wein durfte natürlich auch nicht fehlen, um das Sabbat-Dinner am Freitagabend richtig einzuläuten. Meine Eltern und Geschwister lachten mich aus. Jeden Freitagabend musste ich mir anhören, mir hätte in Israel wohl jemand das Gehirn gewaschen. Mein Vater war der Ansicht, ich hätte zu viel Zeit mit meinem religiösen Onkel Kamy aus Jerusalem verbracht. Richard weigerte sich zunächst, am Freitagabend die Kippa aufzusetzen. Meine Mutter erzählte uns jeden Freitag aufs Neue, mit Tränen in den Augen, von ihrer Angst, dass ich mich vom einfachen Juden zum Fanatiker entwickeln könnte. Bestärkt sah sie sich darin noch dadurch, dass ich ein Poster von Abraham Yair Stern, dem Führer der jüdischen Untergrundorganisation »Fighters for the Freedom of Israel«, die noch vor der Gründung des Staates Israel gegen Araber und kolonialistische Briten teilweise mit Gewalt vorgegangen war, an der Wand in meinem Zimmer anbrachte. Und dass ich meinem Bruder von ihm erzählte. Meiner Meinung nach war Abraham Stern ein stolzer Jude, der kämpfte, um das Beste für sein Volk zu erreichen, und das war für mich vorbildhaft. Ob sein Weg der richtige war, ist sehr umstritten. Doch für mich war er zum großen Vorbild geworden. Sein Anblick inspirierte mich.

Doch je länger ich wieder in Berlin war, desto depressiver wurde ich. Eine Person bemerkte das sehr rasch und sprach mich darauf an. Es war meine liebe, kluge Janica. Sie litt unter meinem Benehmen. Sie wollte eine gemeinsame Zukunft mit mir haben. Gab es eine gemeinsame Zukunft für uns? Sie war Katholikin, sie machte eine Ausbildung zur Krankenschwester, sie wollte in Berlin Medizin studieren. Sie meinte, ich solle doch in die USA zu meiner Familie nach L.A. gehen und dort studieren. Sie würde nachkommen, versprach sie. Sie würde zum Judentum konvertieren, damit wir heiraten konnten. Das berührte mich sehr. Ich fragte sie, ob sie auch mit mir nach Israel kommen würde. Sie sagte, das könne sie sich nicht vorstellen. Israel sei ihrer Meinung nach ein zu fanatisches Land in einer Krisenregion, sie spreche die Sprache nicht und sie hätte dort niemanden außer mir.

Aber sie verstand, dass ich es in Berlin nicht mehr aushielt. Unter Deutschen, die mich für einen Türken oder Araber hielten, und Muslimen, für die ich nur ein »Jude« war. Ich sah dort keine Zukunft für mich. Und immer wieder geschahen Dinge, die mich in meiner Haltung bestärkten.

Ich saß mit Sahin im Bus und wir fuhren in Richtung U-Bahnhof Wedding. Im 227er wurde man eigentlich nie kontrolliert und deshalb war Sahin ohne Fahrschein eingestiegen, um die paar Stationen bis zu sich nach Hause nicht laufen zu müssen. Doch eine Station vor dem Nettelbeckplatz kamen drei Kontrolleure in den Bus und fingen an, Fahrscheine zu kontrollieren. Wir mussten aussteigen und Sahin wurde nach seinem Namen und seiner Anschrift gefragt, von einem sehr unfreundlichen, aggressiven Kontrolleur, offensichtlich nicht deutscher Herkunft. Als Sahin sich weigerte, seinen Namen zu nennen, wurde der Kontrolleur handgreiflich und gab ihm einen Stoß. Sahin wollte auf ihn losgehen, doch ich verhinderte es. Sahin brüllte den Kontrolleur auf Türkisch an, doch der schrie, er sei kein Türke und sehr stolz darauf. Sahin fragte ihn zornig, was das denn zu bedeuten hätte, was er denn für ein Landsmann sei? Der Kontrolleur erwiderte stolz, er sei Araber, und zwar aus Syrien. Die Türken seien keine Muslime. Sie hätten ihre arabisch-muslimischen Brüder verraten für eine Freundschaft mit ihrem größten Feind, dem Judenstaat. Diese Äußerung traf mich wie ein Schlag, und ich musste mich sehr beherrschen, um nicht selbst gewalttätig zu werden. Die zwei anderen Buskontrolleure standen untätig daneben und interessierten sich nicht sonderlich für unseren Streit. Sahin forderte sie auf, die Polizei zu rufen, er wolle den Kontrolleur anzeigen. Wegen Körperverletzung. Nach etwa zehn Minuten hielt eine Polizeistreife vor uns. Die zwei Polizisten wollten wissen, um was es ging. Der syrische Kontrolleur legte los, wir hätten ihm die Fahrscheine nicht zeigen wollen und seien auf ihn losgegangen. »Ich wurde von den beiden hin- und hergeschubst, fragen Sie doch mal die Kollegen von mir.«

Die anderen Kontrolleure taten so, als hätten sie überhaupt nichts mitbekommen. Zum Glück stellten sie sich wenigstens nicht gegen uns. Aber mir war rasch klar, dass wir keine Chance hatten. Die Polizisten hatten offensichtlich keine Lust, wegen einer solchen Lappalie ein Protokoll zu machen und eine Anzeige aufzunehmen. Sahin bestand darauf. Er war äußerst wütend. Da nahm ihn der syrische Kontrolleur beiseite und flüsterte ihm zu: »Hör zu, wieso beruhigst du dich nicht und wir vergessen die ganze Sache. Schließlich sind wir doch beide Muslime!«

Sahin und ich wussten, dass eine Anzeige nicht viel gebracht hätte. Unser syrischer »Freund« hätte sich danach auch nicht verändert. Vielleicht hättte er die Türken noch mehr gehasst. Und wenn er erfahren hätte, dass ich Jude bin, hätte er sich erst recht bestätigt gesehen in seiner Meinung, dass Türken Judenfreunde und somit nicht mehr wert sind als die Juden selbst. Ob Sahin später noch darüber nachgedacht hat, was da eigentlich vorgefallen war, in was für eine politisch-religiöse Auseinandersetzung wir da geraten waren, weiß ich nicht. Wir sprachen nicht darüber. Kein Wort. Offensichtlich war er eher froh über den Ausgang der Angelegenheit. Schließlich war er es gewesen, den man ohne Fahrschein erwischt hatte.

Meine Eltern, besonders meine Mutter, empörten sich zwar über die gehässigen Äußerungen des Kontrolleurs, waren aber froh, dass wir ihn nicht angezeigt hatten. Womöglich hätte er seinen Job verloren. Und sie waren stolz darauf, dass ich Handgreiflichkeiten verhindert hatte. Dadurch war für sie bewiesen, dass ich kein jüdischer Extremist war, obwohl ich nach Israel wollte und keine Cheeseburger mehr aß.

Ein paar Tage später gab es wieder einen Vorfall, bei dem der Hass von muslimischen Arabern bzw. Palästinensern auf Juden evident wurde. Ich arbeitete in der McDonald's-Küche in einer Abendschicht. Es war an einem Wochentag kurz vor meinem Feierabend um 23 Uhr. Viele Mitarbeiter waren in einer Abendschicht zu dem Zeitpunkt nicht mehr da, ein Manager im Büro, einer, der aufräumte und aushalf, eine feste Kraft an der Kasse, vielleicht kam auch der Filialleiter noch vorbei, um nachzusehen, ob alles in Ordnung war. In der Küche arbeitete ich an jenem Abend mit einem Jungen zusammen, der stolz war auf sein Herkunftsland Palästina. Er fragte jeden anderen Mitarbeiter, von wo er kam. Sein Name war Walid. An einer Silberkette hatte er einen arabischen Schriftzug hängen, auf den ich ihn ansprach.

Er sagte, dass der Schriftzug »Allah« bedeutete und dass er auf Allah vertraute. »Allah ist gerecht und wird auch Gerechtigkeit in Palästina walten lassen!«, ließ er mich wissen. Ich hatte mich als Iraner ausgegeben, um mehr von ihm zu erfahren. Er fragte mich, ob ich denn nicht genauso empfand, ob ich auch an Allah glaubte.

»Na ja«, murmelte ich, »ich bin eher unreligiös erzogen worden und glaube, dass ich auf keine Hilfe vertrauen sollte, sondern mir selbst helfen muss, wenn ich etwas erreichen will.« Walid schwieg und sah mich prüfend an. Dann fragte ich ihn: »Was meinst du eigentlich mit Gerechtigkeit in Palästina? Was ist denn nicht gerecht?«

Er war offensichtlich völlig irritiert. Wahrscheinlich dachte er, wie kann ein Muslim, und noch dazu ein Iraner, nichts vom Schicksal seiner muslimischen Brüder in Israel wissen. Vielleicht dachte er auch nur, ich sei dumm und habe keine Ahnung, was auf der Welt so vor sich geht.

»Ich kann nicht glauben, dass du nicht weißt, dass das jüdische Ungeheuer Israel, mit Hilfe Amerikas, uns Palästinenser aus unserer Heimat vertrieben hat, um unser palästinensisches Land mit seinem jüdischen Nachwuchs zu besiedeln. Weißt du das denn wirklich nicht?«

Ich antwortete, davon hätte ich schon mal gehört. Es interessiere mich aber nicht weiter. Schließlich seien das »deren« Konflikte in »deren« Ländern und wir lebten doch in Deutschland.

»Mit meinem Herzen lebe ich dort, in Palästina. Und wenn ich die Möglichkeit hätte, israelische Babys zu töten, dann würde ich das tun. Um frei in Palästina leben zu können, ohne einen einzigen Juden weit und breit«, sagte er. Ich sah, dass er es todernst meinte. Dieser Mensch war so hasserfüllt, dass er kleine Kinder ermorden würde. Der Gedanke war abscheulich, doch das war die Wirklichkeit. Ich war den Tränen nahe. Ich konnte es nicht fassen, dass ein junger Mensch so was von sich gab. Ich musste mich sehr zurückhalten. Unser Gespräch wurde abgebrochen, denn es kam eine größere Bestellung und wir mussten Burger produzieren. Kurz darauf hatte ich Feierabend. Ich nahm mir einen Milchshake mit und wollte ihn in der U-Bahn auf dem Weg nach Hause trinken. Als ich vor der Haustür stand, hatte ich ihn kaum angerührt. Ich hatte nur noch diese hasserfüllten Blicke und Worte im Sinn.

Es war ein vorsommerlich warmer Freitagmittag, ich hatte frei und ich war gut gelaunt. Seit ich aus Israel zurückgekehrt war, liebte ich den Freitag. Ich wusste, dass meine Familie am Abend beim Sabbat-Mahl zusammensitzen würde. Wir würden uns erzählen, was die Woche über geschehen war, und es würde das Lieblingsgericht von meinem Bruder und mir geben, persischen Kebab. Ich wollte zum Franziskus-Krankenhaus fahren, wo Janica ihre Ausbildung zur Krankenschwester machte, und sie abholen. Auf meinem Weg dorthin hupte ich nicht und brüllte auch nicht aus dem Autofenster, was mir sonst oft passierte, wenn mir am Straßenverkehr etwas nicht passte. Ich war vollkommen entspannt.

Wir fuhren wie so oft zum Schäfersee, um den Nachmittag auf einer der Bänke zu verbringen und eines unserer langen Gespräche über Vergangenheit, Gegenwart, Zukunft und den

Sinn des Lebens zu führen. Sie merkte, dass es mir viel besser ging als in den Monaten zuvor und freute sich darüber. Ich sah sie an und dachte mir, wie gut ich es doch hatte. Da saß eine großartige Frau neben mir, die mich liebte, die mir zulächelte und sich freute, weil ich glücklich und zufrieden war. Wie viele Menschen haben ein solches Glück? Warum wusste ich das manchmal nicht zu schätzen? Es ging mir so gut, dass ich mir sagte: Sharuz! Es ist doch alles o.k. hier in Berlin. Warum willst du eigentlich weg? Es war der erste wirklich schöne Tag für mich in den zwei Monaten, seit ich aus Israel zurückgekehrt war, um wieder unglücklich zu sein.

Auch zu Hause, während ich auf das Sabbat-Mahl wartete, das gegen acht Uhr stattfand, war ich sehr vergnügt. Ich lief durchs Haus, hörte mir die neue CD von der israelischen Sängerin Rita an, alberte mit meinen Geschwistern herum und winkte meinem Freund und ehemaligen Klassenkameraden Mehmet zu, der zufällig auf der gegenüberliegenden Straßenseite vorbeikam. Bis der Tisch gedeckt war. Ich sprach die Segenssprüche für Wein und Brote und wünschte mir, das Leben möge immer so sein. Wir stießen an. LeChaim. Auf ein 120 Jahre langes glückliches Leben.

Nach dem Essen klingelte das Telefon. Mein Chef bei McDonald's fragte mich, ob ich eine Vertretung für die Nachtschicht übernehmen könnte. Jemand war überraschend ausgefallen. Sonst verbrachte ich den Freitagabend zu Hause oder bei meiner Freundin. Normalerweise arbeitete ich am Freitag nicht. Doch ich war so gut aufgelegt, dass ich sofort zusagte. Nachtschicht von 23 Uhr abends bis 7 Uhr morgens. Ich freute mich sogar darauf.

Diese acht Stunden verliefen ganz anders, als ich mir das vorgestellt hatte. Ich verbrachte sie nicht damit, mit breitem Grinsen die Gäste zu bedienen. Ich war vollkommen unkonzentriert und machte dumme Fehler an der Kasse. Ich redete nicht mit meinen Kollegen. Die zwei anderen in der Nachtschicht waren Imad und Rikki. Eigentlich hatte ich sie bisher ganz gut leiden können. Aber an jenem Abend geschah etwas, das mich an früher erinnerte und tief verletzte.

Als ich kurz vor 23 Uhr in meiner Filiale ankam und im Personalbereich den Flur Richtung Umkleidekabine entlangging, kam mir Imad entgegen. Wir begrüßten uns wie immer sehr kumpelhaft und redeten dies und jenes. Small talk. Plötzlich fiel sein Blick auf meinen goldenen »T«-Anhänger, den ich mir in Israel gekauft hatte. Er nahm ihn in die Hand und musterte ihn einige Sekunden. Dann fragte er mich, was dieser Anhänger zu bedeuten hatte. Es war wie damals, als die Menschen im Wedding auf meinen Davidstern blickten. Dieses Mal trug ich keinen Davidstern-Anhänger am Hals. Das vermied ich, um Schwierigkeiten aus dem Weg zu gehen. Ich erklärte ihm, was der Anhänger zu bedeuten hatte: »Es ist ein Anhänger, der sehr populär ist in Israel, er wird zumeist von sephardischen Juden getragen.«

Und es geschah, was schon so oft geschehen war. Imad sah mich verblüfft an und fragte: »Wo? Israel? Was hast du mit Israel zu tun?« Ich antwortete: »Ich war längere Zeit dort und fühle mich dort dazugehörig.« Dann fragte er: »Aber dort gibt es doch nur Juden, was hast du als Perser dort verloren?«

Ich hätte weggehen und einfach nicht anworten sollen. Doch das konnte ich nicht. »Ich bin Jude und liebe mein Land Israel, deshalb fühle ich mich dort zugehörig und deshalb trage ich mit Stolz diesen Anhänger«, sagte ich.

Imad stieß hervor: »Was! Du bist Jude?« Ich sah ihn an, ohne zu antworten. Er fragte noch einmal, als ob er es einfach nicht wahrhaben wollte, dass ein Jude vor ihm stand, ein Jude, den er bis dahin als Kumpel betrachtet hatte. »Du bist wirklich Jude? Ich meine, ein richtiger Jude?«

Wir sahen uns stumm in die Augen. Zahllose Gedanken schossen mir durch den Kopf. Was empfand Imad jetzt wohl? Ich war mir sicher, es war dasselbe wie damals bei Mahavir oder Fadi, Can oder Habib, als sie hörten, dass ich ein Jude bin. Plötzlicher Hass!

Das Schweigen wurde unterbrochen. Rikki eilte an uns vorbei, begrüßte uns hastig und wollte schnell zur Umkleidekabine, um sich für die Arbeit umzuziehen. Er hatte sich etwas verspätet. Imad rief ihm nach: »Rikki! Der hier ist Jude!« Rikki blieb stehen, drehte sich langsam zu uns herum und schaute uns verständnislos an. Worauf Imad wiederholte: »Sharuz ist Jude!«

Vorher war Rikki so eilig in Richtung Umkleidekabine gelaufen. Jetzt kam er wieder zurück, ganz langsam, als ob er plötzlich vergessen hätte, dass er zu spät dran war. Er trat ganz nah an mich heran und blickte mir wie Imad in die Augen, ohne einen Laut zu äußern. Zu zweit starrten sie mich an. Ich wusste nicht, wie ich reagieren sollte.

Dann brach Rikki das Schweigen. Er sagte: »Es tut mir leid, das zu sagen, doch ich bin wirklich froh, dass ich kein Jude bin!«

Der Tag war so schön gewesen. Warum konnte kein Tag vergehen, ohne dass ich an mein Jüdischsein erinnert wurde, auf komische, dumme oder beleidigende Weise? Der Dienstschluss kam und ich verließ meinen Arbeitsplatz, ohne mich von irgendjemandem zu verabschieden. Langsam ging ich zu meinem Auto, um nach Hause zu fahren. Langsam stieg ich ein und fuhr los. Die Straßen waren wie ausgestorben. Ich konnte dieses kurze »Gespräch«, diese langen Schweigesekunden, diese bohrenden Blicke nicht vergessen. »Was! Du bist Jude?«, »Rikki! Der hier ist Jude!« » ... Ich bin froh, dass ich kein Jude bin!«

Imad und Rikki hatten sich in der Schicht ganz normal verhalten, wie immer, es fiel kein weiteres Wort mehr über unser »Gespräch«. Vielleicht hatten sie es bei all dem Hin- und Herrennen während der Arbeit vergessen. Vielleicht hatten sie bemerkt, dass sie mich gekränkt hatten, wussten nicht darauf zu reagieren und ließen mich lieber erst einmal in Ruhe. Vielleicht würde aber auch beim nächsten Zusammentreffen die eine oder andere blöde Bemerkung fallen über meinen Glauben. Bestimmt würde mich irgendjemand bei der nächsten Schicht darauf ansprechen und fragen: »Du bist Jude?« Ob Imad oder Rikki mir das nächste Mal überhaupt die Hand zur Begrüßung geben würden? Ob sie mich überhaupt grüßen würden?

Ich fuhr die Potsdamer Straße Richtung Alexanderplatz. Es war kein anderes Auto auf der Straße. Es war so leer, wie ich es noch nie zuvor in den Straßen Berlins erlebt hatte. Ich fuhr mit höchstens 25 Stundenkilometern und meine Augen waren ganz starr geradeaus gerichtet. In diesem Moment stieg die Sonne am Horizont auf, ihre ersten Strahlen fielen mir ins Gesicht und blendeten mich.

In dem Moment hätte ich weder eine Ampel wahrgenommen, noch das Hupen eines Autofahrers gehört, der mit meinem Schneckentempo nicht zufrieden war. Ich sah nur noch dieses wunderbare Spektakel am Horizont. Die warmen Strahlen schienen mich zu betäuben. Ich fühlte mich so schwach und ausgelaugt. So kaputt von dem ewigen Nachdenken über mein »komisches« Leben und das Leben an sich, das mir, dem jüdischen Jungen, so viele schlechte Erfahrungen beschert hatte. Und wahrscheinlich noch oft bescheren würde. Ich fühlte mich in diesen warmen, blendenden Strahlen sehr geborgen. Ich schloss meine Augen!

Ich fühlte mich plötzlich ganz anders. Ich fühlte mich frei, wie erlöst von allem Übel um mich herum. Ich hätte am liebsten nie wieder die Augen geöffnet. Ob mich in den nächsten Sekunden ein entgegenkommendes Auto rammt und es zu Ende geht mit mir, dachte ich, und drückte das Gaspedal tiefer durch. Ich fuhr schneller, während meine Augen geschlossen blieben.

Eine Sekunde, zwei Sekunden, drei Sekunden, vier Sekunden.

Hatte ich aufgegeben mit nur 22 Jahren?

Fünf Sekunden.

Ich öffnete sie wieder.

Entscheidung

Heinrich Heine, Arthur Weiniger, Franz Kafka und Theodor Lessing hatten alle auf unterschiedliche Weise unter ihrem Judentum gelitten; keinem von ihnen ist es jedoch gelungen, dem Judentum vollständig den Rücken zu kehren.

Albert Einstein

Ich reichte bei McDonald's meine Kündigung ein. Mein Chef, den ich sehr mochte, fragte nach dem Grund und ob ich denn wenigstens noch bis zum Ende des Monats arbeiten würde. Ich sagte ihm, dass ich nach Israel gehen wollte. Er wünschte mir alles Gute. Ich meldete mich bei der Jewish Agency für eine Einwanderung nach Israel an. Ich verbrachte viel Zeit mit meiner Familie und zog mich von Janica und meinen Freunden zurück. Ich wollte mich von allem lösen, Freunden, Studium, Arbeit und Freundin, damit mir der Abschied leichter fiel. Das war nicht einfach. Meine Freunde verstanden nicht, warum ich keine Zeit mehr für sie hatte. Und es tat jedes Mal weh, wenn ich Janica sagte, dass es besser wäre, wenn wir uns nicht mehr so oft sahen. Janica ahnte natürlich, was ich damit meinte.

Kaum jemandem im Wedding erzählte ich von meinen Plänen. Ich machte mir Sorgen, dass mein Bruder und ich Probleme bekamen, wenn die falschen Leute davon erfuhren. Aber Sahin, Mehmet, Serdar und Emre, denen ich vertrauen konnte, informierte ich darüber. Sie stimmten mir darin zu, dass ich keine Zukunft in Berlin hatte. Für die

Deutschen würde ich immer der Ausländer, der »Schwarzkopf« aus dem Wedding, bleiben. Und mit dem größten Teil der anderen »Ausländer« Berlins würde ich wegen meines Judentums auch nicht auskommen können.

Sahin und Serdar meinten allerdings, ich sollte besser nach Los Angeles gehen, wo ich ja schon Familie hatte. Ich bräuchte mir nur noch eine Amerikanerin »anzulachen« und in »the Californian sun« glücklich werden. Nach Israel zu gehen, das sei ein großer Fehler. Dort gäbe es nur Bombenattentate und Busse, die in die Luft gehen. Sie würden mir nach Kalifornien folgen. Dann könnten wir gemeinsam »Business« machen. Nach Israel würden sie aber auf keinen Fall kommen.

Mehmet, den ich seit der 9. Klasse kannte, war anderer Ansicht. Er sagte, ich sei Jude und gehöre nach Israel. Er war eine Zeit lang Anhänger der türkischen Grauen Wölfe (Bozkurtlar) gewesen. Das ist eine Gruppe von türkischen Nationalisten. Mehmet war besonders schlecht zu sprechen auf Kurden und Araber. Seiner Meinung nach, müssten wir, Türken und Juden, die auch in der Türkei friedlich zusammenleben, uns noch mehr verbrüdern, um uns gegen die terroristischen Kurden der PKK und die Terrororganisationen der Araber, Hamas, Dschihad, Hisbollah und wie sie noch alle heißen, zu schützen. Wir müssten zu Kankardeşler, zu Blutsbrüdern werden, um den Nahen Osten gemeinsam zu regieren.

Emre sah das Ganze viel lockerer. Er sagte: »Du bist ein wahrer Jude, Sharuz, du schaffst das schon, egal, wohin du ziehst!« Das sollte heißen, ich könne mir überall eine prächtige Zukunft aufbauen, aufgrund dessen, dass ich Jude bin.

Die Zeit schritt voran und der Abschied rückte in greifbare Nähe. Mein Bruder, dem ich die Grundlagen der hebräischen Sprache beigebracht hatte, erzählte mir weiter von Zwischenfällen, die er fast tagtäglich erleben musste. Er wurde verbal angegriffen, weil er ein Jude war, oder auch mit Fäusten und Waffen. Er war der Laune der Weddinger ausgeliefert. Das konnte jeden Tag böse ausgehen. Auch wenn er sehr traurig darüber war, dass ich weggehen wollte, fand er doch, es sei das Beste, was ich tun konnte. Nächtelang sprachen wir miteinander darüber, wie es ist, in einem »Ghetto« zu leben. In einem muslimischen Ghetto wie dem Wedding. Er machte sich Gedanken darüber, ob er nach dem Abitur auch nach Israel kommen wollte.

An einem dieser Tage nahm ich meinen ganzen Mut zusammen und erzählte Janica, dass ich bald gehen würde. Und zwar nach Israel. Janica sah mich an und merkte rasch, dass es mir ernst war, dass es sich nicht wie bisher um Pläne und Wünsche handelte. Ihr Blick wich nicht von mir und ich sah, wie ihre Augen feucht wurden und die ersten Tränen über ihre Wangen rollten. Ich drückte sie fest an mich. Sie zitterte, wir weinten beide.

»Du hattest doch vor, nach Los Angeles zu deiner Verwandtschaft zu ziehen. Wieso tust du mir das an? Du weißt genau, dass ich nicht nach Israel will. Ist dir unsere Liebe so wenig wert? Nach über fünf Jahren willst du mich einfach so verlassen? Warum tust du mir das an, Sharuz. Du weißt genau, wie sehr ich dich liebe! Du kannst mich nicht einfach so hier zurücklassen. Alleine. Was soll ich hier bloß ohne dich machen. Ich will nicht, dass du gehst.« Sie klammerte sich an mich. Ich war todtraurig. Ich wusste, dass ich sehr viel Glück haben musste, um eines Tages wieder ein Mädchen wie Janica zu treffen.

Sie wusste ja schon längst, dass ich nicht bleiben wollte, aber sie konnte nicht verstehen, dass ich nach Israel ging, wohin sie mir nicht folgen wollte. »Was wird dann aus uns? Ist es vorbei zwischen uns? Willst du Schluss machen?«, fragte sie mich.

»Nein, natürlich nicht. Was heißt überhaupt Schluss machen? Ich denke, wir werden uns trennen, für eine etwas längere Zeit, und jeder wird unabhängig versuchen, seinen eigenen Weg zu gehen. Du wirst hier deine Krankenschwester-Ausbildung abschließen und Medizin studieren; ich werde versuchen in Israel zu studieren, vielleicht etwas in Richtung Geschichte, Internationale Beziehungen oder Politikwissenschaften. Wer weiß, wie es in einigen Jahren aussehen wird. Vielleicht komme ich zurück, weil ich es nicht schaffe in Israel, ohne dich und ohne meine Eltern. Vielleicht kommst du zu mir nach Israel, weil du dich entschließt, alles für mich stehen und liegen zu lassen. Wer weiß, vielleicht treffen wir uns am Ende sogar in Amerika wieder und werden dort glücklich bis ans Ende unserer Tage. Es ist alles offen. Lass es uns versuchen, bitte, auch für mich ist das sehr schwer«, sagte ich und wir schwiegen für einige Sekunden. Gerade, als ich das Gefühl hatte, sie würde ruhiger, fing sie plötzlich wieder an zu weinen. Ich fragte nach dem Grund.

Sie erzählte mir, was sie mit einem neuen Arzt in der Klinik erlebt hatte. Er hatte einen starken Akzent und sie verstand ihn kaum. Man schnitt im Pausenraum das Thema Erziehung an und der Arzt war der Meinung, dass die Jugend von heute sich nicht zu benehmen wisse. Janica dachte, dass er statt Jugend Juden meinte. Sie wollte erbost wissen, wieso er der Meinung war, dass »die Juden sich heutzutage nicht zu benehmen wissen«. Das sei doch extrem rassistisch.

Der Arzt verstand nicht, was sie meinte: »Ich sehe doch tagtäglich, was für ein Benehmen sie an den Tag legen. Erst neulich habe ich gesehen, wie einer einem anderen ins Gesicht spuckt auf offener Straße. Wir würden um einiges friedlicher leben ohne diese Jugend von heute. Man müsste sie alle umerziehen.«

Janica drehte ihm den Rücken zu und sagte: »Mit einem Rassisten, wie Sie es sind, will ich nichts zu tun haben. Ein Mann in Ihrem Beruf müsste es doch besser wissen. Die Juden sind die friedlichsten Menschen, die es in Berlin gibt.«

Sie sprang auf, lief aus dem Pausenraum und redete nicht mehr mit ihm. Schließlich sprach er sie darauf an, warum sie das so persönlich nehme: »Janica, falls ich Sie mit meiner Meinung über die Jugend verletzt oder beleidigt habe, dann tut mir dies leid. Das habe ich in keiner Weise bezwecken wollen.«

»Das hilft Ihnen auch nicht mehr, Sie Rassist, mein Freund ist nämlich ein Jude«, fauchte sie ihn an. Er lachte.

»Was ist daran so lustig? Wollen Sie mir das verraten!«, schrie sie. Er klärte das Missverständnis auf. Da musste Janica auch lachen. Ein Stein fiel ihr vom Herzen.

Ich verstand sehr gut, was sie mir damit sagen wollte. Das wusste ich ja schon seit Langem. Kein anderes Mädchen hätte ihren jüdischen Freund auf ihre eigenen Kosten so verteidigt, nicht in diesem Fall, noch in anderen Fällen im Wedding, wo sie immer hunderprozentig zu mir gehalten hatte. Ich liebte sie. Aber ich wollte aus Vernunft handeln und nicht aus Liebe. Sonst wäre ich nie, wirklich niemals fortgegangen von solch einer wundervollen Frau.

Gegen Mitte des Jahres 2000 gab mir Rachel von der Jewish Agency grünes Licht. Ich konnte mein Ticket nach Israel bestellen.

»Ein nasser Hund ist besser als ein trockener Jude«

Juden und Zoroastrier bekamen Stockhiebe auf dem Markt, wenn ihr Gewand oder ihre Hände Obst berührten, dass es unrein wurde und von keinem Rechtgläubigen mehr genossen werden konnte.

Edward G. Browne

Mein großer Tag sollte im März 2001 stattfinden. Theoretisch hatte ich noch ein Semester Zeit, um an der FU Kurse zu belegen. Eingeschrieben war ich nach wie vor. Doch ich wollte die mir verbleibende Zeit besser nutzen. Ich wollte in die Welt hinaus. Dafür würde ich nach meiner Aliya, der Einwanderung bzw. dem Aufstieg nach Israel, keine Zeit mehr haben. Wenn ich erst einmal in Israel war, musste ich vor allem mein Leben in den Griff bekommen.

Es zog mich zuerst nach Belgien, wo ich meine Kibbuzfreundinnen besuchte. In Bezug auf das jüdische Leben konnte ich zwischen Lüttich, Brüssel und Berlin keine großen Unterschiede feststellen. Auch in Paris besuchte ich Kibbuzfreunde. Ich fand die Stadt atemberaubend. Mein Französisch wurde besser als je zuvor während der fünf Jahre, in denen ich Französisch an der Schule gelernt hatte. Ich besuchte drei Zentren der etwa 400 000 Menschen umfassenden jüdischen Gemeinde in Paris. Ich war in vielen jüdischen Geschäften, hörte Menschen Hebräisch sprechen und sah religiöse Juden mit Schläfenlöckchen auf der Straße, ohne dass sie komisch angestarrt wurden. In Paris gibt es die größte jüdische Gemeinde in Europa. Ungefähr zehn Prozent seiner Einwohner sind Juden.

Kurz vor meiner Ankunft hatte die Jüdische Gemeinde von Paris eine Kundgebung auf den Champs-Élysées veranstaltet. Meine Freunde hatten mir davon erzählt. Sie konnten es selbst kaum glauben und ich noch viel weniger, dass Tausende jüdische Männer und Frauen an jenem Tag auf die Champs-Élysées geströmt waren. Ausgerüstet mit israelischen Flaggen, dem Tallit und Postern von Ariel Scharon, der zu jenem Zeitpunkt noch nicht israelischer Ministerpräsident war. Alles versammelte sich, um gemeinsam gegen den Terror der Palästinenser in Israel zu protestieren. Die dabei waren, erzählten, dass man das Meer an blau-weißen israelischen Flaggen schon von Weitem sehen konnte. Während der Demonstration hatte man Schwierigkeiten, einen Fuß vor den Anderen zu setzen. Die Champs-Élysées waren überfüllt von stolzen Juden, die sich in Paris öffentlich zeigten, ohne Angst haben zu müssen.

Warum gab es eine derartige Kundgebung nicht auch mal in Berlin? Auf dem Kurfürstendamm, wo sich dann jüdische Menschen öffentlich gegen den Terror in ihrer Heimat Israel einsetzen und vom Adenauerplatz bis zum Wittenbergplatz mit blau-weißen Flaggen und Plakaten aufmarschieren. Als eine starke und stolze Gemeinschaft. Wie viele von den 20.000 Juden Berlins würden sich auf die Straße trauen? Beim jüdischen Straßenfest in der Tucholskystraße im Bezirk Mitte jedenfalls, das einmal im Jahr auf höchstens 200 Quadratmetern Gesamtfläche stattfindet, sah man immer mehr Sicherheitsmitarbeiter, Wachleute, Zivilpolizisten oder Bundesgrenzschutzmitarbeiter als jüdische Menschen. Wie hätte wohl dann erst der Ku-Damm ausgesehen bei einer Massenkundgebung von stolzen Juden? Sicherlich hätte es gewimmelt von bundesweit zusammengezogenen Polizisten.

Tatsächlich wollte auch ich einmal an einer solchen Kundgebung in Berlin teilnehmen. Sie war von der Jüdischen Gemeinde organisiert und richtete sich gegen die Inhaftierung dreizehn jüdischer Menschen im Iran im Sommer 2000. Es waren etwa 50 Menschen da, wovon mindestens zwanzig für die Sicherheit zu sorgen hatten. Weitere fünf bis zehn Menschen waren Exil-Iraner, die an jeder Kundgebung, die den Iran betrifft, teilnehmen. Weiterhin nahmen einige deutsche Politiker daran teil, die die Kundgebung als Anlass nutzen wollten, um mit peinlichen Reden in die Zeitung zu kommen. Dann gab es noch einige Nicht-Juden, aus welchen Gründen auch immer. Die jüdischen Menschen, die nicht für die Sicherheit zuständig waren, sondern wirklich für ihre Brüder und Schwester im Iran demonstrieren wollten, konnte man meiner Meinung nach an einer Hand abzählen. Einem dieser Wenigen wollte man sogar die Teilnahme an der Veranstaltung verweigern. Man weigerte sich anfangs, ihn durch die Tore der jüdischen Gemeinde auf den Hof, wo das Zusammentreffen stattfand, zu lassen. Er sah schließlich weder »typisch jüdisch« aus, noch gehörte er der Gruppe von Exil-Iranern an. Was genau also hatte dieser junge Mann auf der Kundgebung gegen die Inhaftierung dreizehn jüdischer Perser im Iran verloren? Vielleicht war er ja ein Terrorist, der in den Himmel aufsteigen wollte, indem er sich auf dem Hof der Jüdischen Gemeinde in die Luft sprengte und damit mehr Moslems und Christen mit in den Tod riss als Juden. Dieser junge Mann war ich selbst!

Es blieben mir noch einige Monate. Meine Mutter wollte, dass ich mir wegen meiner Einwanderung nach Israel zu hundert Prozent sicher war. Sie dachte, der einzige Weg, mein zionistisches Vorhaben auf die Probe zu stellen, wäre, mir eine Tür in die USA zu öffnen. Sie rief ihre Cousine

Mahnaz in Los Angeles an. Ich sollte nach L. A. gehen, um die Westküste der Vereinigten Staaten kennenzulernen, um mein Englisch aufzupolieren und Spanisch zu lernen. Damit war ich sehr einverstanden. Auch ich wollte mir eine Hintertür offen lassen bzw. erst einmal öffnen, für den Fall, dass ich in Israel nicht glücklich wurde. Genau so, wie es meinem Großvater vor einem halben Jahrhundert ergangen war. Der Weg zurück nach Deutschland kam für mich aber nicht mehr in Frage.

Drei Jahre vorher war ich mit meinen Eltern und Geschwistern schon mal für einen ganzen Monat in L. A. zu Besuch gewesen. Wir ließen uns allesamt vom Wohlstand unserer Verwandten blenden. Große, schöne, mehrstöckige Villen, riesige Blumengärten, mehrere Autos und Fernseher war der Alltag für einen Durchschnittsbürger, so schien es uns zumindest. Das Beste an all dem war jedoch die Freiheit, Jude sein zu können. Ohne Wenn und Aber.

Jetzt war es kurz vor Weihnachten. Die ganze Welt schien vollkommen in Weihnachtsstimmung zu versinken. Wo man hinsah, glänzten Weihnachtsmärkte und standen prächtige Tannenbäume zum Verkauf. Auf der Straße wünschten sich die Leute fröhliche Weihnachten. In L. A. war es genauso bunt wie in Berlin. Einen klaren Unterschied konnte ich allerdings feststellen. Ungefähr jedes zweite Haus hatte eine »Happy Hanukah«-Lichterkette an seiner Fassade befestigt.

In Berlin kannte ich nicht einen Laden, zumindest in der näheren Umgebung, in der man »Frohe Chanukka«-Karten hätte kaufen können. Die meisten Menschen wussten nicht einmal, was das Wort Chanukka zu bedeuten hatte bzw. für wen es überhaupt etwas zu bedeuten hatte. In manchen Gegenden von L. A., besonders in den wohlhabenden Bezirken, war es fast schon alltäglicher Jude als Christ, Moslem oder

Buddhist zu sein, stellte ich fest. Ich selber fand, dass es eine Stadt ist, in der ich meine Kinder aufwachsen sehen könnte, ohne dass sie wie ich in ihrer Jugend Opfer von rassistischem Gedankengut werden. Eine Stadt mit Zukunft, in der man sich hocharbeiten konnte. Da musste man keine Angst haben, dass man bei seinem Arbeitgeber unten durch war, nachdem er erfahren hatte, dass man statt sonntags in die Kirche am Sabbat in die Synagoge geht. Hollywood, Las Vegas, Disneyland, Malibu, Venice Beach, Beverly Hills sind faszinierende Orte. Welchen Grund konnte man haben, sich in L.A. nicht wohlzufühlen? Vielleicht, dass man in seiner Heimat leben möchte und dass es einem egal ist, ob man vier Autos und Fernseher besitzt oder nicht. Heimat? Ein Land, dessen Geschichte atemberaubend ist. Dessen Volk als das »auserwählte Volk« bezeichnet wird und trotzdem oder gerade deswegen seit über zwei Jahrtausenden verfolgt wird. Ein Land, dessen Bewohner wieder an ihrem Ursprung angekommen waren.

Obwohl ich es in Los Angeles großartig fand, wusste ich, dass ich mich dort auf lange Sicht nicht zu Hause fühlen würde. Ich wollte dahin, woher meine Vorfahren kamen. Wohin die Juden sich seit fast 2000 Jahren zurücksehnten, wofür gläubige Juden seither täglich und an jedem Fest beteten. Nicht als Fremder im eigenen Land gesehen zu werden. Wie verabschiedeten sich Juden in den letzten 2000 Jahren der Diaspora voneinander? »Bis nächstes Jahr in Jerusalem«, sagten sie. Endlich, seit einem halben Jahrhundert, war es wieder unseres. Warum dann also weiterhin in der Diaspora verbleiben? L.A. ist nicht meine Stadt und die USA sind nicht mein Land.

Während des 14-stündigen Fluges nach L.A., der aus Kostengründen über Paris ging, saßen rechts von mir ein junges Mädchen, das fast die ganz Zeit schlief, und links ein junger Franzose, der ohne Pause Musik hörte. Also hatte ich niemanden, um mich zu unterhalten. Kurz vor der Landung bekamen wir ein Formular in die Hand gedrückt, das für alle Nicht-Amerikaner bestimmt war. Man musste die Passnummer, den Namen und so weiter eintragen. Die junge Dame rechts neben mir zog ihren Pass aus der Tasche. Ein Mond und ein Stern waren darauf abgebildet. Sie hatte einen türkischen Pass. Ich hatte ja ein bisschen Türkisch gelernt und sprach sie auf Türkisch an. Wir kamen ins Gespräch. Sie erzählte mir, dass sie schon seit drei Jahren in L. A. studierte und aus Istanbul stammte. Sie fragte mich erstaunt, wieso ich Türkisch sprechen konnte. Ich erklärte ihr, dass ich in Berlin sehr viele türkische Freunde hätte. Ich käme gut mit ihnen zurecht, weil ihre Mentalität der meiner Familie ähnelte. Daraufhin fragte sie mich, ob ich persischer Jude sei.

Ich war vollkommen verblüfft. Es war das erste Mal in meinem Leben, dass ich nicht für einen Türken oder Araber gehalten wurde, sondern für einen Perser. Noch mehr schockierte mich die Tatsache, dass sie gar nicht erst auf die Idee kam, ich sei Muslim. Sie sagte, ich sähe ihrer Meinung nach sehr persisch aus und in L. A. gäbe es eine sehr große und einflussreiche persisch-jüdische Gemeinde. Deshalb sei sie davon ausgegangen, dass ich auch persisch-jüdisch bin. Im Nachhinein wurde mir klar, dass es keine große Kunst war, meine Herkunft zu erraten. Ich hätte sie, wenn wir im Flugzeug nach Berlin gesessen hätten, auch für eine muslimische Türkin gehalten. Und in bestimmten Gegenden von L. A. lebten tatsächlich fast ausschließlich persische Juden. Genauso, wie sich in manchen Gegenden Berlins, wie auch im Wedding, fast ausschließlich türkische und arabische Einwanderer niedergelassen hatten.

Zwei Monate verbrachte ich in L.A. Morgens saß ich zu Hause und lernte. Ich verfügte über mehrere Bücher und Kassetten, die mir bei meinen Sprachstudien helfen sollten. Für das Abendprogramm war dann meistens Mahnaz zuständig. Sie war so alt wie meine Mutter und fühlte sich wie eine junge Studentin. Wir gingen oft aus. Mal waren wir einfach nur spazieren, mal saßen wir bei Starbucks oder Jack in the Box. Ziemlich oft wurden wir bei anderen persischen Juden zum Dinner eingeladen.

An einem dieser Abende, an dem wir von Verwandten zum Sabbat-Dinner waren, kam es nach dem Mahl, wie sehr üblich am Freitagabend, zu einer Diskussionsrunde. Normalerweise sprach man über Politik und Wirtschaft. Doch weil ich dabei war und aus Deutschland stammte, beschloss man, Deutschland zum Thema für die wöchentliche Diskussionsrunde zu machen. Und es kam die Frage, ob wir Juden es den Deutschen je verzeihen sollten bzw. könnten, dass sie sechs Millionen Menschen unseres Volkes auf dem Gewissen hatten? Warum sich überhaupt wieder Juden in Deutschland ansiedelten? Schließlich gäbe es in Spanien ja bis heute kein nennenswertes jüdisches Leben mehr. Und nun war ich da, ein aus Deutschland kommender Jude. Ein Jude, der sein ganzes Leben in Deutschland verbracht hatte. Ein deutscher Jude, der zufällig Persisch sprach.

Zuerst äußerten sich meine größtenteils älteren Verwandten sehr zornig über Deutschland. Es war für sie immer noch ein verfluchtes Land. Irgendwann fragten sie mich dann, ob sich in Deutschland eigentlich etwas verändert hätte im Vergleich zur Nazi-Zeit oder ob die antisemitische Grundeinstellung immer noch weit verbreitet war. Meine Antwort warteten sie nicht ab. Ihrer Meinung nach hatte sich nichts verändert. Es sei ja bekannt, dass nach wie vor Nazi-Aufmärsche stattfänden, die vom Staat nicht nur nicht verboten, sondern sogar von der deutschen Polizei geschützt würden! Dass Menschen, denen es geglückt war aus Kriegsgebieten zu fliehen (wie aus Ex-Jugoslawien oder sämtlichen von Bürgerkriegen betroffenen Ländern Afrikas) und die Zuflucht unter anderem auch in Deutschland suchten, als Asylanten schlecht behandelt und sogar verfolgt würden. Und in den Nachrichten gebe es häufig Bilder jüdischer Gräber, die geschändet worden waren.

Nachdem sie sich etwas beruhigt hatten, dachte ich, ich sollte auch einmal das Wort ergreifen. Ihr Bild von Deutschland konnte ich nicht verändern. Das saß offensichtlich sehr fest. Aber ich wollte doch erklären, wie ich persönlich das Ganze sah, als »schwarzhaariger Deutscher«, der auch Jude ist. Und sich irgendwie doppelt fremd fühlt in Deutschland. Ich schilderte, wie rechtsradikaler Terror gegen Ausländer, Institutionen und Friedhöfe vor allem im Ostteil Deutschlands vorkommt. Die Arbeitslosenzahl sei dort viel höher als im Westteil Deutschlands und die Menschen seien oft sehr unzufrieden. Sie suchten Opfer, an denen sie ihre Frustration auslassen konnten. Das Geld, das in den Osten geflossen war, habe das nicht verhindern können. Es fehle auch an der Jugendförderung. Man tue zu wenig, um die jungen Leute von der Straße wegzubringen. Im Westteil Deutschlands und Berlins hingegen würden rechtsradikale Deutsche sich kaum auf die Straße trauen. Es gäbe mittlerweile so viele Ausländer in Berlin und in Deutschland, dass sie in manchen Gegenden den Ton (und den Terror) selbst angäben.

Die anderen Gäste waren ziemlich verwundert über die ihnen neue Aufteilung Deutschlands in verschiedene Zonen. Eine Zone, in der Nazis sich frei bewegen konnten, und eine Zone, in der es anscheinend von Ausländern nur so wimmelte. Eine ältere Dame fragte, ob ich selber schon mal Opfer antisemitischer Äußerungen oder Aktionen geworden sei.

Mit dieser Frage hatte ich gerechnet. Ich zögerte mit der Antwort und sagte dann: »Ja, leider bin ich sehr oft Opfer antisemitischer Äußerungen und Aktionen gewesen. Doch kein einziges Mal, soweit ich mich erinnern kann, hatte ich Probleme mit Nazis bzw. mit Deutschen, die gegen Ausländer sind. Stattdessen hatte ich jahrelang Schwierigkeiten mit Muslimen, die ›den Juden‹ wohl mehr als ihren Feind sehen als irgendein Deutscher das tun würde. Ganz egal, wie der Deutsche eingestellt ist. Da geht es um den Konflikt zweier Völker bzw. Religionen, um eine Heimat, die für die einen Israel, für die anderen Palästina heißt.«

Nun waren alle Augen auf mich gerichtet. Ich erzählte von meinen Erlebnissen mit Arabern in Berlin. Es war für sie eine vollkommen neue Welt. Man wollte nicht so richtig wahrhaben, dass man als persischer Jude, der in Europa aufwuchs und nicht im Mahle eines muslimischen Landes lebte, so vielen hasserfüllten Menschen ausgesetzt sein konnte. Alle redeten miteinander und durcheinander.

Hätte ich ihnen in diesem Moment erzählt, dass die Erde doch keine Kugel, sondern eine Scheibe ist und dass dies jetzt bewiesen sei, hätte sie das kalt gelassen. Ich hatte ins Schwarze getroffen. Schließlich ergriff einer meiner Großonkel das Wort. Er meinte, ich hätte so ziemlich dieselben Erfahrungen gemacht wie er als Junge im Mahle ein halbes Jahrhundert zuvor.

War ich etwa ein Mahlekind? Kann es sein, dass nur eine einzige Wohnung das Mahle Weddings ausmachte? Ohne Mauer! Hatte ich mich nicht oft gewundert, wieso uns in all den Jahren im Wedding nicht ein einziges Mal die Fensterscheiben eingeworfen wurden? Wie im Iran meines Vaters und höchstwahrscheinlich dieses älteren Herren, wo man sich mit Steinewerfen auf das jüdische Ghetto vergnügte. Hatten meine Eltern ihr Ziel erreicht? Es war ja ihr Ziel gewesen, meinen Geschwistern und mir das Gefühl zu ersparen, in einem Ghetto aufzuwachsen.

Doch wie hatte ich mich wirklich gefühlt all die Jahre, wenn ich aus dem Fenster in der Stettiner Straße guckte und Dutzende verhüllte Frauen vorbeilaufen sah? Oder wenn ich zu bestimmten Anlässen oder Tageszeiten auf der anderen Straßenseite Dutzende Männer ihre kleinen Gebetsteppiche auf dem Gehweg niederlegen sah, um zu beten? Was ging wirklich in mir vor, wenn die türkische Fußballnationalmannschaft ein Spiel gewonnen hatte und kurz darauf bis tief in die Nacht hinein Hunderte, ja vielleicht sogar Tausende Autos mit riesigen Türkei-Flaggen, die aus den Autofenstern hingen, und ständigem Hupen durch die Strassen im Wedding fuhren? Was dachte ich, wenn aus jedem zweiten vorbeifahrenden Auto arabische oder türkische Musik zu hören war? Jeder Schritt raus aus unserer Wohnung war ein Schritt in eine muslimische Welt. Eine Welt, in der es sehr viele Vorurteile gibt. Machte es wirklich einen Unterschied, ob ich im Mahle von Babol oder im Mahle vom Wedding aufwuchs?

Mein Großonkel fragte mich, ob ich denn überhaupt wisse, wie das Mahle-Leben von Babol gewesen war. Ich antwortete, dass ich mich eigentlich nur wenige Male mit meinem Vater über das jüdische Leben im Iran unterhalten hatte. Ich hatte ja auch lange kein großes Interesse daran. Mein Großonkel sagte: »Mein Junge, glaubst du mir, dass in Babol vor gar nicht mal allzu langer Zeit ein Muslim einem Juden nur durch eine schon geöffnete Tür hinterhergehen konnte? Das heißt, wenn eine geschlossene Tür von einem Juden geöffnet wurde, ging der Muslim nicht mehr durch diese Tür, weil die Türklinke kurz vorher von einem Juden angefasst worden war. Man war der Meinung, dass alle Juden krank sind. Dass es schlimme Folgen hätte, dass man vielleicht angesteckt würde, wenn man mit den Fingerabdrücken eines Juden in Berührung kam.«

»Konnten Juden dann überhaupt irgendwelche Berufe ausüben?«, fragte ich. »In höhere Positionen ließ man sie sowieso nicht aufsteigen und in Kleinstädten wie Babol verdienten die meisten Einwohner ihr täglich Wasser und Brot doch eigentlich nur mit der Landwirtschaft, wenn ich mich nicht täusche. Wie hat denn nun ein Jude sein tägliches Geld verdient, um seine Familie zu ernähren? Arbeitslosenhilfe gab es im Iran bestimmt nicht und schon gar nicht für Juden, oder?«

»Im Allgemeinen betrieben oft mehrere Familien zusammen ein Geschäft, wovon an die fünfzehn Menschen ernährt werden konnten«, erzählte er. »Absolut unmöglich war es einem Juden bzw. einer jüdischen Familie ein Lebensmittelgeschäft zu eröffnen. Das wäre sehr schnell Bankrott gegangen. Welcher Muslim hätte schon einem Juden etwas Essbares abgenommen, wenn er sich sogar weigerte die Türklinke anzufassen, die ein Jude vorher berührt hatte? Aber es gab natürlich auch sehr schlaue Juden, wie deinen Großvater, die ein Likör-Geschäft betrieben. Damit konnte man gutes Geld verdienen.«

»Mein Großvater hat also gutes Geld verdient mit seinem Alkoholverkauf?«

»Sehr gutes Geld sogar. Er hatte mehrere Kunden, die ihn täglich besuchten. Seine Kundschaft war ausschließlich muslimisch, doch auch sie kamen nur zu deinem Großvater, weil sie dem Alkohol so verfallen waren, dass sie sich nicht weiter dafür interessierten, wer ihnen die Flasche in die Hand drückte! Nach dem Koran ist es verboten, Alkohol zu trinken, und deshalb kam es den Muslimen ziemlich entgegen, dass sie bei einem Juden kauften. So mussten sie sich zumindest nicht vor anderen Glaubensbrüdern ›outen‹.«

Ich dachte mir, dass wohl selbst der letzte versoffene Penner von Babol meinen Großvater verflucht hatte, weil der Jude Geld verdiente und er ihm dadurch dazu verhalf, dass er in seiner Trunksucht von ihm abhängig war. Traurig, dass es so wenige Wege gab für Juden an etwas Geld zu gelangen, um zu leben bzw. zu überleben. Anscheinend hatte meine Familie großes Glück gehabt, dass es in ihrer feindlich eingestellten Umwelt genügend Alkoholabhängige gab, die dafür sorgten, dass meine Verwandtschaft für ihren Lebensunterhalt sorgen konnte.

Behnaz, die ältere Schwester von Mahnaz, mischte sich ins Gespräch ein: »Ich erinnere mich, wie ich Anfang der 50er-Jahre, noch als Kind, immer von meiner Mutter zum einzigen Stadtbrunnen geschickt wurde, um Wasser zu holen. Ich musste unseren eigenen Eimer mitnehmen. Alle anderen durften den Eimer am Brunnen benutzen, der dafür vorgesehen war. Meine Mutter warnte mich jedes Mal dringend, ich sollte den Brunneneimer der Stadt nicht einmal angucken, geschweige denn anfassen. Sie war der Meinung, dass man mich sofort töten würde, wenn ich als Jüdin das Eigentum der Stadt benutzte, das nur für die Muslime vorgesehen war. Geglaubt habe ich das nicht wirklich. Wahrscheinlich hätte man mir eine Ohrfeige gegeben und mich nach Hause geschickt. Doch ich habe mich nie getraut, es darauf anzulegen. Selbst eine demütigende Ohrfeige wäre zu viel gewesen.«

Alle anderen lächelten und nickten ihr zu. Offensichtlich war ich der Einzige, der diese Geschichte zum ersten Mal gehört hatte. »Kann es denn wirklich Menschen gegeben haben, die einen Juden getötet hätten, einfach so, nur weil er den Stadteimer benutzt hatte?«, fragte ich.

»Dass tatsächlich ein Jude deshalb getötet wurde, habe ich nie gehört. Insofern kann man auch annehmen, dass es dummes Gerede von meiner Mutter war. Wahrscheinlich wurden solche Gerüchte verbreitet, um uns Juden Angst zu machen und uns unsere unterlegene Position zu verdeutlichen. Aber wenn ich heute zurückdenke, wie die Menschen vor 50 Jahren in Babol waren, dann bin ich mir sicher, es hätte genügend Verrückte gegeben, die jede Möglichkeit genutzt hätten, um einen Juden umzubringen! Es hätte sie auch niemand dafür verurteilt, wenn sie einen Juden getötet hätten, den sie beim Benutzen des Stadteimers erwischt hatten. Ganz im Gegenteil. Man hätte denjenigen wahrscheinlich als Helden gefeiert. Schließlich hätte er seine muslimischen Brüder und Schwestern vor dem bitteren Schicksal gerettet, die Krankheit der Juden abzubekommen.«

»Was für eine Krankheit meinst du? Gab es denn wirklich eine Krankheit, die nur die Juden hatten und die auch noch übertragbar war?«, fragte ich.

»Wie es in den anderen Dörfern und Städten Irans lief, weiß ich nicht. In Babol jedenfalls waren die muslimischen Einwohner fest davon überzeugt, dass das jüdische Volk eine Krankheit besaß und zwar das Jüdisch-Sein. Irgendwie bildeten sie sich ein, dass diese »Krankheit« durch bestimmte Wege übertragbar war. Zum Beispiel indem man Wasser trank, mit dem ein Jude in Berührung gekommen war. Daher auch das Verbot für Juden, den Brunneneimer der Stadt zu benutzen. Dasselbe galt für Nahrungsmittel. Man glaubte, dass man die Krankheit der Juden bekam, wenn man etwas aß, was vorher von einem Juden angefasst oder probiert wurde. Viele Muslime dachten sogar, dass die einfache Berührung eines Juden ausreichte, um mit der Krankheit angesteckt zu werden!«

»Das ist wirklich unglaublich! Die Juden wurden als kranke Gestalten betrachtet, die so etwas wie die Pest in sich hatten. Wie konnte man ernsthaft glauben, dass diese ansteckende Krankheit übersprang, sobald man mit einem Juden in Kontakt kam? Dass das ein absoluter Blödsinn ist, muss doch jedem klar sein, der nur ein bisschen Grips im Hirn hat. Gab es denn getrennte Busse? Im Bus stößt man doch ständig irgendwie aneinander?«

»Da kannst du sehen, wie rückständig diese Menschen waren. Sie waren auch der Meinung, dass sich durch Regen die Gefahr der Ansteckung erhöht. Es gab damals eine sehr geläufige Redensart: ›Ein nasser Hund ist besser als ein trockener Jude.‹ Es war die größte Beleidigung, die man sich vorstellen konnte. Wenn es regnete, ging ein Muslim nie auf derselben Straßenseite wie ein Jude. Die Regentropfen, die von dem Juden abprallten, hätten ja auf ihn fallen und die jüdische Krankheit übertragen können. Da zog man es vor, mit einem nassen Hund in Berührung zu kommen. Nun musst du wissen, Hunde wurden im Iran als die dreckigsten Lebewesen auf Erden betrachtet. Nur wir Juden galten als noch abstoßender, kränker und dreckiger. Die Redensart bedeutet also, dass man lieber noch mit einem nassen Hund in Berührung kam und sich dadurch einer besonderen Ansteckungsgefahr aussetzte, als mit einem Juden, selbst wenn es trocken war und kein Regen fiel.«

Ich konnte es kaum fassen, wie viel Hass in diesem Spruch zum Ausdruck kam. Ich hatte erst einmal genug. Ich ging vor die Tür und setzte mich auf die Eingangstreppen. Nach einer Weile kam Behnaz heraus zu mir, setzte sich neben mich und wollte wissen, ob alles in Ordnung sei. Verwirrt und nachdenklich versuchte ich mich zu fassen und sagte, solche Geschichten würden mich sehr mitnehmen und

Zweifel wecken, ob es sich überhaupt lohne, zu leben oder Kinder in diese verrückte Welt zu setzen.

Behnaz lächelte: »Du hast noch absolut gar nichts gesehen auf dieser Welt. Du bist jung und hast noch viel zu lernen. Du wirst eines Tages auch Kinder haben wollen, davon bin ich überzeugt. Denn du wirst wissen, dass neben all diesen Menschen, neben all dem Übel auf der Welt, und davon gibt es leider nicht wenig, auch sehr viel Gutes existiert. Deine Eltern haben den richtigen Schritt getan, indem sie sich aus dem Ghetto befreiten und dir Zugang in eine offene, moderne Welt verschafften. Von deinem ersten Tag an. Du kannst alles erreichen, was du willst. Das Leben ist ein Geschenk Gottes, das du schätzen solltest. Auch wenn es besonders uns Juden mancherorts sehr schwer gemacht wurde und leider noch immer gemacht wird. Du sollst Kinder haben, denn du weißt, dass die Mahle-Zeiten der Vergangenheit angehören und wir unser Land wiederhaben, in dem man sich als Jude zu Hause fühlen kann. Wo man immer mit offenen Armen als Jude aufgenommen wird und jüdische Kinder nie Probleme haben werden wegen ihres Glaubens.«

Nach kurzem Schweigen sah ich sie an und entschloss mich, sie nach ihren persönlichen Erfahrungen im Iran zu fragen.

»Ich hatte, im Gegensatz zu vielen anderen Juden und Jüdinnen, außer in der Schule keine großartigen Probleme mit meinem Umfeld«, sagte sie. »Das lag aber auch daran, dass ich nicht im Mahle wohnte. Mein Vater war damals Ladenbesitzer und das Geschäft lief ziemlich gut, sodass wir uns, als eine von insgesamt drei jüdischen Familien, außerhalb des Ghettos ansiedeln durften. Uns betrachtete man schon als Halbmuslime, die auf dem Weg waren vollwertige Muslime zu werden. Deshalb wurden wir etwas anständiger behandelt. Einen Teil meine Jugend habe ich dann in Teheran verbracht. Dahin sind meine Eltern und die meisten Juden Babols in den 50ern und 60ern gezogen. Dort lief alles etwas anders. Besser, kultivierter, moderner. Nichtsdestotrotz zog ich 1978, kurz vor dem Ausbruch der Islamischen Revolution des Ayatollah Chomeini, nach L.A. zu meinen Geschwistern.

Schlechte Erfahrungen habe ich nur in der Schule in Babol gemacht. In der Schule gab es in jeder Klasse einen Tisch, der abgesondert vom Rest der Tische stand. Der sogenannte Judentisch, an dem die jüdischen Kinder sitzen mussten. Es wurde einem somit schon von der ersten Klasse an klargemacht, dass man als Jude anders war als der Rest der Klasse, der natürlich zusammensaß. Die muslimischen Kinder versuchten nicht nur durch Sprüche und Beleidigungen, die jüdische Religion in den Dreck zu ziehen, sondern auch durch Taten. Zum Beispiel sahen die Juden im Iran das Hähnchenfleisch als das einzige koschere Fleisch an und aßen auch kein anderes Fleisch. Mitschüler zwangen uns dann in der Schule oftmals Rindfleisch zu essen. Manchmal stopften sie es uns sogar mit Gewalt in den Mund hinein und warteten, bis wir es geschluckt hatten.

Wir Juden im Iran waren sehr traditionsbewusst. Wir fasteten natürlich auch zu Jom Kippur, dem jüdischen Versöhnungstag. Diesen höchsten jüdischen Feiertag kannten die Muslime sehr gut und wir wurden absichtlich an diesem Tag nicht vom Schuldienst befreit, um in die Synagoge gehen zu können. Dass wir fasteten, mussten wir geheim halten, sonst hätte man uns Essen in den Mund gestopft. An unserem Pessach-Fest bekamen wir natürlich auch nicht frei. So waren wir gezwungen, unsere Mazzot in der Schule zu essen. Muslimische Mitschüler verfluchten dieses Brot, da sie der Meinung waren, es sei aus dem Blut getöteter Muslime gebacken. Das hatten sie vom Christentum übernommen.

Im Mittelalter in Europa hatte man auch behauptet, dass Juden das Pessach-Brot mit dem Blut getöteter Christen herstellen.

Es gab ein Ereignis, das für mich am bedrückendsten war. Eine Sache, zu der ich jeden Sabbat in der Schule gezwungen wurde. Ich bereue immer noch, was ich damals getan habe. Unser Feiertag ist der Samstag. Für die Muslime ist es der Freitag. Am Samstag war also normaler Unterricht angesagt und auch wir Juden mussten in die Schule, obwohl es nach unserer Religion der heilige Wochentag ist. In Babol gab es noch keine Heizungen, und im Winter konnte es im Norden des Iran sehr kalt werden. Deshalb wurde jeden Morgen im Kamin in den Klassenzimmern ein Feuer angezündet. Die Lehrer wussten genau, dass es Juden absolut verboten ist, am Sabbat Feuer anzuzünden. Deshalb wurden in jeder Klasse die Juden nach vorne gerufen, um das Feuer anzuzünden. Es gab viele jüdische Kinder, die sich jedes Mal weigerten das Feuer anzuzünden. Sie wurden zur Strafe für den ganzen Tag vor die Tür in die Kälte geschickt, wo sie dann bis zum Ende des Schultages stehen mussten. Damit nicht genug, zusätzlich bekam man dafür auch noch schlechtere Schulnoten.

Ich war schwächlich damals und hatte Angst. Schreckliche Angst, den ganzen Tag in der Kälte stehen zu müssen. So beschloss ich am Sabbat das Feuer im Kamin anzuzünden. Jedes Mal fühlte ich mich dabei schlecht und es tat weh wie ein Stich ins Herz. Doch ich versuchte, mich mit meinen muslimischen Mitschülern gut zu stellen, weil ich genauso akzeptiert werden wollte, wie jeder andere. Das gelang mir nie.

Sie ließen uns das Feuer auch auf eine ganz besondere Weise anzünden. Wir mussten durch ein langes Rohr pusten, bis es sich entfachte. Das konnte Minuten dauern und man war gezwungen, die ganze Zeit die schlechte Luft einzuatmen. Zum Glück hat es mir nicht geschadet. Aber der Schmerz sitzt immer noch sehr tief, dass ich über Jahre hinweg das jüdische Gesetz missachtete, indem ich am Sabbat Feuer anzündete.«

»Das tut mir wirklich sehr leid. Ich denke, viele hätten wie du reagiert in solch einer Situation. Ich hätte als kleiner Junge garantiert auch keine Lust gehabt den ganzen Tag in der Kälte zu stehen«, versuchte ich ihr gut zuzureden.

Wir saßen wieder schweigend nebeneinander. Sie dachte wohl zurück an ihre Kindheit. Ich dachte, wie Recht sie doch hatte und wie viel ich noch lernen musste. Wie glücklich ich mich doch schätzen konnte, dass man mich in der Schule nicht an einen abgesonderten Tisch in die Ecke gesetzt hatte. Nur weil ich Jude war. Ich hatte frei neben Christen, Muslimen und Atheisten sitzen dürfen. Und von den Lehrern selbst war mir nie Anlass gegeben worden, mich wegen meines Jude-Seins »anders« als der Rest zu fühlen.

So tief der Schmerz über Vergangenes bei Behnaz offensichtlich noch saß, so sehr empfand auch ich den Schmerz darüber, dass dies alles so geschehen war. Ihre Wunde würde bis zum letzten Tag ihres Lebens nicht heilen, und ich wusste, dass auch ich diese Demütigungen, die meine Familie und ich erlebt hatten, bis an mein Lebensende in mir tragen würde. Und die nächste Generation wird so noch ein wenig Schmerz in sich tragen, und die darauf folgende und die darauf folgende.

ZUKUNFT

Lechzend klebe mir die Zunge an den Gaumen und es welke meine rechte Hand, vergäß ich jemals dein, Jerusalem.

Heinrich Heine

Mein neues Leben begann am 4. März 2001, als ich mich in Berlin-Schönefeld von meiner Familie verabschiedete und alleine ins EL-AL-Flugzeug stieg. Auf dem Weg zum Ziel. Nach Israel. Ich saß in der letzten Reihe und die Plätze um mich herum waren nicht besetzt. Als ob »jemand« es so gewollt hatte, dass ich die fast vier Stunden Flugzeit ganz für mich hatte, um mich auf mein neues Leben vorzubereiten.

Ich dachte darüber nach, ob ich nun endlich glücklich sei oder nicht. Ich fragte mich, wie sich wohl meine jüdischen Brüder und Schwestern gefühlt hatten, als sie vor hundert Jahren ihre Aliya ins Gelobte Land machten. Als sie vor sechzig Jahren vom ganzen europäischen Kontinent fliehen mussten, um in Israel vor weiteren Verfolgungen geschützt zu sein. Als sie vor fünfzig Jahren Nordafrika verließen oder vielmehr verlassen mussten, um im Gelobten Land ihre Religion ausüben zu können. Als sie sich vor über zehn Jahren von der ehemaligen Sowjetunion verabschiedeten, um in Israel ihren Nachkommen den Weg in eine bessere Zukunft zu bereiten. Es muss für die meisten Neueinwanderer wohl der glücklichste Tag in ihrem Leben gewesen sein. Sie hatten vermutlich im Flugzeug laut gesungen und bei der Ankunft den »heiligen Boden« geküsst.

Der Gedanke an all diese glücklichen Menschen berührte mich so sehr, dass mir fast übel wurde. Es ging mir gar nicht gut. Dieser wundervolle Tag, mein Aliya-Tag, den ich mir immer so vollkommen vorgestellt hatte, war überhaupt nicht wundervoll. Ich konnte den Ausdruck auf den Gesichtern von Richard und meiner Mutter nicht vergessen. Meine Mutter wirkte am Flughafen wie erstarrt. Sie zitterte, war bleich. Sie konnte mich kaum ansehen und nicht einmal richtig umarmen beim Abschied. Und mein kleiner Bruder, der auf der Fahrt zum Flughafen noch heftig herumgealbert und uns zum Lachen gebracht hatte, war plötzlich wie ausgewechselt. Die Tränen flossen, er konnte nichts dagegen tun. Wahrscheinlich war ihm erst am Flughafen, am abgesonderten Eingang zu der EL-AL-Halle, richtig klar geworden, dass sein großer Bruder fortging. Der große Bruder, mit dem er über alles Witze machen konnte, mit dem er Hip-Hop-Videos ansah, mit dem er im Auto durch die Gegend fuhr, mit dem er über den Wedding lachte, mit dem er sich abends zum Fernsehen noch einen riesigen Salat machte. Mit dem er so eng verbunden war. Mein Vater hatte versucht, ganz cool zu wirken, und der Abschied von meiner Schwester war gefasst. Wir wussten, dass wir uns auf jeden Fall im Sommer in Israel wiedersehen würden.

Als ich in die Halle ging, die nur noch Ticketbesitzer betreten durften, und während ich von dem israëlischen Sicherheitsbeamten über meine Koffer befragt wurde, versuchte ich ständig nach draußen zu gucken, wo sie alle vier hinter der Glasscheibe standen. Nach der Passkontrolle ging es weiter zum »Abtasten«, dann zum Gepäckcheck und dann zur Gepäckabgabe. Acht Augen verfolgten mich dabei. Ich wünschte mir, sie würden einfach gehen. Doch sie warteten, bis ich endgültig die Treppen hinaufstieg zum Gate. Auf halbem Weg kehrte ich noch mal um, um zu winken.

Da waren sie plötzlich weg. Und nun wünschte ich mir, sie wären noch nicht gegangen. Obwohl mir klar war, das hätte überhaupt nichts geändert. Absolut gar nichts.

Es sind einige Jahre vergangen, seit ich in Tel Aviv aus dem Flugzeug stieg, um am selben Abend noch zum Kibbuz Ma'agan Michael zu fahren. Aber ich kann mich an diese Tage erinnern, als ob es gestern gewesen wäre. Die erste Zeit war sehr anstrengend. Der neue Kibbuz, der Klimawechsel, der Sprachenwechsel, neue Menschen. Doch wie in Palmachim fast zwei Jahre zuvor war ich ziemlich beeindruckt von der Atmosphäre in diesem außerordentlich wohlhabenden Kibbuz. Ma'agan Michael lag direkt am Meer, ringsherum waren zahllose Obstgärten und Gemüsefelder angelegt. Das Beeindruckendste war natürlich der Ulpan mit fast neunzig Menschen. Die meisten dieser neunzig Ulpan-Neulinge waren zwischen siebzehn und dreißig Jahre alt und hatten vor, nach dem fünfmonatigen Ulpan wieder in ihre »Heimat« zurückzukehren. Wie sollten sie auch Israel als ihre Heimat ansehen?

Sie kamen aus Brasilien, Argentinien, Mexiko, Schweden, Australien oder Kanada. Viele hatten kaum eine Ahnung von der Geschichte. Manche wussten nicht einmal, dass es in Jerusalem einen Tempel gegeben hatte, der zweimal zerstört worden war, oder wer David Ben-Gurion gewesen war. Manche konnten kaum die israelische Flagge von anderen Flaggen unterscheiden. So war ich ja auch gewesen, damals, als ich mir den Davidstern an den Hals hängte, ohne die entfernteste Ahnung, welch gewaltige Geschichte hinter diesem kleinen Stern steckte. Einen Unterschied gab es allerdings doch. Es war schlimm genug, dass ich mit dreizehn Jahren die Bedeutung des Davidsterns nicht kannte. Doch viele dieser jungen Menschen, denen ich im Kibbuz begegnete, kannten seine Bedeutung immer noch nicht, obwohl sie keine Kinder mehr waren. Darüber wunderte ich mich und fragte mich zugleich, ob es mir nicht ganz genauso ergangen wäre, wäre ich nicht im Wedding aufgewachsen.

Einige meiner Ulpan-Kameraden sind aber wie ich im Lande geblieben, nicht weil die Bedingungen in ihren Herkunftsländern so schlecht waren, sondern weil sie in Israel ihre Heimat erkannt hatten. Manche erst während ihres Aufenthaltes im Kibbuz. Plötzlich hatten sie sich entschieden, fast von einem Tag auf den anderen, dass sie versuchen wollten, in Israel zu leben, egal unter welchen Umständen. Die meisten wussten nicht genau, was sie erwartete bzw. was sie zu erwarten hatten. Sie hatten keine bestimmten Vorstellungen, geschweige denn Ziele. Sie hatten spontan entschieden, anders als ich, der ich mich jahrelang darauf vorbereitet hatte.

Nach meinem Kibbuzaufenthalt diente ich bei den Fallschirmspringern in der israelischen Armee. Da ging es schon um einiges »kriegerischer« zu als bei den Sanitätern in Elmshorn. Ich musste nochmals einen Grundwehrdienst absolvieren. So wie in Deutschland einige Jahre zuvor musste ich wieder eine Uniform anziehen. Dieses Mal war es jedoch anders. Dieses Mal freute ich mich darauf und tat es mit Stolz. Es war ein großartiges Gefühl diese Uniform anziehen zu dürfen, eine Uniform, auf der ZHL (die hebräische Abkürzung für IDF, Israel Defense Forces) eingestickt ist. Da ich schon 24 war, hatte ich eigentlich nur drei Monate Grundwehrdienst, aber ich bat um Verlängerung auf ein halbes Jahr. Natürlich nicht, weil die IDF ohne meine Unterstützung nicht ausgekommen wäre. Ich dachte mir, wenn schon, denn schon. Die Grundausbildung dauerte nur einen Monat. Die meisten meiner Kameraden waren auch Neueinwanderer. Zum großen Teil aus dem russischsprachigen Raum. Aber auch Äthiopier, Rumänen, Franzosen, Argentinier und Schweizer, alle waren mehr oder weniger Mitte zwanzig. Nach dem ersten Monat wurde ich zu meiner Muttereinheit geschickt und verbrachte den Rest der Zeit mit 17- bis 19-jährigen Soldaten, die gerade mal mit der Schule fertig waren.

Kleine Jungs, dachte ich zuerst. Rasch stellte ich aber fest, dass viele dieser jungen Israelis sehr reif und erwachsen waren für ihr Alter. Man konnte interessante Gespräche mit ihnen führen. Die sechs Monate bei der Armee haben mir sehr geholfen, die Israelis besser kennen und verstehen zu lernen. Sie trugen dazu bei, dass ich meine israelische Identität nicht nur auf den Geschichten meiner Cousins und den Büchern aufbauen musste, die ich gelesen hatte.

Das Leben in Israel war anders, als ich es gewohnt war. Alles, wirklich alles läuft hier anders. Die Menschen sind nicht so ordentlich. Nicht so pünktlich. Und sie haben auch nicht immer, könnte man sagen, die besten Manieren. Stattdessen sind sie hilfsbereit. Aufbrausend. Lebendig. Warum auch nicht? Das Land ist ein wahrer »Melting & Meeting Pot« im Nahen Osten. Alt-Neuland. Juden, Muslime, Christen, Drusen, Bahais, Europäer, Araber, Schwarze, Russen, Amis, Orthodoxe, Säkulare, Nationalisten, Sozialisten. Alle treffen sich hier. Das macht es nicht einfacher, aber dafür umso interessanter.

Mein Traum ist Wirklichkeit geworden. Ich habe die hebräische Sprache erlernt. Ich war sogar imstande, an der Hebräischen Universität Jerusalem, der ersten und besten Universität des Landes, zwei Diplomabschlüsse zu machen. Ich möchte etwas erreichen in meinem Leben, vielleicht in der Politik, vielleicht als Abgesandter Israels, in Deutschland oder in der israelischen Botschaft in den USA. Dann könnte ich gelegentlich bei Behnaz vorbeischauen. Oder indem ich für eine jüdische Organisation arbeite, die jüdischen Menschen im Iran, in Deutschland, in Süd- und Mittelamerika und in den restlichen Ländern der Welt unsere Kultur und Geschichte näherbringt. Um zu zeigen, was es bedeutet, ein Jude zu sein.

Es gibt auch Momente, da habe ich den Wunsch, all das zu vergessen, alle diese Erinnerungen, dieses Wissen, das ich mit Religion, Israel, Arabern und Juden, Herkunft, Politik und Geschichte verbinde. All meine vielen Bücher auf einen Haufen zu werfen, um sie zu verbrennen. So haben es die Nazis gemacht, um das Wissen auszulöschen. Dann wäre der Druck von mir genommen, zu lernen, zu lernen und noch mehr zu lernen. Dann könnte ich getrost, wie mein Cousin Shiran, in irgendeiner Boutique arbeiten und glücklich und zufrieden sein. Aber ich kann dieses Stück, in dem das alles festsitzt, nicht aus meinem Gehirn herausschneiden. Das alles, was ich gehasst und geliebt habe, was mich über Jahre verfolgt hat, ist Teil meines Lebens und wird es immer bleiben.

Gegen Ende meines Kibbuzaufenthaltes nach der Einwanderung machte der gesamte Ulpan in zwei Bussen einen Ausflug in die Negev-Wüste im Süden Israels. Er dauerte zwei Tage und wir wanderten stundenlang über Land. Wir aßen bei den Beduinen und hörten beduinische Musik. Es war für viele von uns, mich eingeschlossen, ein richtiges Abenteuer. Am zweiten Tag fuhren wir einen Berg hinauf, von dessen Spitze aus man einen weiten Blick auf den Negev hatte. Dort standen wir alle und sahen in die ewige Wüste. Ich stellte mir vor, wie vor mehreren 1000 Jahren meine Vorfahren unter solchen Bedingungen gelebt hatten.

Ich war tief beeindruckt. Ich war glücklich darüber, nach so vielen Jahrhunderten und Jahrtausenden an einem Ort zu stehen, der mich fühlen ließ, wie es früher war. Plötzlich fühlte ich mich zu Hause. Ich war angekommen.

Ich stieg alleine den letzten Hügel hinauf, um noch weiter in mein Land blicken zu können. Ich sah auf die gewaltige Steinlandschaft. Ich setzte mich nieder. Da saß ich nun und sah Ursprung und Geschichte meines Volkes sich widerspiegeln in dieser faszinierenden Landschaft. Ein großes Glücksgefühl erfüllte mich. Ein Zionist mit Leib und Seele war ich geworden. Eines Tages möchte ich meinen Teil dazu beitragen, dass die dunklen Zeiten der Brüderkriege zwischen Juden und Arabern, ob in Berlin, im Heiligen Land oder wo auch immer auf Erden, ein Ende nehmen.

Es werde Licht!, sprach Gott am Anfang, und es wurde Licht: ein schwaches, trübes Licht, eher ein fernes Leuchten, wie von einer Kerze, nicht von einem Scheinwerfer. Mehr Irrlicht als Glorienschein. Manchmal halten wir dieses Flackern für so unbedeutend, dass wir es kaum sehen, dass wir es gering schätzen zwischen Finsternis und Finsternis. Doch das erlösende Licht wird sich ausbreiten, früher oder später!